Sven Max Litzcke

Horst Schuh

Stress, Mobbing und Burn-out am Arbeitsplatz

Sven Max Litzcke
Horst Schuh

Stress, Mobbing und Burn-out am Arbeitsplatz

4., vollständig überarbeitete Auflage

Mit 14 Abbildungen und 4 Tabellen

Prof. Dr. Sven Max Litzcke

Niedersächsische FHVR –
Hochschule für den öffentlichen Dienst
Lübecker Str. 3

31141 Hildesheim

E-Mail: SML66@web.de

Prof. Horst Schuh

Konrad-von Hochstaden-Str. 22

53881 Euskirchen-Stotzheim

Die ersten beiden Auflagen erschienen unter den Titeln »Streß am Arbeitsplatz« und »Belastungen am Arbeitsplatz. Strategien gegen Stress, Mobbing und Burn-out« im Deutschen Instituts-Verlag, Köln.

ISBN 13: 978-3-540-46849-3 Springer Medizin Verlag Heidelberg

Bibliografische Information der Deutschen Nationalbibliothek
Die Deutsche Nationalbibliothek verzeichnet diese Publikation in der Deutschen Nationalbibliografie; detaillierte bibliografische Daten sind im Internet über http://dnb.d-nb.de abrufbar.

Dieses Werk ist urheberrechtlich geschützt. Die dadurch begründeten Rechte, insbesondere die der Übersetzung, des Nachdrucks, des Vortrags, der Entnahme von Abbildungen und Tabellen, der Funksendung, der Mikroverfilmung oder der Vervielfältigung auf anderen Wegen und der Speicherung in Datenverarbeitungsanlagen, bleiben, auch bei nur auszugsweiser Verwertung, vorbehalten. Eine Vervielfältigung dieses Werkes oder von Teilen dieses Werkes ist auch im Einzelfall nur in den Grenzen der gesetzlichen Bestimmungen des Urheberrechtsgesetzes der Bundesrepublik Deutschland vom 9. September 1965 in der jeweils geltenden Fassung zulässig. Sie ist grundsätzlich vergütungspflichtig. Zuwiderhandlungen unterliegen den Strafbestimmungen des Urheberrechtsgesetzes.

Springer Medizin Verlag

springer.de

© Springer Medizin Verlag Heidelberg 2005, 2007

Printed in Germany

Die Wiedergabe von Gebrauchsnamen, Handelsnamen, Warenbezeichnungen usw. in diesem Werk berechtigt auch ohne besondere Kennzeichnung nicht zu der Annahme, dass solche Namen im Sinne der Warenzeichen- und Markenschutz-Gesetzgebung als frei zu betrachten wären und daher von jedermann benutzt werden dürften.

Produkthaftung: Für Angaben über Dosierungsanweisungen und Applikationsformen kann vom Verlag keine Gewähr übernommen werden. Derartige Angaben müssen vom jeweiligen Anwender im Einzelfall anhand anderer Literaturstellen auf ihre Richtigkeit überprüft werden.

Planung: Dr. Svenja Wahl
Projektmanagement: Michael Barton
Design & Umschlaggestaltung: deblik Berlin
Satz: medionet, Berlin

SPIN: 11762737

Gedruckt auf säurefreiem Papier   2126 – 5 4 3 2 1 0

Inhaltverzeichnis

1	Vorwort – Stress hat zwei Gesichter . .	1
2	Stressentstehung und Stressreaktion	5
2.1	Was ist Stress?	6
2.2	Wann beginnt Stress?	10
2.3	Wer empfindet was als Stress?	14
2.4	Wie zeigt sich Stress?	22
3	Stressfolgen	33
3.1	Stress führt zu Daueranspannung	34
3.1.1	Wachsende Anspannung	34
3.1.2	Fehlende Entspannung	40
3.2	Daueranspannung führt zu Krankheiten	40
3.2.1	Stressschäden	41
3.2.2	Krankheiten	45
4	Stressbewältigung	51
4.1	Grundlagen	52
4.2	Kurzfristige Wirkung	55
4.2.1	Abreaktion	55
4.2.2	Ablenkung	56
4.2.3	Gedanken-Stopp	56
4.2.4	Zufriedenheitserlebnisse schaffen	58
4.2.5	Positive Selbstinstruktion	58
4.2.6	Spontane Entspannung	61
4.2.7	Entschleunigung	62
4.3	Langfristige Wirkung	63
4.3.1	Opferrolle ablegen	63
4.3.2	Einstellung ändern	64
4.3.3	Verhalten ändern	73
4.3.4	Soziale Unterstützung	79
4.3.5	Zeitmanagement	82
4.3.6	Systematische Entspannung	92
4.3.7	Lebensstil	107
4.4	Extremstress	112
5	Mobbing – ein extremer sozialer Stressor	117
5.1	Was ist Mobbing?	119
5.2	Wie zeigt sich Mobbing?	124
5.3	Wie verläuft Mobbing?	130

5.4	Mobbingursachen	134
5.4.1	Mobbingtäter	134
5.4.2	Mobbingopfer	138
5.4.3	Arbeitsorganisation und betriebliche Situation	140
5.5	Mobbingfolgen	140
5.5.1	Individuelle Folgen	141
5.5.2	Organisatorische Folgen	144
5.5.3	Gesellschaftliche Folgen	145
5.6	Was kann man gegen Mobbing tun? . . .	145
5.6.1	Individualebene	145
5.6.2	Organisationsebene	150
5.6.3	Gesellschaftsebene	151
6	Das Burn-out-Syndrom	153
6.1	Was ist Burn-out?	155
6.2	Was ist Burn-out nicht?	161
6.3	Was sind die Folgen von Burn-out? . . .	164
6.4	Wie entsteht Burn-out?	164
6.5	Wer sind die Betroffenen von Burn-out?	168
6.6	Burn-out in bürokratischen Organisationen	169
6.7	Gegenmaßnahmen – Wer kann was tun?	171
7	Ausklang	177
	Literatur	181
	Adressen	187
	Anhang	189
	Sachverzeichnis	193

Vorwort –
Stress hat zwei Gesichter

Stress ist in Mode

Der Begriff »Stress« hat die zweifelhafte Entwicklung zum Modewort hinter sich – Stress scheint allgegenwärtig und auf penetrante Art beliebig. Sogar unter die »100 Wörter des 20. Jahrhunderts« hat es der »Stress« geschafft (Schneider, 1999). Es gehört zum guten Ton, keine Zeit zu haben, mit dem Terminkalender zu kokettieren, belastet, überfordert, kurz: im Stress zu sein (Hoberg & Vollmer, 1988). Der Vater hat Stress mit dem Nachbarn, die Tochter fühlt sich von ihrem Bruder gestresst, der Bruder hat Stress, wenn er kein Eis bekommt. So werden banale Erlebnisse mit Stress verknüpft, und die Gefahr wächst, gefährliche Folgen echten Stresses zu bagatellisieren. Aus der Unschärfe des Stressbegriffs resultieren Ergebnisse wie diese (Seco, 2000): 82 Prozent der Befragten fühlen sich gestresst, aber 70 Prozent geben an, ihren Stress gut im Griff zu haben. In diesem Buch geht es um echten Stress mit seinen schädlichen Folgen, das heißt um die 30 Prozent, die ihren Stress nicht gut im Griff haben. Die Ein-Drittel-Schätzung findet sich immer wieder, so auch bei Allensbach (2002a). Nach Allensbach leidet jeder dritte Deutsche unter Stress. Die Antworten auf die Frage:»Was würden Sie sagen: Leiden Sie zurzeit eigentlich unter Stress oder nicht?« sind in ☐ Tabelle 1 dargestellt.

jeder Dritte steht unter Stress

Stresskosten

Ostdeutsche klagen etwas häufiger über Stress als Westdeutsche; Frauen etwas stärker als Männer. Seit 1993 sind die Zahlen weitgehend stabil. Positiv formuliert leiden zwei Drittel der Befragten nicht unter Stress. Ob ein Drittel nun viel oder wenig ist, im subjektiven Empfinden der Betroffenen ist Stress unangenehm. Die Weltgesundheitsorganisation (WHO) hat Stress zu einer der großen Gesundheitsgefahren des 21. Jahrhunderts erklärt. Zumindest die Stressfolgekosten summieren sich für Deutschland auf beeindruckende 30 Milliarden Euro pro Jahr – mit steigender Tendenz. Diese Zahl ergibt sich hochgerechnet aus einer schweizerischen Studie, nach der die Stresskosten rund 1,2 Prozent des Bruttoinlandsprodukts verursachen, was 4,2 Milliarden Schweizer Franken entspricht (Seco, 2000). Umgerechnet auf deutsche Verhältnisse liegt die Schätzung von 30 Milliarden Euro am unteren Rand der entstehenden Kosten. Nach der Seco-Umfrage ist Arbeit die Hauptstress-

☐ **Tabelle 1.** Wie viele Menschen leiden unter Stress? (Angaben in Prozent; nach Allensbach-Archiv Nr. 7020)

Bevölkerung	Gesamt		West		Ost	
	1993	2002	1993	2002	1993	2002
Stress	35	33	34	31	39	39
Kein Stress	62	63	63	65	53	56
Keine Angaben	3	4	3	4	2	5

Anteil an befragten Personen, die zum Befragungszeitpunkt unter Stress litten, N = 2098, Gesamtdeutschland, Bevölkerung ab 16 Jahre, Zeitraum der Befragung: 26. März bis 9. April 2002.

Vorwort – Stress hat zwei Gesichter

quelle (58 Prozent). Es besteht eine Korrelation zwischen empfundenem Stress und hektischer Arbeit, nicht aber zwischen Stress und körperlich anstrengender Arbeit (Seco, 2000).

Wir alle kennen Situationen, in denen wir uns überfordert fühlen, in denen wir gereizt, hektisch oder nervös reagieren. Wir ärgern uns, sind wütend oder fühlen uns ohnmächtig und niedergeschlagen. Im Normalfall können wir solch unangenehme Erlebnisse gut verarbeiten. Belastungen werden erst zum Problem, wenn Zeitdruck und Überforderung Dauerstress erzeugen. Dauerstress beeinträchtigt das Wohlbefinden, schränkt unsere geistige Leistungsfähigkeit ein und gefährdet unsere Gesundheit. In der Arbeitswelt fordert der Veränderungsdruck seinen Preis. Veränderungen verursachen bei vielen Menschen Stress, besonders wenn man sich ausgeliefert fühlt und keine Kontrollmöglichkeiten mehr sieht. Der Wandel fordert seinen Tribut: Globalisierung, Flexibilisierung, Lean Management, Just-in-time-Produktion. Immer weniger Menschen erwirtschaften immer mehr. Anstellungen auf Lebenszeit laufen aus, die Zukunft gehört Menschen mit »flexiblen Lebensläufen«, mit wechselnden Aufgaben und Wohnsitzen. Viele fühlen sich von dem permanenten Veränderungsdruck überfordert. Das ist das hässliche Gesicht des Stresses, Dis-Stress genannt.

Dauerstress macht krank

Stress muss aber nicht krank machen. Unser Stresssystem erfüllt wichtige Aufgaben und hat unseren Vorfahren Vorteile verschafft. Die Stressreaktion ist eine entwicklungsgeschichtlich alte Funktion, die der Mensch mit höher entwickelten Tieren gemeinsam hat. Sie war und ist lebenswichtig. Wir wollen gefordert werden, etwas leisten, unsere Fähigkeiten unter Beweis stellen. Auch das beinhaltet Stress; solcher Stress macht Spaß. Wir sind zufrieden, wenn der Tag mit anregender Arbeit ausgefüllt war, wenn wir uns mit ganzer Kraft erfolgreich für eine Sache eingesetzt haben. Das ist das attraktive Gesicht des Stresses, Eu-Stress genannt. Rund 70 Prozent der Bundesbürger kennen das Gefühl von positivem Stress (Allensbach Archiv, 2002b). Je einfacher die Arbeit ist, desto seltener machten die Befragten die Erfahrung von Eu-Stress im Beruf. Während 77 Prozent leitender Angestellter Eu-Stress im Beruf erleben, sind es lediglich 20 Prozent der angelernten Arbeiter. Die angelernten Arbeiter kennen auch im Privatleben nur selten Eu-Stress (17 Prozent). Während negativer Stress zu Anspannung und infolge zu Kampf oder Flucht führt, resultieren aus positivem Stress Motivation und Energie (Stollreiter, Völgyfy & Jencius, 2000).

Positiver Stress beflügelt

Das Ziel: Dieses Buch soll Ihnen helfen, konstruktiv mit Belastungen umzugehen. Dies setzt voraus, dass Sie bereit sind, über Ihr konkretes Stressverhalten nachzudenken sowie Einstellungs- und Verhaltensänderungen aktiv anzupacken.

Einstellung und Verhalten ändern

Der Weg: Das Buch vermittelt die wichtigsten Informationen zum Stressgeschehen: Was ist Stress? Wie entsteht Stress? Wie läuft die Stressreaktion ab? Mögliche Stressfolgen, angefangen beim Unwohlsein bis hin

Übersicht

zum Herzinfarkt, werden erläutert. Die in den Text integrierten Selbsteinschätzungen, Übungen und Fragebögen analysieren Ihre individuelle Stresssituation sowie Ihre Stressverarbeitungsmuster. Praxisorientierte Methoden und erprobte Hilfen werden vorgestellt, mit denen Sie Stress bewältigen können. Aufgrund der wachsenden Bedeutung im Berufsalltag werden die Themen Mobbing und Burn-out ebenfalls behandelt und in das Stressgeschehen eingeordnet.

Viel Spaß beim Entdecken und viel Erfolg beim Ausprobieren.

Stressentstehung und Stressreaktion

2.1 Was ist Stress? – 6

2.2 Wann beginnt Stress? – 10

2.3 Wer empfindet was als Stress? – 14

2.4 Wie zeigt sich Stress? – 22

2.1 Was ist Stress?

Definition

Das lateinische Verb »stringere« heißt zusammendrücken, zusammenziehen. Der Begriff »Stress« kommt in seiner heutigen Bedeutung aus dem Englischen und bedeutete ursprünglich das Testen von Metallen oder Glas auf ihre Belastbarkeit. Der Biochemiker Hans Selye (1907–1982) übertrug den Begriff Stress 1936 in die Psychologie und Medizin. Ausgangspunkt waren endokrinologische Untersuchungen. Selye stellte fest, dass bei starken Umweltbelastungen wie zum Beispiel Hitze oder Kälte der Organismus eine unspezifische Alarmreaktion zeigt. Bei weiteren Untersuchungen wurde entdeckt, dass diese unspezifische Reaktion durch sehr verschiedene Ereignisse ausgelöst werden kann. Belastende Reize, so genannte Stressoren, können physischer oder psychischer Art sein. Als Stress bezeichnet er die unspezifische Reaktion des Körpers auf jede an ihn gestellte Anforderung. Selye geht von einem neutralen Stressverständnis aus. Er spricht von Stress, wenn der Körper auf einen Reiz mit Aktivierung reagiert. Das kann sowohl bei negativen als auch bei positiven Erlebnissen der Fall sein (Selye, 1974).

Stressoren

Stress ist die Aktivierungsreaktion des Organismus auf Anforderungen und Bedrohungen – auf die so genannten Stressoren. Man unterscheidet:

- Physische Stressoren: Lärm, Hitze, Kälte, Temperaturschwankungen, Luftdruckänderungen, Hunger, Infektionen, Verletzungen, schwere körperliche Arbeit, langes Autofahren, Reizüberflutung
- Psychische Stressoren: Versagensängste, Überforderung, Unterforderung, Fremdbestimmung, Zeitmangel, Hetze, Kontrollverlust
- Soziale Stressoren: Konflikte, Isolation, ungebetener Besuch, Verlust vertrauter Menschen, Mobbing

◻ Abbildung 1 vermittelt einen Überblick zum Einfluss von Stressfaktoren auf den Menschen am Arbeitsplatz.

Stress = Situation + Person

Stress wird häufig als Außeneinfluss auf Menschen dargestellt, so auch in der Normung von psychischen Belastungen durch das Deutsche Institut für Normung e.V. (DIN), siehe hierzu beispielsweise Nachreiner und Schultetus (2002). Diese Sichtweise ist unvollständig. Nach dem transaktionalen Ansatz der Stressforschung entsteht Stress im Zusammenspiel zwischen situativen Anforderungen und individuellen Beurteilungen der eigenen Ressourcen und Fähigkeiten (Lazarus, 1966; Lazarus & Launier, 1981). Siehe hierzu auch ◻ Abb. 2. Entscheidend ist die jeweils subjektive Bewertung der Anforderungen, nicht allein die »objektive« Stärke eines Stressors. Dabei finden zwei Bewertungen statt (Monat & Lazarus, 1991; Schwarzer, 2000):

- Primäre Einschätzung: Ist ein Ereignis bedrohlich und damit relevant?

2.1 · Was ist Stress?

Abb. 1 »Einflussfaktoren auf den Menschen am Arbeitsplatz« (modifiziert nach Walter, 1993)

Einflussfaktoren auf den Menschen am Arbeitsplatz

organisatorische Belastungen	soziale Belastung
Arbeitsschwierigkeit,	Einzelarbeit,
Arbeitstempo,	Gruppenarbeit,
Arbeitsumfang,	soziale Dichte/»Überbelegung«,
Arbeitsplatzabmessungen,	soziale Isolation/»Unterbelegung«,
Gleitzeit,	Konflikte,
Leistungsnormen,	Mobbing
Schicht- und Nachtarbeit,	
Überstunden	

Physische Belastungen	Psychische Belastung
allseitige Muskelbelastung,	Angst, Misserfolg, Tadel und
einseitige Muskelbelastung,	negative Folgen eigenen
statische Muskelbelastung,	Verhaltens,
Beleuchtung,	Arbeitsplatzunsicherheit,
Klima,	fehlende Anerkennung und
Lärm,	Unterstützung,
Schadstoffe,	fehlende Entspannung und
technische Einrichtung,	Erholung,
Werkstoffe	Fremdbestimmtheit,
	Informationsmangel,
	Betriebsklima,
	Konkurrenzdruck,
	Störungen,
	Zeit- und Termindruck,
	Unklare, widersprüchliche
	Aufträge,
	Unterforderung (Monotonie,
	zu kleine Arbeitsinhalte),
	Verantwortungsdruck

▬ Sekundäre Einschätzung: Wenn das Ereignis bedrohlich und relevant ist, welche Bewältigungsmöglichkeiten stehen zur Verfügung?

Stress als Ergebnis von Bewertungen

Empfindet man ein Ereignis nicht als bedrohlich, wird es keinen Stress auslösen. Empfindet man ein Ereignis als bedrohlich und damit als relevant, entscheidet die sekundäre Einschätzung darüber, ob Stress ausgelöst wird oder nicht. Stehen Bewältigungsmöglichkeiten zur Verfügung, wird sich der Stress in erträglichem Maß halten. Je ungünstiger man die Bewältigungsmöglichkeiten wahrnimmt, desto mehr Stress empfindet man. Entscheidend ist die Erwartung von Selbstwirksamkeit, das heißt, man muss sich selbst zutrauen, das anstehende Problem bewältigen zu können. Aus der Einschätzung eines Ereignisses resultieren unterschiedliche Bewältigungsformen. So kann man vor einer Prüfung aufgrund

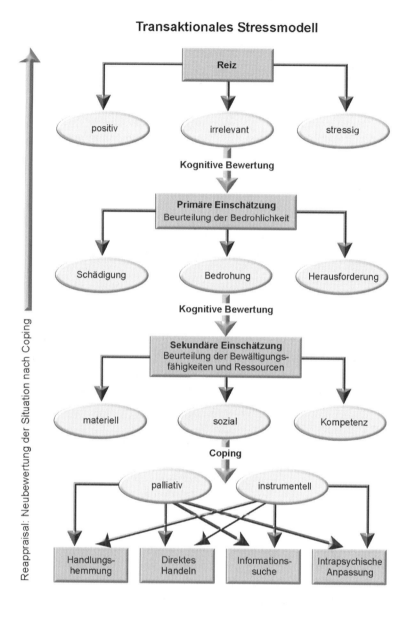

◘ Abb. 2 »Transaktionales Stressmodell« (modifiziert nach Monat & Lazarus, 1991, und Schild & Heeren, 2001)

Bewältigungsstrategien

mangelnder Selbstwirksamkeitserwartung auf eine aktive Auseinandersetzung mit dem Problem verzichten, indem man sich ablenkt und betäubt. Allerdings löst der Griff zur Fernbedienung und zu Alkohol die Probleme nicht, sondern schiebt sie auf und vergrößert sie auf mittlere und lange Sicht. Ein solch dysfunktionales Verhalten erhöht die Wahrscheinlichkeit des Scheiterns. Für Bewältigungsstrategien gibt es eine Vielzahl von Klassifikationsvorschlägen. Sehr eingängig ist die von Perrez und Reicherts (1992) vorgeschlagene Taxonomie in:

2.1 · Was ist Stress?

- Situationsbezogene Bewältigung
  - Aktive Einflussnahme
  - Flucht/Rückzug
  - Passivität
- Repräsentationsorientierte Bewältigung
  - Informationssuche
  - Informationsunterdrückung
- Evaluationsorientierte Bewältigung
  - Umbewertung/Sinngebung
  - Zieländerung

In Situationen, die kontrollierbar sind und die eine geringe Eigendynamik zum Guten haben, ist eine aktive Einflussnahme auf den Stressor sinnvoll. In Situationen, die sich im Wandel befinden, kann Passivität sinnvoll sein. Flucht, wie beispielsweise ein Arbeitsplatzwechsel, ist dann empfehlenswert, wenn ein Stressor weder kontrollierbar noch wandelbar und stark negativ ist. Die repräsentationsorientierte Bewältigung verändert durch Informationssuche oder Informationsunterdrückung die Wahrnehmung des Stressors, während die evaluationsorientierte Bewältigung die Einstellung zum Stressor ändert. D.h. ein Bewältigungsmechanismus ist nicht immer gut oder immer schlecht, seine Effektivität hängt von der stressauslösenden Situation ab (Folkmann & Moskowitz, 2003). Besonders hilfreich für eine erfolgreiche Bewältigung ist deshalb Flexibilität in der Anwendung verschiedener Bewältigungsarten. Je mehr Bewältigungsmechanismen ein Mensch zur Verfügung hat, desto besser.

Menschen können objektiv gleiche Belastungen subjektiv unterschiedlich empfinden, und auch ein und derselbe Mensch kann eine Belastung in unterschiedlichen Situationen unterschiedlich empfinden. Nach dem S-O-R-Modell (◘ Abb. 3) verarbeitet eine Person (= Organismus) Stressoren je nach Erfahrungen, Veranlagungen oder momentanen Stimmungen unterschiedlich. — *Stress ist subjektiv*

Ein Verkehrsrowdy, der uns schneidet und bei Gelb gerade noch die Ampel passiert, lässt uns kalt, wenn wir ruhig und ausgeglichen sind. — *Beispiel*

◘ **Abb. 3** »S-O-R-Modell«

Beispiel

Derselbe Vorgang bringt uns zum Kochen, wenn wir unter Zeitdruck stehen, der andere bei Gelb gerade noch die Ampel passiert, wir aber bei Rot auf die Bremse treten müssen.

Für jemanden, der sein Auto liebt, bedeutet eine Beule viel Stress. Wer seinen Wagen nüchtern als »fahrbaren Untersatz« betrachtet, wird sich von einer Beule weniger »stressen« lassen (Frese, 1991). Stress ist abhängig von den Einstellungen, Erfahrungen und der aktuellen Verfassung des Einzelnen.

Stressanalyse

Wirksame Stressbewältigung setzt die Analyse eigener Einstellungen und eigenen Verhaltens voraus. Nur wer seine persönlichen Belastungssituationen kennt, kann Stress gezielt bewältigen. Folgende Fragen haben sich bei der Analyse von Stresssituationen bewährt:

- Welches sind meine persönlichen Stressoren?
- Wie reagiere ich auf typische Belastungssituationen?
- Über welche Bewältigungsmöglichkeiten verfüge ich?

Selbsteinschätzung Stressbereiche

Für einen ersten Überblick bearbeiten Sie bitte ◘ Übersicht 1. Gehen Sie die Bereiche in der linken Spalte durch und überlegen Sie, welche davon Stress bei Ihnen auslösen. Je häufiger oder regelmäßiger Sie auf einen Bereich mit Stress reagieren, desto lohnenswerter ist es, sich mit diesem Bereich intensiv auseinander zu setzen. Notieren Sie in der mittleren Spalte Ihre eigene Reaktion und in der rechten Spalte Alternativen zu Ihrer derzeitigen Reaktion.

Sie haben nun einen ersten Anhaltspunkt, welche Bereiche für Sie besonders stressbelastet sind.

2.2 Wann beginnt Stress?

Stressoren

Stärke und Dauer von Stressoren wirken auf Stressentstehung und Stressfolgen. Erfahrungen in ähnlichen Situationen, Veranlagung und Rahmenbedingungen beeinflussen die Stressentstehung. Das Stresserleben hängt von Häufigkeit, Vielfalt, Dauer und Intensität ab, mit denen Stressoren auf ein Individuum einwirken. Sehr wichtig ist die individuelle Bewertung einer Situation: Ist sie bedrohlich oder zu bewältigen?

Risiko Dauerstress

Lebensbedrohliche Konfrontationen sind in unserem Alltag selten, unterschwelliger Daueralarm hingegen häufig (Wagner-Link, 1996): Die Arbeit ist abends nicht erledigt, in der Partnerschaft gibt es Probleme; statt zu schlafen, grübelt man über die Probleme nach – der Organismus bleibt angespannt. Andererseits beflügeln bewältigte Herausforderungen. Die Stressdosis und die wahrgenommenen Bewältigungschancen entscheiden darüber, ob Stress negativ oder positiv wirkt. ◘ Abbildung 4 verdeutlicht den Zusammenhang zwischen Stresserleben und Leistungsfähigkeit.

2.2 · Wann beginnt Stress?

❏ Übersicht 1. Stressbereiche, eigene Reaktionen und alternative Reaktionen (Stollreiter et al., 2000)

Bereich	Eigene Reaktion	Alternativreaktion
Beruf — Vorgesetzte — Mitarbeiter — Kollegen — Kunden		
Straßenverkehr — Verkehrsrowdys — Trödler — Beifahrer — LKWs — Taxis		
Partnerschaft — Sexualität — Tagesrhythmus — Einstellungen — Gewohnheiten — Emotionalität/Nähe		
Kindererziehung — zu wenig Zeit — Streitereien — Trotz — Problemverhalten		
Freizeit — Verein/Ehrenamt — Sport — Lesen/Musik — Wetter		
Organisatorisches — Haushalt — Wohnung — Garten — Erledigungen — Versicherungen — Steuer		
Politik — Zeitung lesen — Fernsehen — Diskussion		
Sonstiges		

Stress muss sein

Ideal ist mittlerer Stress, siehe hierzu bereits Yerkes und Dodson (1908). Zu viel oder zu wenig Stress führen zu Leistungsabfall. Eine zu hohe Aktivierung ist erkennbar an Nervosität, Hektik und Konzentrationsschwäche; eine zu niedrige an Müdigkeit und Langeweile. Brengelmann (1988) drückt das so aus: Ein Leben ohne Stress ist wie eine geruhsame Party, die man abgehängt im Schrank verbringt. Die richtige Stressdosis spornt an. Jede körperliche und geistige Anstrengung benötigt ein Mindestmaß an (Stress-)Energie. Spitzenleistungen sind ohne kontrollierten Stress nicht möglich. Im Idealfall stehen eigene Fähigkeiten und Herausforderungen in perfektem Einklang. Dann kann es zu Flow-Erlebnissen (Csikzentmihalyi, 1997) kommen. Flow ist ein Zustand des Verschmelzens mit der Situation; Raum und Zeit verblassen. Die Tätigkeit selbst ist Belohnung und wird als Glück erlebt. Stress wirkt zunächst positiv, erst das Übermaß schädigt und führt zu Ermüdung und schließlich zum Zusammenbruch. Bei einfacheren Aufgaben verläuft die Kurve linksschief, das heißt, ein höheres Erregungsniveau fördert die Leistung. Bei schweren Aufgaben verläuft die Kurve rechtsschief, das heißt, bei schwierigen Aufgaben ist ein geringes Erregungsniveau optimal. Auch die Art des Stressors kann einen Einfluss haben, wie Hermanutz, Spöker, Geiger und Schweitzer (2000) zeigen. Körperlich wirkende Stressoren beeinflussen nicht die Schießleistung von Polizeibeamten, mental wirkende Stressoren hingegen beeinträchtigen die Schießleistung deutlich. Für die körperlich wirkenden Stressoren gilt somit die umgekehrte U-Funktion (◘ Abb. 4) nicht. Im Berufsalltag überwiegen jedoch die mental wirkenden Stressoren, so dass im Regelfall von dem in ◘ Abb. 4 dargestellten Zusammenhang auszugehen ist.

Floweffekt

Unter- und Überforderung = Stress

Wenn wir bei mittlerem Stress optimal leistungsfähig sind, stellen sowohl Unter- wie Überforderung ungünstige Rahmenbedingungen dar.

◘ Abb. 4 »Höchste Leistungsfähigkeit bei mittlerem Stress« (erstellt nach Yerkes & Dodson, 1908)

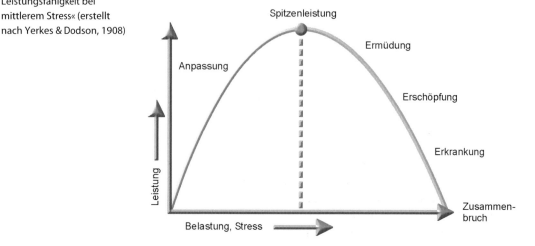

2.2 · Wann beginnt Stress?

Für die Berufswelt bringt Vester (2003) einige der Probleme süffisant mit den folgenden drei Prinzipien auf den Punkt:

- Parkinson-Prinzip: Die sich selbst vermehrende Verwaltungstätigkeit innerhalb jeder Organisation ist unaufhaltsam. Durch Abteilungsgliederung, Planstellenregelung, Delegation nach unten mit der Schaffung neuer Stellen, Zusammenfassung von Abteilungen mit der Schaffung gut bezahlter übergeordneter Koordinierungsstellen besteht ein großer Teil der Arbeit einer Organisation in deren eigener Verwaltung. Gerade für an der Sache interessierte Mitarbeiter ist dieser Zustand ein Stressfaktor und schafft sachliche Unterforderung bei administrativer Überforderung. Folge sind Frustration und sachentfremdete Prestigekämpfe.

- Peter-Prinzip: Solange ein Mitarbeiter seine Aufgaben kompetent erledigt, kommt er für eine Beförderung infrage. In guten Zeiten rückt er damit auf. Ist er auch in der neuen Funktion kompetent, kommt er für eine Beförderung infrage. In guten Zeiten rückt er auf. Dieser Prozess läuft so lange, bis er auf einem Posten angelangt ist, auf dem er überfordert ist. Dort bleibt er sitzen, zu seiner und anderer Unzufriedenheit. Nach dem Peter-Prinzip sitzen schließlich auf vielen Posten inkompetente Menschen, nicht zuletzt weil eine Rückstufung in unserem Rechtssystem faktisch kaum durchsetzbar ist.

- Paul-Prinzip: Selbst wenn jemand bis zur letzten Beförderungsmöglichkeit kompetent bleibt und er Erfüllung in seiner Arbeit findet, ist dieser Zustand nicht für alle Zeiten garantiert. Fehlt ihm ausreichende Lernbereitschaft oder –zeit, werden seine Fertigkeiten von neuen Ereignissen überholt. Neue Kommunikationsmittel, neue Forschungsergebnisse, eine Änderung der Organisationskultur fordern Anpassung und Weiterentwicklung. Kann man mit den steigenden Anforderungen auf einer Stelle nicht mehr mithalten, gerät man in eine Überforderungssituation und damit in Stress.

Immer wenn berufliche Anforderungen und soziale Belohnungen aus der Balance geraten, stürzen Menschen in tiefe Krisen. Gefährdet sind Mitarbeiter mit übersteigerter beruflicher Verausgabungsneigung und Mitarbeiter, die – strategisch denkend – auf eine zukünftige soziale Belohnung wie eine Beförderung hoffen oder die keine Arbeitsplatzalternative haben und sich zum Bleiben verdammt fühlen. Letztlich geht es auch hier um die Fähigkeit zur Selbstregulation. Menschen, die sich für ihren Beruf engagieren und die das Gefühl haben, sie werden dafür geschätzt, fühlen sich der Organisation zugehörig und entwickeln auch unter hoher Belastung kaum Stresssymptome. Kritisch wird es, wenn es zu Enttäuschungen oder dem Gefühl der Ungerechtigkeit kommt. Stresssymptome und – in weiterer Konsequenz – Krankheiten sind das Ergebnis einer gestörten Austauschbeziehung. Kosten und Nutzen sind nicht mehr in Balance. Menschen in solchen beruflichen Gratifikationskrisen leiden unter einer

Gratifikationskrise

erhöhten Herzfrequenz, einem erhöhten systolischen Blutdruck, Herz-Kreislauf-Erkrankungen, depressiven Störungen und massiven Veränderungen im Suchtverhalten, es kann zum Burn-out kommen. So ist das Risiko einer Alkoholabhängigkeit bei Menschen in beruflichen Gratifikationskrisen deutlich erhöht. Bei Männern steigt das Erkrankungsrisiko bei fehlender Aufstiegsmöglichkeit und bei fehlender Arbeitsplatzsicherheit, bei Frauen vor allem bei übersteigerter Verausgabungsneigung (Krumpholz-Reichel, 2002).

2.3 Wer empfindet was als Stress?

Beispiel

Die persönliche Bewertung entscheidet darüber, ob ein Mensch Stress empfindet oder nicht. Dazu ein Beispiel (Wagner-Link, 1996): Herr Schneider und Herr Berg sollen einen Kurzvortrag halten. Beide sind sachkompetent. Herr Schneider ist ein verschlossener, sozial unsicherer Mensch, der zwar über einen guten Sprachstil verfügt, sich aber wenig zutraut. Ihm graut vor dem Vortrag. Herr Berg hingegen steht gerne im Mittelpunkt und hat nur wenig Lampenfieber. Objektiv sind beide fähig, die Situation zu meistern. Subjektiv fühlt sich Herr Schneider weniger befähigt, diese Aufgabe zu bewältigen. Während des Vortrags unterhalten sich zwei Zuhörer halblaut. Herr Schneider denkt: »Die sind sicher anderer Meinung und kritisieren gleich meine Ausführungen.« Er ist irritiert, wird noch nervöser und verspricht sich immer häufiger. Herrn Schneiders Befürchtung hat sich erfüllt, sein Vortrag ist tatsächlich schlecht. Herr Berg nimmt die gleiche Situation so wahr: »Da verhalten sich zwei wie Schulkinder. Na ja, solange sie die anderen nicht stören, spielt das keine Rolle.« Herr Berg spricht gelassen und sicher weiter.

Stress ist subjektiv

Unsere Veranlagung, Erfahrung, Einstellung, Persönlichkeit und unsere Bewältigungsstrategien beeinflussen die Wahrnehmung von Stresssituationen. Selbst objektiv gefährliche Situationen lösen nur dann Stress aus, wenn wir die Gefahr erkennen und glauben, sie nicht bewältigen zu können. Umgekehrt können objektiv ungefährliche Situationen bedrohlich erlebt werden und Stress erzeugen. Menschen unterscheiden sich auch in der Bewertung der eigenen Stressreaktion. Einige registrieren ihre Stressreaktion nüchtern, andere steigern sich in die Stressreaktion hinein. Im schlimmsten Fall wird die Stressreaktion selbst zum Stressor. Man stellt fest, dass man nervös wird, und diese

Moderatorvariablen

Beobachtung steigt die Nervosität. Viele Menschen mit Prüfungsangst geraten in solche Stressfallen. Vor allem drei Merkmale entscheiden über die Wirkung von Stressoren (Atkinson, Atkinson, Smith, Bem & Nolen-Hoeksema, 2001):
- Wahrgenommene Kontrollierbarkeit des Stressors
- Vorhersagbarkeit des Stressors
- Überlastung durch den Stressor

2.3 · Wer empfindet was als Stress?

Wer glaubt, einer Situation hilflos ausgeliefert zu sein, zeigt eine stärkere Stressreaktion als jemand, der sicher ist, die Situation kontrollieren zu können. Menschen, die glauben, eine Anforderung aktiv steuern zu können, sind weniger gefährdet, Stressfolgeschäden zu erleiden. Menschen, die sich fremdbestimmt fühlen, verhalten sich passiv-resignativ, lassen Dinge schleifen und geraten gerade dadurch in Stress. Unkontrollierbare Ereignisse sind der Tod eines nahen Menschen, der Verlust des Arbeitsplatzes, eine schwere Erkrankung. Weniger dramatisch, aber noch immer unkontrollierbar ist, wenn ein Freund die Entschuldigung für getanes Unrecht zurückweist oder wenn man einen Flug verpasst, weil er überbucht war. Dabei ist die subjektive Kontrollierbarkeit wichtiger als die tatsächliche.

Unvorhergesehenes = Stress

Wenn man ein belastendes Ereignis vorhersagen kann, reduziert das den resultierenden Stress, selbst wenn man das Ereignis nicht kontrollieren kann. Durch die Vorwarnzeit kann man sich auf das Ereignis einstellen, man weiß, dass man gleich eine Spritze bekommt, und kann sich gedanklich ablenken. Bei unvorhersehbaren Ereignissen ist dies nicht der Fall. Man muss gewissermaßen immer auf der Hut sein.

Unvorhergesehenes = Stress

Manche Situationen sind zwar kontrollierbar und vorhersehbar, wirken aber deshalb belastend, weil sie uns bis an die Grenzen unserer Möglichkeiten treiben und unser Selbstverständnis gefährden. Typisches Beispiel sind mehrere Abschlussklausuren innerhalb einer oder zwei Wochen. Diese physische und intellektuelle Anstrengung wird von vielen als belastend erlebt, weil sie an die Grenzen ihres Wissens und ihrer intellektuellen Fähigkeiten stoßen. Ähnliches kann in einer festen Beziehung oder Ehe geschehen. Die Beteiligten können bis an die Grenzen ihrer Geduld und Toleranz getrieben werden, wenn sie sich an die Gewohnheiten und Eigenarten ihres Partners gewöhnen müssen oder wenn emotionale Bedürfnisse in der Beziehung nicht erfüllt werden. Streitigkeiten über wichtige Dinge, beispielsweise finanzielle Entscheidungen mit langfristigen Wirkungen, können durchaus die Überzeugung schwächen, den richtigen Partner gewählt zu haben.

Überlastung = Stress

Nach Holmes und Rahe (1967) können alle Veränderungen im Leben, die Umstellungen und Anpassungsleistungen erfordern, als belastend wahrgenommen werden. Um den Wirkungsgrad solcher Lebensveränderungen messbar zu machen, entwickelten Holmes und Rahe die Lebensereignis-Skala. Durch Untersuchung vieler Menschen in verschiedenen Lebenslagen haben sie den mittleren Stresswert von Ereignissen bestimmt (◙ Tabelle 2). Die Skala stuft Lebensereignisse zwischen den Polen maximaler Belastung (Tod des Ehepartners) und minimaler Belastung (kleine Gesetzesübertretung) ein. Für die Skalenentwicklung untersuchten Holmes und Rahe tausende von Interviews und Krankengeschichten, um herauszufinden, welche Ereignistypen als belastend empfunden werden. Da die Eheschließung für die meisten Menschen ein kritisches Ereignis darstellt, wurde sie als Skalenmittelpunkt gesetzt

kritische Lebensereignisse

und mit dem Wert 50 versehen. Die Autoren ließen rund 400 Männer und Frauen das Ereignis Heirat mit den anderen Lebensereignissen vergleichen. Zum Beispiel: »Erfordert Ereignis X mehr oder weniger Umstellung als eine Heirat?« Dann mussten die Personen jedem Ereignis einen Punktwert zuordnen, der zum Ausdruck bringt, wie hoch sie die mit dem Ereignis verbundenen neuen Anpassungsleistungen und die dafür notwendige Zeit einschätzen. Obwohl auch positiv bewertete Ereignisse Anpassungen erfordern und deshalb mitunter als belastend erlebt werden, zeigte sich, dass negativ bewertete Ereignisse stärkere Auswirkungen auf die Gesundheit haben.

Problem

Der Ansatz ist umstritten, eben weil Stressoren letztlich sehr individuell erlebt werden. Daher sind die Mittelwerte nicht direkt auf einen einzelnen Menschen übertragbar, aber pragmatisch gesehen kann man mithilfe der ◘ Tabelle 2 einen groben Eindruck über die aktuelle eigene Situation im Vergleich zu anderen Menschen gewinnen. Die einzelnen Situationen werden von verschiedenen Menschen unterschiedlich empfunden – je nach Vorerfahrung und Einstellung. Daher dient der mittlere Stresswert lediglich der groben Orientierung, wie stark die aktuelle Lebenssituation einen Menschen im Allgemeinen belastet.

Selbstcheck

Gehen Sie ◘ Tabelle 2 durch, und kreuzen Sie diejenigen Ereignisse an, von denen Sie in den letzten zwölf Monaten betroffen waren. Am

◘ **Tabelle 2.** Mittlerer Belastungswert kritischer Lebensereignisse (Auswahl; nach Holmes & Rahe, 1967)

Stress-punkte	Lebensereignis	Stress-punkte	Lebensereignis
100	Tod Lebenspartner	36	Berufswechsel
73	Scheidung	35	Ehestreit
63	Tod Familienangehöriger	31	Aufnahme eines größeren Kredits
53	Eigene Verletzung oder Krankheit (mittlere Schwere)	29	Neuer Verantwortungsbereich im Beruf
50	Heirat	29	Ärger mit angeheirateter Verwandtschaft
47	Verlust des Arbeitsplatzes	23	Ärger mit dem Chef
45	Eheliche Aussöhnung, Ruhestand	20	Wohnungswechsel
44	Krankheit in der Familie	15	Änderung der Essgewohnheiten
40	Schwangerschaft	13	Urlaub
39	Familienzuwachs, Arbeitsplatzwechsel, sexuelle Schwierigkeiten	12	Weihnachten
38	Erhebliche Einkommensveränderung	11	Geringfügige Gesetzesübertretungen

2.3 · Wer empfindet was als Stress?

Ende zählen Sie die Punkte zusammen. Je höher Ihre Punktzahl ausfällt, desto sinnvoller ist es für Sie, sich aktiv mit Ihrer Stressverarbeitung auseinander zu setzen, und desto dringender müssen Sie etwas für sich tun. Sollte Ihre Stressbilanz mehr als 150 Punkte betragen, sind Sie gefährdet, Überlastungssymptome oder gesundheitliche Störungen zu erleiden. Die Mischung aus Arbeitsstress und Scheidungsstress ist besonders brisant.

Folgende Grundsätze (Zimbardo & Gerrig, 1999) können Ihnen helfen, kritische Lebensereignisse zu relativieren:

Faustregeln

- Halten Sie sich nicht mit vergangenen Missgeschicken auf. Grübeln Sie nicht über Schuld, Scham oder Versagen nach. Suchen Sie Änderungsansätze.
- Belegen Sie sich nicht mit irreversiblen, negativen Eigenschaften wie »dumm«, »hässlich«, »unverbesserlich«. Wenn Sie sich unglücklich fühlen, suchen Sie die Ursache dafür in Tatbeständen, die Sie ändern können.
- Erkennen Sie Ihre Erfolge an, und pflegen Sie Freundschaften mit Menschen, die Ihre Gefühle, Freuden und Sorgen mit Ihnen teilen.
- Betrachten Sie sich nicht als Spielball des Schicksals, sondern als aktiv Handelnden, der sein Leben selbst steuern kann. Übernehmen Sie die Verantwortung für Ihre Entscheidungen.

Sollten Sie sich aufgrund eines oder mehrerer kritischer Lebensereignisse in einer akuten Lebenskrise befinden, empfiehlt es sich, professionelle therapeutische Hilfe in Anspruch zu nehmen. Orientierung bei der Suche nach der richtigen Psychotherapie und qualifizierten Psychotherapeuten bietet der Psychotherapie-Informations-Dienst (PID). Details hierzu finden Sie im Adressenteil dieses Buches.

Psychotherapie

Nicht nur die Lebenssituationen beeinflussen das Stresserleben, sondern auch die Persönlichkeit des Einzelnen. Wie schwer man es sich selbst machen kann, zeigt folgendes Beispiel: Herr Konz verbringt seinen Urlaub in einem südlichen Land. Während seine Familie badet, liest er eine deutsche Wirtschaftszeitung und ärgert sich über die Börsenentwicklung. Nachdem er die Zeitung gelesen hat, richtet Herr Konz seine Aufmerksamkeit auf den nahe gelegenen Parkplatz und muss sehen, dass die Parkplätze nicht optimal genutzt werden. Zunächst spricht Herr Konz aufgebracht über diesen Missstand seinen Liegestuhlnachbarn an. Der teilt die Aufregung nicht, darüber ärgert sich Herr Konz noch mehr als über die Parksituation. Am nächsten Tag hält ihn nichts mehr am Strand; er springt auf und dirigiert schwitzend, mit hochrotem Kopf die Autofahrer in die Parkplätze. Dabei denkt er: »Höchste Zeit, dass hier einer was tut, so kann das nicht weitergehen.«

Persönlichkeit und Stress

Beispiel

Herr Konz ist nur zufrieden, wenn er aktiv ist und Leistung erbringt. Er hat weder Geduld mit sich noch mit anderen. Herr Konz zeigt ein so genanntes Typ-A-Verhalten Der Begriff stammt aus der Forschung zu Herzerkrankungen. Danach sind Menschen, die Typ-A-Verhalten zeigen,

Typ-A-Verhalten

besonders anfällig für Herzinfarkte (Friedman & Rosenman, 1974). Das Gegenstück sind Menschen, die Typ-B-Verhalten zeigen; sie reagieren gelassener auf Stress. Als Typ-A-Muster wird die Kombination von hohem Leistungsstreben, Konkurrenzdenken, Ungeduld, Perfektionismus, hohem Verantwortungsbewusstsein, Hektik, Aggressionsbereitschaft und starker Zielorientierung bezeichnet (Wagner-Link, 1996). Da Menschen mit solchen Verhaltensmustern zunächst oft erfolgreich sind, erhalten sie Anerkennung für ihre Leistung. Im zwischenmenschlichen Bereich rufen sie durch ihre Kämpfernatur und Ungeduld jedoch Konflikte hervor. Besonders kritisch sind Situationen, in denen ein hohes Maß an Anstrengung und Leistung erforderlich und zugleich Misserfolg wahrscheinlich ist. Menschen mit Typ-A-Verhalten verausgaben sich dann leicht, allerdings bei zunächst geringem Leidensdruck. Der Leidensdruck beginnt erst nach jahrelangem Raubbau. Bei Typ-A-Verhalten ist das Risiko für Herzerkrankungen höher als bei Typ-B-Verhalten (Matthews, Yousfi, Schmidt-Rathjens & Amelang, 2003).

Beispiel

Gehring und Klein (2002) beschreiben in Überspitzung einen typischen A-Vertreter so: Er kommt so gesund daher, eiligen Schritts, rundes Gesicht, kurzer kräftiger Hals, der Oberkörper massig, kugelig vorgewölbt der Bauch, Zigarettendunst um sich verbreitend, auch wenn er gerade nicht raucht. Sein Auftreten ist energisch, fordernd bis aggressiv, der Blick unruhig wandernd. Die Finger müssen sich ständig mit irgendetwas beschäftigen, zum Beispiel mit Zigaretten, Stiften, Zeitungen, Akten. Wenn er nichts greifen kann, trommelt er ganz einfach auf den Tisch. Oft steht ihm der Schweiß auf der Stirn. Das Typ-A-Verhaltensmuster ist zugleich eine Bewältigungsstrategie. Personen des A-Typs sind immer im Stress. Sie wollen ihr Leben aktiv beeinflussen und etwas bewirken. Sie erleben die Umwelt als grundsätzlich kontrollierbar und glauben, durch vermehrte Anstrengung bessere Ergebnisse erzielen zu können.

Schlüsselvariable Feindseligkeit

In mehreren Untersuchungen zeigte sich, dass das Ausmaß der Feindseligkeit einer Person noch mehr Vorhersagekraft für eine Herzerkrankung besitzt als das allgemeine Typ-A-Niveau. Bei Probanden mit hohen Feindseligkeitswerten lag im Vergleich zu nicht feindseligen ein fünfmal so hohes Risiko vor, bereits vor dem 50. Lebensjahr zu sterben, Messbeginn war im Alter von 25 Jahren. Das sympathische Nervensystem scheint bei feindseligen und A-Typen übersensibel auf Belastungen zu reagieren (Atkinson et al., 2001).

Gegenmaßnahmen

Was kann man tun, wenn man sehr starkes Typ-A-Verhalten zeigt? Man kann versuchen sich in Richtung B-Typ zu entwickeln. Das klingt leichter, als es ist. Viele A-Typen wollen sich gar nicht ändern, sondern sind der Ansicht, dass alles in Ordnung sein könnte, wenn die anderen nicht so ineffizient wären. Diese Einstellung zeigt, wo das Problem liegt. Ansatzpunkte zur Verhaltensänderung sind (Fontana, 1991):

— Humor. Typ-A-Menschen sollen mehr lachen – vor allem über sich selbst, Abstand nehmen und die komische Seite ihres engagierten Strebens wahrnehmen.

— Horizont weiten. Typ-A-Menschen neigen dazu, sehr stark mit ihrer Arbeit verbunden zu sein. Es ist wichtig, mehr Zeit für die Entwicklung anderer Interessen einzusetzen.

— Verständnis für andere entwickeln. Erkennen und anerkennen, dass andere Menschen andere Werte, Ziele und Einstellungen haben.

— Delegieren. Typ-A-Menschen wollen alles selbst machen, kein anderer kann es gut genug.

— Geduld entwickeln mit sich und mit anderen. Mehr zuhören, mehr beobachten anstatt fortwährend Forderungen an andere zu stellen.

— Langsamer werden, Termindruck verringern, langsamer sprechen und gehen, sich bewusst entspannen.

Neben dem Typ-A- und Typ-B-Verhalten spielt das Selbstwertgefühl eine wichtige Rolle. Eine negative Selbstwerteinschätzung führt häufig zu psychischen und psychosomatischen Störungen. Gestörtes Selbstwertgefühl bezeichnet Lückert knapp und einprägsam als LAU-Syndrom (Lückert & Lückert, 2004):

Schlüsselvariable Selbstwertgefühl

— Emotionale Labilität: Solche Menschen sind emotional überempfindlich, und bereits leichte berufliche oder familiäre Belastungen bringen sie aus dem Gleichgewicht.

— Erhöhte Angst- und Stressbereitschaft: Schon bei alltäglichen Frustrationen und Belastungen geraten solche Menschen in Erregung und entwickeln Befürchtungs- und Bedrohungsvorstellungen.

— Unsicherheit: Solche Menschen sind in ihrer Lebensführung unsicher. Sie verzögern fällige Entscheidungen, weichen Verantwortung aus und haben nur eine geringe Bereitschaft, sich für eine Sache zu engagieren.

Das Konzept des LAU-Syndroms entspricht weitgehend der Persönlichkeitsdimension »Emotionale Labilität«, die auch als »Neurotizismus« bezeichnet wird. Wie Mathews et al. (2003) zeigen, ist die »Emotionale Labilität« bei Personen mit Mehrfacherkrankungen höher als bei Gesunden oder bei Personen mit nur einer Erkrankung. Die Persönlichkeitsdimension »Emotionale Labilität« ist ein Risikofaktor für spätere Erkrankungen. Einen vergleichbar starken Einfluss hat sonst nur noch das Typ-A-Verhalten.

Die Qualität des Selbstwertgefühls hängt davon ab, wie Menschen ihre Handlungen und die Handlungsfolgen erklären. Personen mit hohem Selbstwertgefühl sind so genannte Erfolgserwarter. Sie unterscheiden sich in der Suche nach Ursachen von Verhaltensfolgen deutlich von den Misserfolgserwartern (Hoberg & Vollmer, 1988). Eigene und fremde Handlungen und Handlungsfolgen können auf vier Ursachen zurückge-

Entstehung Selbstwertgefühl

	Internalität: in der Person liegend	Externalität: in der Situation liegend
Stabilität	Begabung	Aufgabenschwierigkeit
Variabilität	Anstrengung	Zufall

◘ **Übersicht 2.** Unterschied zwischen Erfolgserwartern und Misserfolgserwartern (Zimbardo & Gerrig, 1999)

führt werden: Fähigkeit, Anstrengung, Schwierigkeit der Aufgaben und Zufall. In ◘ Übersicht 2 werden diese Ursachen anhand zweier Dimensionen geordnet:

— Stabilität – Variabilität
— Internalität – Externalität

Beispiel

Begabung und Anstrengung sind Merkmale der Person, so genannte internale Faktoren. Begabung ist über die Zeit stabil, während die Anstrengung variieren kann. Aufgabenschwierigkeit und Zufall (Glück/Pech) hängen von der Situation ab, von externalen Faktoren. Die Schwierigkeit einer Aufgabe bleibt stabil, Zufallsfaktoren sind variabel. Angenommen, jemand ist durch eine Prüfung gefallen, so hat er vier Möglichkeiten, den Misserfolg zu erklären:

— Begabung: »Mir fehlen wichtige Fähigkeiten, ich war überfordert.«
— Aufgabenschwierigkeit: »Die Aufgaben waren in der kurzen Zeit einfach nicht zu schaffen.«
— Anstrengung: »Ich habe mich heute nicht genug angestrengt. Das Thema hat mich nicht interessiert.«
— Zufall: »Ich hatte einfach Pech.«

Erfolgserwarter

Die Art der Misserfolgs- oder Erfolgszuschreibung beeinflusst das Selbstbewusstsein sehr stark. Erfolgserwarter gehen mit Handlungsfolgen so um:

— Erfolge werden der eigenen Leistungsfähigkeit zugeschrieben.
— Misserfolge werden auf mangelnde Anstrengung, mitunter auf schwierige Aufgaben geschoben. Keinesfalls werden Misserfolge auf mangelnde Begabung zurückgeführt.

werden immer sicherer

Erfolge machen Erfolgserwarter noch sicherer: Der Erfolg beruht auf der eigenen Leistung. Misserfolge überwinden Erfolgserwarter leicht oder sehen sich nicht dafür verantwortlich.

Misserfolgserwarter

Anders die Misserfolgserwarter. Handlungsfolgen erklären sie so:

— Für Erfolge wird der Zufall verantwortlich gemacht; Glück gehabt.
— Misserfolge werden mangelnder Begabung zugeschrieben.

Dadurch bestätigen Misserfolgserwarter ihre negative Selbsteinschätzung. Über Erfolge können sie sich nicht freuen, Misserfolge bestätigen die eigene Unzulänglichkeit, wodurch ein Teufelskreis in Gang gesetzt wird (Hansch, 2003). Für die Zukunft rechnen sie mit weiteren Misserfolgen (◘ Abb. 5). Ihr Vertrauen in die eigene Leistungskompetenz ist gering. Aus diesen Gründen führt mangelndes Selbstwertgefühl häufig zu Stressanfälligkeit. Situationen, die Erfolgserwarter gelassen oder freudig angehen, lösen bei Misserfolgserwartern Angst und damit die Stressreaktion aus.

werden immer unsicherer

Angenommen, zwei Personen haben ein neutrales Selbstbewusstsein, weder besonders hoch noch besonders gering. Beide Personen haben Erfolg und Misserfolg im Wechsel – wie in ◘ Abbildung 5 beschrieben. Beim Erfolgserwarter steigt das Selbstbewusstsein mit jedem Erfolg, bei einem Misserfolg bleibt es stabil. Mit der Zeit wächst so sein Selbstbewusstsein. Beim Misserfolgserwarter bleibt das Selbstvertrauen bei Erfolg stabil, bei einem Misserfolg sinkt es. Allmählich nimmt sein Selbstvertrauen ab. Unter denselben Bedingungen wächst beim Erfolgserwarter das Selbstbewusstsein, beim Misserfolgserwarter sinkt es. Das hat Folgen für die Selbstwirksamkeitserwartung, also auf das Vertrauen in die eigenen Fähigkeiten, auch schwierige Handlungen in Gang zu setzen und zu Ende führen zu können. Die Selbstwirksamkeitserwartung beeinflusst Kognition, Emotion und Verhalten von Menschen (Schwarzer & Schmitz, 1999).

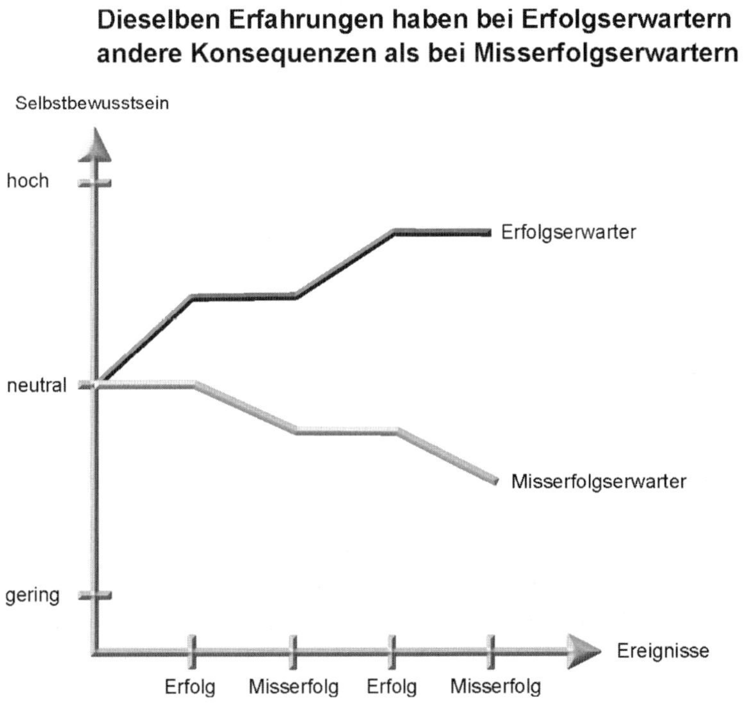

◘ **Abb. 5** »Dieselben Erfahrungen haben bei Erfolgserwartern andere Konsequenzen als bei Misserfolgserwarter«

2.4 Wie zeigt sich Stress?

Beispiel

Die Stressreaktion liefert Energie, um auf Gefahr und Bedrohung schnell reagieren zu können, sei es durch Angriff oder durch Flucht. Beispiel (Olschewski, 1995b): Stellen wir uns den Steinzeitmenschen Urs vor. Mit Fellen umhüllt liegt Urs an einem Feuer in der Savanne und erholt sich von der Jagd. Plötzlich knackt es, er sieht den Schatten eines Raubtieres und nimmt dessen scharfen Geruch wahr. Ohne nachzudenken springt er auf und packt blitzschnell seinen Speer, greift die Hyäne an und vertreibt sie. Nach dieser Aufregung zieht sich Urs in eine Höhle zurück, wo er sich erschöpft hinlegt. Urs hatte Stress. An seinem Beispiel lässt sich der Ablauf einer Stressreaktion gut nachvollziehen. Durch den bedrohlichen Reiz (Raubtier) wird die Alarmreaktion ausgelöst. Ohne Nachdenken trifft Urs unwillkürlich die Entscheidung für Angriff. Nach der körperlichen Handlung ist eine Ruhepause notwendig, in der sich der Organismus regeneriert.

automatisches Handeln

Da Nachdenken in urmenschlichen Bedrohungssituationen Zeitvergeudung gewesen wäre, reagiert der Organismus blitzschnell und automatisch. Erst später kommt man zur Besinnung und wird sich bewusst, was genau geschehen ist. Der Organismus ist während der Stressreaktion zu körperlichen Höchstleistungen fähig, zu geistigen nicht. Der Ablauf einer Stressreaktion ist heute derselbe wie in der Steinzeit. Beispiel: Die Fußgängerampel springt auf Grün, Birgit läuft über die Straße. Ein BMW-Fahrer ist von der Sonne geblendet und übersieht, dass seine Ampel auf Rot steht. Birgit erkennt aus den Augenwinkeln, dass ein schwarzer BMW mit unvermindertem Tempo weiterfährt. Birgit springt blitzschnell zurück auf den Gehweg; das Auto rast haarscharf an ihr vorbei. Nimmt sich Birgit etwas Zeit, um sich vom Schrecken zu erholen, so läuft auch bei ihr die Stressreaktion ohne schädliche Spätfolgen ab (Olschewski, 1995b). Noch ein Beispiel: Herr Fibisch fährt gemütlich auf einer Bundesstraße. Plötzlich kommt ihm auf seiner Spur ein Auto entgegen. Blitzschnell reißt er das Lenkrad herum und fährt in den Acker neben der Straße. Herr Fibisch bleibt unverletzt. Er umklammert das Lenkrad, ist kreidebleich und zittert am ganzen Körper. In der Extremsituation hat er richtig und schnell reagiert; später steht er unter Schock.

Beispiele

Wohin mit der Energie?

Wenn die Stressreaktion und ihre Folgen so normal sind, wo liegt dann das Problem? Wir können in den heutigen Stresssituationen oft weder fliehen noch kämpfen, unser Stressmechanismus ist nicht auf das heutige Leben eingerichtet (Allmann, 1999; Allenspach & Brechbühler, 2005). Die bereitgestellten Energien werden nicht abgerufen. So ist es im Straßenverkehr sinnvoller, mit einem geschickten Ausweichmanöver die Situation zu meistern und weiterzufahren, statt in Steinzeitmanier brüllend und fuchtelnd auf Kollisionskurs zu gehen. So verschieden die stressauslösenden Situationen sind, die Stressreaktion ist immer dieselbe. Eine punktuelle Stressreaktion kann der Körper allmählich abbau-

2.4 · Wie zeigt sich Stress?

en und gut verkraften. Bei Daueralarm, zum Beispiel durch ständigen Straßenlärm oder einen schwelenden sozialen Konflikt, wird der Körper jedoch überfordert. Daueralarm wird durch unterschwellige Stressoren wie Lärm, Reizüberflutung oder psychische Konstellationen wie Frustration, Ärger oder Angst ausgelöst. Die Stressoren setzen den biologischen Mechanismus in Gang. Im Wesentlichen sind das vegetative Nervensystem und das Hormonsystem beteiligt.

Zur Veranschaulichung wird die Stressreaktion in fünf Ebenen geteilt: | **fünf Stressebenen**

- Kognitionen
- Emotionen
- Vegetativ-hormonelles System
- Muskuläres System
- Verhalten

Die kognitive Ebene beschreibt geistige Vorgänge wie Denk- und Wahrnehmungsprozesse, die emotionale umfasst Gefühle und Befindlichkeiten. Reaktionen des vegetativen Nervensystems und daran angeschlossener Organe gehören zur vegetativ-hormonellen Ebene. Die muskuläre Ebene umfasst Reaktionen der Skelettmuskulatur. Sichtbares Verhalten gehört zur Verhaltensebene, beispielsweise Fliehen oder Zittern. Ein Stressor kann auf jeder der fünf Ebenen Reaktionen auslösen. Die Ebenen beeinflussen sich gegenseitig und können sich verstärken.

Kognitionen

Stressebene 1

Die Wahrnehmung verengt sich auf diejenigen Reize, die in der Stresssituation wichtig erscheinen. Kognitive Reaktionen können sein: Leere im Kopf, Denkblockade, Gedanken kreisen, Bewertungen schießen durch den Kopf wie »Pass auf!«, »Das schaff ich nie!«, »Auch das noch!«, »Das geht schief!«.

Wahrnehmung verengt sich

Die kognitiven Auswirkungen von zu viel Stress sind: | **Stressfolgen**

- Abnahme der Konzentration und Aufmerksamkeit. Die Beobachtungsfähigkeit nimmt ab.
- Fähigkeit zu langfristigem Denken nimmt ab. Die gegenwärtige Situation und die zukünftigen Folgen können nicht adäquat eingeschätzt werden.
- Täuschungen und Denkstörungen nehmen zu. Die Einschätzung der Realität ist weniger effizient, Objektivität und Kritikfähigkeit sind vermindert, Denkmuster können verwirrt und irrational werden.
- Kreativität nimmt ab. Dieser Prozess setzt sehr früh ein. Noch bevor Stress zur Beeinträchtigung des allgemeinen Denkvermögens führt, lässt die Kreativitätsleistung nach.
- Ablenkbarkeit nimmt zu. Beim Denken und Sprechen verliert man den roten Faden, im Extremfall sogar mitten im Satz. Es kann zu

Wortfindungsstörungen kommen (Allenspach & Brechbühler, 2005).
— Kurz- und Langzeitgedächtnis werden schlechter. Die Gedächtnisspanne nimmt ab, das Erinnern und Wiedererkennen von Bekanntem verschlechtert sich.
— Reaktionsgeschwindigkeit wird unvorhersagbar. Die Reaktionsgeschwindigkeit selbst nimmt infolge der Beanspruchung ab. Bemühungen zur Kompensation dieses Effektes können zu übereilten Entscheidungen führen.
— Fehlerhäufigkeit nimmt zu. Als Folge der aufgeführten Einschränkungen wächst das Fehlerrisiko.

Leistungsabfall

Stress setzt das kognitive Leistungsniveau herab (◘ Abb. 4). Infolgedessen kommt es vor allem bei komplexen Aufgaben zu Leistungseinbußen. Höhere kognitive Funktionen fallen zuerst aus (◘ Abb. 6). Die Beeinträchtigung kann zwei Ursachen haben: Erstens kann hohe emotionale

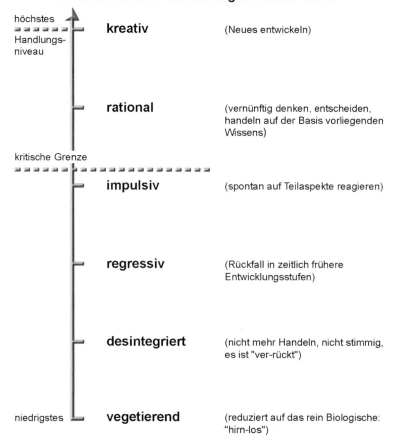

◘ Abb. 6 »Stress senkt das Handlungsniveau, das heißt setzt es auf niedrigere Stufen herab«

Erregung die Informationsverarbeitung grundsätzlich stören. Je ängstlicher, wütender oder deprimierter wir nach Erleben eines Stressors sind, desto wahrscheinlicher sind das Denken, die Konzentration und die Aufmerksamkeit beeinträchtigt. Zweitens können kognitive Einbußen durch ablenkende Gedanken entstehen, die im Kopf umherschwirren. Wir grübeln über die Ursachen von Geschehnissen, bedauern die Folgen unseres Handelns, beschimpfen uns selbst. Spontan könnte man denken, dass grübelnde Menschen eher zu einer Problemlösung kommen. Die empirische Daten sprechen gegen eine solche Vermutung. Personen mit starker Grübelneigung können sich bei Konfrontation mit einem Stressor seltener zu einer aktiven Problemlösung entschließen. Im Gegensatz dazu gelingt es Menschen, die sich zunächst angenehmen Aktivitäten zuwenden und sich damit von der schlechten Stimmungslage erholen, mit größerer Wahrscheinlichkeit, sich aktiv mit den Stressoren auseinander zu setzen (Atkinson et al., 2001). Menschen, die zum Grübeln über vergangenen Ärger verursachende Ereignisse neigen, haben ein gesteigertes Risiko für höheren Blutdruck und damit für Organschädigungen (Gerin, Davidson, Christenfeld, Goyal & Schwartz, 2006).

Grübeln schadet

Handeln hilft

Eine kognitive Beeinträchtigung kann dazu führen, dass Menschen an rigiden Verhaltensweisen festhalten, weil es ihnen nicht mehr gelingt, Handlungsalternativen auch nur noch in Erwägung zu ziehen. Ein vorsichtiger Mensch wird noch vorsichtiger, ein aggressiver Mensch verliert möglicherweise völlig die Kontrolle (Atkinson et al., 2001). Oder wie Christian Morgenstern es ausdrückt: »Die Rinde schweigt, es spricht der Stamm.«

Rigidität

Emotionen

Stressebene 2

Aus dem Grundmuster Aggression – Angriff und Angst – Flucht können Schreck, Panik, Nervosität, Verunsicherung, Ärger, Wut, Gereiztheit, Versagensgefühle resultieren. Bei Dauerstress entstehen entlang des Grundmusters »Aggression – Angst« Symptome wie generalisierte Aggressionsbereitschaft, Unsicherheit, Unzufriedenheit, Unausgeglichenheit, Gefühlsschwankungen, Depression, Apathie, Hypochondrie:

Folgen

- Hypochondrie nimmt zu. Eingebildete Beschwerden fügen sich nahtlos in die wirklichen Stresssymptome ein. Das Gefühl, gesund zu sein, schwindet.
- Moralische und emotionale Zwänge schwächen sich ab. Verhaltensnormen und Kontrolle der Sexualimpulse werden schwächer oder im Einzelfall auch unrealistisch starr. Gefühlsausbrüche werden häufiger.
- Selbstwertgefühl sinkt. Gefühle von Unfähigkeit und Wertlosigkeit stellen sich ein.
- Depression und Hilflosigkeit können entstehen. Die Stimmung wird gedrückt, das Gefühl der Ohnmacht wächst. Das Gefühl, Einfluss auf die Situation zu haben, wird schwächer.

— Persönlichkeitszüge können sich ändern. Ordentliche und vorsichtige Menschen können unordentlich und nachlässig werden, engagierte Menschen gleichgültig, tolerante Menschen autoritär.

Leistungsangst

Angst tritt auf, wenn eine Situation als bedrohlich erlebt wird. Im Berufsalltag ist die Leistungsangst besonders wichtig. Nach Schwarzer (2000) versteht man darunter die Besorgtheit und Aufgeregtheit angesichts von Leistungsanforderungen, die als selbstwertbedrohlich eingeschätzt werden. Damit wird auf Merkmale der Auslösesituation – auf die Leistungsanforderungen, auf die subjektive Einschätzung der Selbstwertbedrohung und auf sich anschließende Kognitionsinhalte – verwiesen, wie beispielsweise Besorgtheit oder Aufgeregtheit.

Sozialangst

Eine weitere berufsrelevante Angst ist die soziale Angst. Wenn man vor einer Gruppe reden, mit einem Vorgesetzten verhandeln oder sich für einen Fehler entschuldigen will, handelt es sich auch um soziale Situationen. Unter sozialer Angst versteht man (Schwarzer, 2000) die Besorgtheit und Aufgeregtheit angesichts sozialer Situationen, die als selbstwertbedrohlich erlebt werden. Man muss mit anderen kommunizieren und riskiert sein Ansehen, man kann sich lächerlich machen oder sich dumm anstellen. Die soziale Situation kann zum Stressor werden, weil das Selbstbild bedroht ist.

Ärger

Neben Angst ist Ärger, der in Aggression umschlagen kann, eine typische Reaktion auf Stress. Da direkte Aggressionen gegen die Quelle der Frustration nicht immer möglich oder vernünftig sind, kann die Aggression verschoben werden. Die aggressive Handlung richtet sich dann gegen unschuldige Personen oder ein Objekt statt gegen die Aggressionsursache.

Stressebene 3

Vegetativ-hormonelles System

Aktivierung

Durch Stress erfolgt eine vegetative und hormonelle Aktivierung. Der Sympathikus wird erregt, wirkt auf die Nebennieren und das Nebennierenmark und veranlasst dort die Freisetzung der Stresshormone, zum Beispiel Kortisol, Adrenalin und Noradrenalin. Dadurch wird die Atmung beschleunigt, Herz und Kreislauf arbeiten stärker, die Pupillen weiten und die Blutgefäße verengen sich. Kortisol erhöht die Gerinnungsfähigkeit des Blutes für den Fall einer Verletzung und senkt die Schmerzempfindung. Die Leber gibt Glukose als Treibstoff für die Muskeln frei. Zur Vorbereitung auf den erheblichen Energieverbrauch wird der Grundumsatz angehoben. Die natürlichen Schmerzkiller des Körpers, die Endorphine, werden ausgeschüttet. Schweißreaktionen treten auf und einiges mehr. Die meisten physiologischen Veränderungen resultieren aus der Aktivierung zweier neuroendokriner Systeme, die vom

Stresszentrum Hypothalamus

Hypothalamus gesteuert werden: Sympathikus und Nebennierenrindensystem. Der Hypothalamus wird wegen seiner Doppelfunktion bei Notfällen auch als Stresszentrum bezeichnet.

2.4 · Wie zeigt sich Stress?

Seine erste Aufgabe besteht in der Aktivierung des Sympathikus. Der Sympathikus wirkt direkt auf die Muskeln und die inneren Organe ein. Über den Sympathikus wird auch das Nebennierenmark zur Ausschüttung der Hormone Adrenalin und Noradrenalin in den Blutstrom angeregt. Adrenalin hat denselben Effekt auf die Muskeln wie der Sympathikus. Noradrenalin lässt über die Hypophyse indirekt zusätzlichen Zucker aus der Leber freisetzen.

Funktion 1

Die zweite Funktion des Hypothalamus ist die Aktivierung des Nebennierenrindensystems, was durch die Anregung der Hypophyse zur Freisetzung des adrenocorticotropen Hormons (ACTH) realisiert wird. ACTH ist das entscheidende Stresshormon des Körpers. Es stimuliert die äußere Schicht der Nebennierenrinde. Dadurch werden Hormone ausgeschüttet, unter anderem Kortisol, die den Blutzuckerspiegel und den Mineraliengehalt im Blut regulieren. ACTH signalisiert ferner weiteren Hormondrüsen, über 30 Hormone freizusetzen, die alle bei der Ausrichtung des Körpers auf Gefahrensituationen eine Rolle spielen (Atkinson et al., 2001). Gleichzeitig wird durch das Hormon Hydrocortison die Immunabwehr des Körpers geschwächt. Magen und Darm reduzieren ihre Aktivität, die Sexualfunktion wird eingeschränkt. Auch Folgereaktionen wie Erbrechen, Durchfall und Übelkeit können auftreten.

Funktion 2

Das somatische Nervensystem steuert die Skelettmuskulatur, dies geschieht willentlich. Hingegen ist das vegetative Nervensystem der willentlichen Kontrolle entzogen; es regelt die Organfunktionen des Körpers und sorgt dafür, dass sich der Körper automatisch an veränderte Außenbedingungen anpasst. Das vegetative Nervensystem versorgt die glatte Muskulatur, die Blutgefäße, das Herz, die Drüsen und die inneren Organe; es besteht aus zwei Teilen, dem Sympathikus und dem Parasympathikus (Hoberg & Vollmer, 1988). Die meisten Organe werden von Sympathikus und Parasympathikus angesprochen, allerdings im entgegengesetzten Sinne (◖ Übersicht 3). Der Sympathikus bewirkt eine Bereitschaft zur Leistung, der Parasympathikus dient der Schonung und Erholung.

keine willentliche Kontrolle

Die zentrale Rolle im vegetativen Nervensystem spielen der Hypothalamus und das limbische System. Im limbischen System wird geprüft, ob ein Reiz besondere Aufmerksamkeit verdient. Ist das der Fall, schaltet der Hypothalamus über den Sympathikus die Organe auf höhere Leistungsbereitschaft. Gut feststellbare Symptome einer Sympathikusaktivierung sind: trockener Mund, Kloß im Hals, Räusperdrang, Herzklopfen, flaues Gefühl im Magen, Übelkeit/Erbrechen, Schwitzen, Erröten, Kurzatmigkeit, Engegefühl in der Brust, Adern treten hervor.

limbisches System

Aus Dauerstress können psychosomatische Beschwerden resultieren: Herz-Kreislauf-Störungen, Bluthochdruck, erhöhtes Infarktrisiko, Gastritis, Magen- und Darmgeschwüre, Verdauungsbeschwerden, Schlafstörungen, chronische Müdigkeit, Verschiebung des Hormonhaushalts, Zyklusstörungen, Verminderung der Samenproduktion, se-

psychosomatische Beschwerden

Übersicht 3. Sympathikus und Parasympathikus wirken entgegengesetzt (nach Nitsch, 1981)

	Aktivierung des Sympathikus	Aktivierung des Parasympathikus
Herz	Frequenz, Kontraktionskraft und Erregbarkeit steigen. Folge: Blutfördermenge steigt.	Frequenz, Kontraktionskraft und Erregbarkeit sinken. Folge: Blutfördermenge sinkt.
Atmung	Erweiterung der Bronchien	Verengung der Bronchien
Durchblutung	Durchblutung der Haut und der Verdauungsorgane wird gedrosselt. Durchblutung der Skelettmuskulatur und des Herzens steigt.	Nur geringe direkte Wirkung auf die Durchblutung
Stoffwechsel	Anstieg des Stoffwechsels	Abfall des Stoffwechsels
Magen/Darm	Darmtätigkeit und Magensaftproduktion werden gehemmt.	Darmtätigkeit und Magensaftproduktion werden gefördert.
Bauchspeicheldrüse	Hemmung der Sekretion	Steigerung der Sekretion
Auge	Pupillenerweiterung	Pupillenverengung
Schweißdrüsen	Verstärktes Schwitzen	
Haare	Haare richten sich auf durch Anspannung der Haarmuskeln.	
Temperatur	Kerntemperatur erhöht, Hauttemperatur vermindert (kalte Hände)	Kerntemperatur vermindert, Hauttemperatur erhöht

xuelle Funktionsstörungen, Hautveränderungen, Schwindelanfälle, Atembeschwerden, Migräne. Kudielka und Kern (2004) berichten von ersten Nachweisen, dass auch Mobbing den täglichen Kortisolrhythmus stören kann. Auf stressbedingte Krankheitsfolgen wird später noch ausführlich eingegangen (► Kapitel 3, Stressfolgen).

Stressebene 4

Muskuläres System

Diagnosehilfe

Die Skelettmuskulatur wird »vorgespannt«, der Körper ist auf Flucht und Angriff optimal eingestellt. Diese Aktivierungsreaktion kann man nutzen, um
- Stress im Anfangsstadium zu erkennen,
- individuelle Stressoren zu diagnostizieren,
- Stress im Anfangsstadium entgegenzuwirken.

kurzfristige Reaktionen

Muskuläre Reaktionen können sein: starre Mimik, Fingertrommeln, Zittern, Zähneknirschen, Fuß wippen, Zucken, Spannungskopfschmerz, Rückenschmerzen, Faust ballen, Gesicht verzerren, fahrige Gestik, Stottern.

2.4 · Wie zeigt sich Stress?

Ständige Anspannung verbraucht Energie, man ermüdet rasch. Chronische Verspannungen sind eine weitere Folge. Durch einseitige Belastung werden die in den Muskeln liegenden Blutgefäße zusammengepresst. Dadurch wird die Blutzufuhr gedrosselt, es gelangen nur wenig Sauerstoff und Nährstoffe in die Muskeln, Abfallprodukte wie Kohlen- und Milchsäure werden nicht ausreichend abtransportiert. Das erzeugt Schmerzen. Die Schmerzen können sich verselbstständigen und später ohne direkte Auslöser auftreten.

langfristige Folgen

Verhalten

Die physiologische Reaktion läuft bei allen Menschen gleich ab, in den psychologischen Aspekten unterscheiden wir uns jedoch deutlich. Welche Reaktionen sind grundsätzlich auf Stressoren möglich?

*Stressebene 5
mögliche
Verhaltensweisen*

- Kontrollieren: Aktive Reaktion mit Veränderung des Stressors, sich noch mehr anstrengen oder vor dem Stressor fliehen.
- Tolerieren: Stressoren zulassen, Frustrationstoleranz erhöhen. Im Gegensatz zum Resignieren hat der Betroffene hier die Hoffnung auf Veränderung.
- Resignieren: Passives Ertragen des Stressors oder die psychologische Variante mit dem Nicht-mehr-zur-Kenntnis-Nehmen des Stressors.

Jede dieser Verhaltensweisen kann hilfreich sein, jede kann aber auch negative Folgen haben. Eine aktive Reaktion kann umschlagen in Aggressivität und Gereiztheit. Das kann sich darin ausdrücken, dass man dem Partner gegenüber ärgerlich und kurz angebunden ist, ohne es wirklich zu wollen, und dass man bereits bei »Kleinigkeiten« gereizt reagiert.

Risiko Aggression

Eine passive Reaktion kann umschlagen in allgemeine Passivität und Hilflosigkeit. Wer nicht oder ständig erfolglos versucht, sich zu wehren, wird unter Selbstzweifeln, negativer Selbsteinschätzung und Traurigkeit leiden; im Extremfall entwickelt sich eine Depression.

Risiko Depression

Eine Abwehrreaktion kann in allgemeinen Realitätsverlust umschlagen. Missverhältnisse zwischen Realität und Wahrnehmung werden nicht mehr zur Kenntnis genommen.

Risiko Realitätsverlust

Eine Fluchtreaktion kann in generelle Ängstlichkeit umschlagen. Wenderlein zeigt (2003) am Vergleich examinierter Krankenpfleger mit Krankpflegeschülern, dass die hohe Absentismusrate bei den Schülern im Vergleich zu den Examinierten korrespondiert mit dem Gefühl starken Stresses. Das Fernbleiben vom Arbeitsplatz kann man als Rückzugsreaktion betrachten. Man schweigt, auch wenn man sich ungerecht behandelt fühlt. Permanente Anspannung kann zu psychosomatischen Beschwerden und Krankheiten führen. In ◘ Abb. 7 wird der Ablauf veranschaulicht.

Risiko Ängstlichkeit

Verhaltensauswirkungen

Bei zu viel Stress sind folgende Verhaltensauswirkungen zu beobachten:

- Sprechprobleme nehmen zu. Bestehendes Stammeln, Stottern und stockendes Sprechen verstärken sich und können auch bei ansonsten nicht betroffenen Personen vorkommen.
- Interessen und Begeisterungsfähigkeit verringern sich. Kurz- und langfristige Ziele können aufgegeben werden. Hobbys werden fallen gelassen. Früher wichtige persönliche Dinge werden weggegeben.
- Abwesenheiten vom Arbeitsplatz häufen sich. Durch tatsächliche oder eingebildete Krankheiten und erfundene Entschuldigungen häufen sich Verspätungen oder Abwesenheiten vom Arbeitsplatz.
- Drogenmissbrauch nimmt zu. Der Konsum von Alkohol, Koffein, Nikotin, verschriebener oder illegaler Mittel steigt.
- Energieniveau ist niedrig. Das Energieniveau sinkt, oder es schwankt ohne ersichtlichen Grund von Tag zu Tag.
- Schlafmuster sind gestört. Das Einschlafen oder das Durchschlafen für mehr als vier Stunden wird schwierig.
- Zynismus und die Schuldzuweisung an andere wachsen.
- Neue Informationen werden nicht wahrgenommen. Sogar hilfreiche neue Entwicklungen werden nicht mehr registriert.
- Probleme werden oberflächlich »gelöst«. Notlösungen und kurzfristige Lösungen werden gewählt. Versuche, Dinge tiefer zu ergründen oder zu verändern, werden aufgegeben.

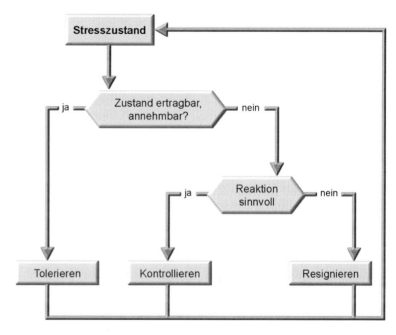

◘ Abb. 7 »Entscheidungsalternativen bei Stressreaktionen«

2.4 · Wie zeigt sich Stress?

- Bizarre Verhaltensmuster treten auf. Seltsame Manieriertheiten, Unvorhersagbarkeiten kommen vor.

Solche Veränderungen bleiben nicht folgenlos. Je länger und je kontinuierlicher Stress einwirkt, desto einschneidender sind die Stressfolgen.

Stressfolgen

3.1   Stress führt zu Daueranspannung   – 34
3.1.1   Wachsende Anspannung   – 34
3.1.2   Fehlende Entspannung   – 40

3.2   Daueranspannung führt zu Krankheiten   – 40
3.2.1   Stressschäden   – 41
3.2.2   Krankheiten   – 45

positive Stressfolgen

Stress erhöht die Überlebenswahrscheinlichkeit in Ausnahmesituationen. Positive Folgen von Stress (Stollreiter et al., 2000) sind:

- Stress ermöglicht schnelle Entscheidungen – nicht reflektierte. In Gefahrensituationen ist eine schnelle Handlungsfähigkeit garantiert.
- Stress mobilisiert die letzten Kraftreserven.
- Stress schützt vor Überlastung. Stressübermaß führt zu Ermüdung. Folgt man diesem Signal, legt man eine Pause ein.
- Stress kurbelt Lernprozesse an. Wären die Menschen von alters her »zufrieden« gewesen (kein Stress), gäbe es keinen Fortschritt.

negative Stressfolgen

Neben diesen positiven hat Stress besonders dann negative Folgen, wenn die Ermüdungssignale übersehen werden und punktueller Stress zu Dauerstress wird.

3.1 Stress führt zu Daueranspannung

Abwärtsspirale

Wachsende Anspannung und fehlende Entspannung gehen Hand in Hand. Je stärker die Anspannung wird, desto mehr verkneift man sich Dinge, die entspannen. Dadurch wird die Abwärtsspirale beschleunigt.

3.1.1 Wachsende Anspannung

Der Mensch ist geprägt durch seine Auseinandersetzung mit der Umwelt. Betrachten wir unsere Vorfahren, zum Beispiel den Neandertaler: Sein Leben hing davon ab, im Falle einer Gefahr blitzschnell alle Energie für Kampf oder Flucht mobilisieren zu können. Die Jagd, der Kampf mit wilden Tieren etc. erforderten die sofortige Alarm- und Aktionsbereitschaft des Körpers, um sich behaupten zu können.

Handeln vor Denken

Diese Anlage zur schnellen Alarmbereitschaft tragen wir in uns. Wer als Autofahrer in eine bedrohliche Situation gerät, muss blitzschnell reagieren, zum Beispiel das Lenkrad herumreißen. Dafür ist die Stressreaktion lebenswichtig, sie sorgt für sofortige Anspannung der Muskulatur, für den Anstieg von Blutdruck und Pulsfrequenz und einiges mehr. Ohne langes Überlegen sofort das Richtige zu tun, darauf kommt es an. Die Stressreaktion blockiert zugleich das Denken. Das ist grundsätzlich sinnvoll: Denken braucht Zeit, und die steht in solchen Ausnahmesituationen nicht zur Verfügung. Ist die Gefahr vorüber, kann der Organismus wieder entspannen. Die in der Stressreaktion mobilisierten Körperfunktionen fallen auf ihr Ausgangsniveau zurück – bis zur nächsten

punktueller Stress bleibt ohne Folgen

Stressreaktion. ◻ Abbildung 8 veranschaulicht den zyklischen Verlauf von Spannung und Entspannung.

Eine Stressreaktion ist nicht nur die Antwort des Körpers auf die heute seltenen physischen Bedrohungen. Auch psychische Belastungen lö-

3.1 · Stress führt zu Daueranspannung

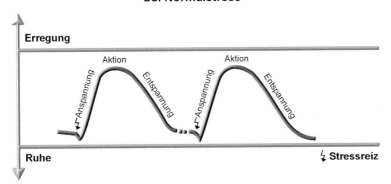

Abb. 8 »Normaler Stress«

sen eine Stressreaktion aus, vor allem wenn man sich in seiner Selbstachtung bedroht fühlt. Dabei spielt es keine Rolle, ob die Stressreaktion von außen oder durch eigene Gedanken und Vorstellungen ausgelöst wird. Wer kennt nicht das Lampenfieber, wenn man vor einem größeren, womöglich kritischen Publikum einen Vortrag zu halten hat? Und wer hat nicht schon ärgerlich reagiert, wenn er glaubte, sich etwas – aus Gründen der Selbstachtung – nicht bieten lassen zu können? All dieser Stress bleibt ohne nachteilige Folgen, sofern der Anspannung die notwendige Entspannung und Erholung folgen. Erst wenn die Stresseinschläge dichter werden und die Stressreaktion über eine lange Zeit andauert, wird aus einer vorübergehenden Anspannung eine Daueranspannung. Aus normalem Stress wird Dauerstress. Die Fähigkeit zur wirksamen Entspannung, zur Regeneration, geht allmählich verloren. ◘ Abbildung 9 veranschaulicht die Wirkung von Dauerstress.

Bei Dauerstress wird man nervös, ist innerlich unruhig, kann sich nicht mehr entspannen. Abends ist man müde, erschöpft und abgespannt. Man fühlt sich urlaubsreif. Die geistige Leistungsfähigkeit nimmt ab, da bei Stress zunächst die höheren geistigen Prozesse leiden, allem voran die Kreativität. Mit zunehmender Stresswirkung bereitet auch die Konzentration auf eine Aufgabe Schwierigkeiten; die Gedanken schweifen ab. Die Merkfähigkeit wird in Mitleidenschaft gezogen: Wer mit seinen Gedanken woanders ist, übersieht leicht, überhört leicht und vergisst leicht. Man spürt, dass es so nicht weitergehen kann, dass man etwas tun oder lassen muss – nur was?

Dauerstress hat Folgen

Solcher Dis-Stress führt nicht nur zur Abnahme der Leistungsfähigkeit, sondern auch zur Verschlechterung des physischen und psychischen Gesamtzustands. Man wird aggressiver, ängstlicher, passiver. Die Gesundheit leidet. Allerdings kann auch Unterforderung Stress erzeugen. Ein starker Stressor ist das Gefühl, seine tatsächliche Leistungsfähigkeit nicht unter Beweis stellen zu können (Vester, 2003).

bergab

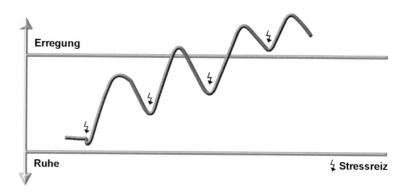

◘ Abb. 9 »Wachsende Erregung bei Dauerstress«

Selbstcheck

Wie hoch ist Ihr derzeitiger Stresspegel? Prüfen Sie dies kursorisch anhand der folgenden Selbsteinschätzung (◘ Fragebogen 1).

Je häufiger Sie »Ja« angekreuzt haben, desto angespannter sind Sie, und desto mehr lohnt es sich für Sie, dieses Thema ausführlich zu behandeln. Das können Sie mit den ◘ Fragebögen 2 und 3 zur Stressdiagnostik. Diese helfen Ihnen, einen Überblick über Ihre akuten Belastungen in den Bereichen Arbeitsplatz und Privatleben zu gewinnen. Beide Bereiche hängen zusammen. Eine zu starke Arbeitsbelastung kann zu Konflikten in der Familie führen, welche ihrerseits neue Stressoren sind (Jacobshagen, Amstad, Semmer & Kuster, 2005). Sie können feststellen, ob und in welchen Bereichen eine Reduktion von Stress für Sie besonders sinnvoll wäre.

◘ **Fragebogen 1.** Selbsteinschätzung »Erlebter Stress« (Blankenstein, Gassner, Hilken & Milz, o.J.)

	ja	nein
Ich fühle mich abends oft abgespannt und erschöpft.	☐	☐
Ich kann mich nicht mehr so gut wie früher auf eine Sache konzentrieren.	☐	☐
In manchen Situationen bin ich so angespannt, dass Konzentration und Denkvermögen beeinträchtigt sind.	☐	☐
Ich spüre oft eine innere Unruhe, die mich nicht loslässt.	☐	☐
Es fällt mir schwer, mich einer Sache intensiv über längere Zeit zu widmen.	☐	☐
Manchmal habe ich den Eindruck, dass meine Freizeit zur Erholung nicht mehr ausreicht.	☐	☐
Ich kann nicht mehr so richtig abschalten.	☐	☐
Ich stelle fest, dass ich mir vieles nicht mehr so gut merken kann wie früher.	☐	☐

⬛ Fragebogen 2. Situation am Arbeitsplatz (in Anlehnung an Frese, 1991)

1. Bitte kreuzen Sie an, inwieweit die folgenden Ausführungen auf Sie zutreffen. Trifft eine Aussage nie zu, markieren sie bitte die »1«. Trifft eine Aussage sehr oft zu beziehungsweise belastet Sie eine solche Situation sehr oft, markieren Sie bitte die »5«. Alle Zwischenstufen der Skala sind möglich.
2. Kreuzen Sie dann an, bei welchen Punkten Sie etwas ändern wollen.
3. Legen Sie die Reihenfolge fest, in der Sie die Veränderungen in Angriff nehmen möchten (1., 2., 3., etc.).

	nie [1]	[2]	[3]	[4]	sehr oft [5]	diese Punkte möchte ich ändern ▽	in folgender Reihenfolge (1, 2 ...) ▽
Arbeitsfaktoren							
Zu viel Arbeit	☐	☐	☐	☐	☐	○	○
Zu wenig Arbeit	☐	☐	☐	☐	☐	○	○
Zu starke Schwankungen im Arbeitsanfall	☐	☐	☐	☐	☐	○	○
Zu hoher Zeitdruck bei Arbeitserledigung	☐	☐	☐	☐	☐	○	○
Zu viele Überstunden	☐	☐	☐	☐	☐	○	○
Zu komplexe Arbeitsaufgaben	☐	☐	☐	☐	☐	○	○
Unterbrechung bei der Arbeitsanfertigung	☐	☐	☐	☐	☐	○	○
Arbeit ist sinnlos	☐	☐	☐	☐	☐	○	○
Aufgabenabgrenzung ist unklar	☐	☐	☐	☐	☐	○	○
Widersprüchliche Anforderungen	☐	☐	☐	☐	☐	○	○
Zu viel Verantwortung für Mitarbeiter	☐	☐	☐	☐	☐	○	○
Unerwartete Störungen	☐	☐	☐	☐	☐	○	○
Arbeit und Privatleben stehen im Konflikt	☐	☐	☐	☐	☐	○	○
Zielvorgaben sind widersprüchlich	☐	☐	☐	☐	☐	○	○
Zu wenig Mitwirkungsmöglichkeiten	☐	☐	☐	☐	☐	○	○
Enge rechtliche Bestimmungen	☐	☐	☐	☐	☐	○	○
Informationen kommen spät oder sind vage	☐	☐	☐	☐	☐	○	○
Zu wenig Einfluss auf eigene Fort- und Weiterbildung	☐	☐	☐	☐	☐	○	○
Umweltfaktoren							
Physikalische Störungen (Lärm, Hitze, Kälte etc.)	☐	☐	☐	☐	☐	○	○
Arbeitsmittel fehlen oder sind veraltet	☐	☐	☐	☐	☐	○	○
Arbeitsort (Lage, Räume etc.) ist unbefriedigend	☐	☐	☐	☐	☐	○	○
Arbeitszeit (Dauer, Beginn, Ende) ist ungünstig	☐	☐	☐	☐	☐	○	○
Soziale Faktoren							
Andere machen häufig Fehler	☐	☐	☐	☐	☐	○	○
Konflikte mit Vorgesetzten	☐	☐	☐	☐	☐	○	○
Konflikte mit Kollegen	☐	☐	☐	☐	☐	○	○
Konflikte mit Mitarbeitern	☐	☐	☐	☐	☐	○	○
Zu wenig Kontakt zum Vorgesetzten	☐	☐	☐	☐	☐	○	○
Zu wenig Kontakt mit Kollegen	☐	☐	☐	☐	☐	○	○
Zu wenig Kontakt mit Mitarbeitern	☐	☐	☐	☐	☐	○	○
Schlechtes Klima im Arbeitsbereich	☐	☐	☐	☐	☐	○	○

▼

38 **Kapitel 3** · Stressfolgen

▣ Fragebogen 2. (Forts.)

Sonstiges:

Beförderungsaussichten sind schlecht	☐	☐	☐	☐	☐	○	○
Bei Beförderung übergangen	☐	☐	☐	☐	☐	○	○
Keine Entwicklungsmöglichkeiten	☐	☐	☐	☐	☐	○	○
Arbeitsplatz ist gefährdet	☐	☐	☐	☐	☐	○	○
Gehalt ist zu niedrig	☐	☐	☐	☐	☐	○	○
Versetzung an einen anderen Ort droht	☐	☐	☐	☐	☐	○	○
Ständige Umorganisation	☐	☐	☐	☐	☐	○	○

Was mir am Arbeitsplatz Stress verursacht, wonach aber nicht gefragt wurde:

_____

_____

_____

_____

_____

_____

_____

▣ Fragebogen 3. Situation im Privatleben (in Anlehnung an Frese, 1991)

1. Bitte kreuzen Sie an, inwieweit die folgenden Ausführungen auf Sie zutreffen. Trifft eine Aussage nie zu, markieren sie bitte die »1«. Trifft eine Aussage sehr oft zu beziehungsweise belastet Sie eine solche Situation sehr oft, markieren Sie bitte die »5«. Alle Zwischenstufen der Skala sind möglich.
2. Kreuzen Sie dann an, bei welchen Punkten Sie etwas ändern wollen.
3. Legen Sie die Reihenfolge fest, in der Sie die Veränderungen in Angriff nehmen möchten (1., 2., 3., etc.).

	nie 1	2	3	4	sehr oft 5	diese Punkte möchte ich ändern ▽	in folgender Reihenfolge (1, 2 ...) ▽
Verfügbare Zeit:							
Zu wenig Zeit für nahe stehende Menschen	☐	☐	☐	☐	☐	○	○
Zu wenig Zeit für mich	☐	☐	☐	☐	☐	○	○
Freizeit nicht frei gestaltbar (Fremdbestimmung)	☐	☐	☐	☐	☐	○	○
Beschäftige mich auch zu Hause mit Arbeit	☐	☐	☐	☐	☐	○	○
Partner:							
Wunsch nach Partner	☐	☐	☐	☐	☐	○	○
Sexuelle Probleme	☐	☐	☐	☐	☐	○	○
Fehlende Unterstützung	☐	☐	☐	☐	☐	○	○
Wunsch nach anderem Partner	☐	☐	☐	☐	☐	○	○
Konflikte	☐	☐	☐	☐	☐	○	○
Kein Vertrauen mehr	☐	☐	☐	☐	☐	○	○
Mehrere Partner	☐	☐	☐	☐	☐	○	○
Zu wenig gemeinsame Interessen	☐	☐	☐	☐	☐	○	○
Zu wenig gemeinsame Aktivitäten	☐	☐	☐	☐	☐	○	○

3.1 · Stress führt zu Daueranspannung

◻ Fragebogen 3. (Forts.)

Kinder:
Schwangerschaft oder Geburt eines Kindes
Chronische Erkrankung oder Behinderung eines Kindes
Schulschwierigkeiten eines Kindes
Kind nimmt Drogen
Konflikte zwischen den Kindern
Konflikte mit Kind
Kind verlässt das Haus

Soziales Umfeld:
Probleme mit engen Freunden
Probleme mit den Eltern
Probleme mit anderen nahe stehenden Menschen
Probleme mit Nachbarn

Kritische Lebensereignisse:
Tod eines nahe stehenden Menschen
Scheidung (bevorstehend, akut, gerade vollzogen)
Eigene schwere Verletzung oder Krankheit
Heirat
Verlust des Arbeitsplatzes
Schwere Krankheit eines nahe stehenden Menschen
Wechsel der Arbeitsstelle
Partner nimmt Arbeit auf (oder gibt Arbeit auf)
Erhebliche Einkommensveränderung
Heftiger Streit mit Partner

Sonstiges:
Alte Hobbys machen keinen Spaß mehr
Kein Freundeskreis
Arbeit macht mehr Spaß als Freizeit
Freundeskreis stammt überwiegend aus dem Arbeitsumfeld
Die Frage, ob ich mein Leben richtig verbringe, belastet
Arbeitskonflikte wirken ins Privatleben hinein

Was mich belastet, wonach aber nicht gefragt wurde:

_____

_____

_____

_____

_____

_____

_____

Detailanalyse

Mithilfe der ◘ Fragebögen 2 und 3 haben Sie nun einen detaillierten Überblick über Ihre beruflichen und privaten Stressoren gewonnen und durch die Festlegung einer Reihenfolge konkrete Veränderungsziele festgelegt. Wie Sie die Ziele erreichen können, wird in ▶ Kapitel 4, Stressbewältigung, ausführlich behandelt.

3.1.2 Fehlende Entspannung

drei Entspannungs-faktoren

Auf Anspannung folgt normalerweise Entspannung. Biologisch ist die Entspannungsreaktion das Gegenstück zur Stressreaktion. Dauerstress schlägt sich in einer Störung des vegetativen Gleichgewichts nieder. Das vegetative Gleichgewicht gerät ins Wanken, wenn zwischen Person und Umwelt ein dauerndes Missverhältnis besteht. Gelingt es, dieses Missverhältnis zu beseitigen, kann die notwendige Entspannung erreicht werden. Drei Faktoren sind auf diesem Weg besonders hilfreich (Frese, 1991):

— Handlungsspielraum
— Sinngebung
— soziale Unterstützung

Beispiele

Veränderungsmöglichkeiten sind zum Beispiel Lärmquellen beseitigen, sich von Kollegen auch einmal abschotten können, bestimmte Arbeiten nicht tun müssen (Handlungsspielraum). Wenn man der Arbeit und seinem Leben einen Sinn zu geben vermag, der über die tägliche Bedürfnisbefriedigung hinausgeht, sind Stressbedingungen leichter auszuhalten; sie können in einen größeren Zusammenhang gestellt werden (Sinngebung). Direkte Hilfe von Kollegen, Vorgesetzten oder Mitarbeitern (soziale Unterstützung) lässt ein Problem eher lösbar erscheinen und senkt Stress unmittelbar. Emotionale Unterstützung durch Partner und Freunde vermindert die Wucht, mit der Stress auf die Gesundheit durchschlägt. Man wird widerstandsfähiger.

Realismus fördern

Wenn Fähigkeiten und Anforderungen so weit auseinander klaffen, dass ein Mensch bei realistischer Betrachtung einer Herausforderung nicht gewachsen sein kann, muss man das offen aussprechen und die Anforderungen reduzieren oder die Fähigkeiten erweitern. Ansonsten wird das Nichterreichen eines unrealistischen Ziels zum Dauerstressor.

3.2 Daueranspannung führt zu Krankheiten

Selbstcheck

Bevor Sie im Text weiterlesen, können Sie mit dem ◘ Fragebogen 4 feststellen, wie sehr Sie bereits gereizt und belastet sind und ob Sie bereits psychosomatische Beschwerden entwickelt haben. Dieser Fragebogen beinhaltet zwei Aspekte:

3.2 · Daueranspannung führt zu Krankheiten

— Gereiztheit / Belastung
— Psychosomatische Beschwerden

Je öfter Sie hohe Werte angekreuzt haben, desto wichtiger ist es für Sie, etwas gegen Ihre Beschwerden zu unternehmen. Arbeiten Sie den folgenden Abschnitt sowie die Bewältigungsstrategien im Kapitel 4 durch. Bei sehr starken Beschwerden empfiehlt es sich, professionelle Hilfe in Anspruch zu nehmen. Siehe hierzu die Informationen zum Psychotherapie-Informations-Dienst im Adressenteil des Buchs.

3.2.1 Stressschäden

Stressschäden gibt es seit langem, sie sind keine Erfindung der letzten Jahrzehnte. Der Leibeigene im 14. Jahrhundert war Stress ausgesetzt, ebenso wie ein Workaholic des 21. Jahrhunderts, der sich auch nach dem zweiten Herzinfarkt voll in die Arbeit stürzt. Allerdings unterschei-

Stress – ein Dauerthema

❏ Fragebogen 4. Beschwerden (Skalen sind modifiziert nach Mohr, 1986)

Dieser Fragebogen behandelt zwei Aspekte:
— Gereiztheit/Belastung
— Psychosomatische Beschwerden

Gereiztheit/Belastung
Sie haben bei den folgenden Aussagen sieben Antwortmöglichkeiten von »trifft überhaupt nicht zu« bis »trifft fast völlig zu«. Bitte kreuzen Sie diejenige Antwort an, die auf Sie zutrifft.

	trifft überhaupt nicht zu (1)	trifft größtenteils nicht zu (2)	trifft wenig zu (3)	trifft mittelmäßig zu (4)	trifft etwas zu (5)	trifft größtenteils zu (6)	trifft fast völlig zu (7)
Kleinigkeiten können mich sehr verärgern	☐	☐	☐	☐	☐	☐	☐
Es passiert mir hin und wieder, dass Ich gegenüber anderen unbeherrscht bin	☐	☐	☐	☐	☐	☐	☐
Mitunter reagiere ich mürrisch, wenn andere mich ansprechen	☐	☐	☐	☐	☐	☐	☐
Ich bin verärgert über Menschen, die mich gar nicht ärgern wollen	☐	☐	☐	☐	☐	☐	☐
Ich fühle mich ab und zu wie ein Nervenbündel	☐	☐	☐	☐	☐	☐	☐
Ich bin schnell verärgert	☐	☐	☐	☐	☐	☐	☐
Ich reagiere gereizt, obwohl ich es gar nicht will	☐	☐	☐	☐	☐	☐	☐

Je öfter Sie hohe Werte angekreuzt haben (Richtung 7, »trifft fast völlig zu«), desto höher ist Ihr Stressniveau und desto mehr lohnt es sich für Sie, das Kapitel 4, Stressbewältigung durch zuarbeiten.

▼

Fragebogen 4. (Forts.)

Psychosomatische Belastungen Nachfolgend finden Sie eine Reihe von körperlichen Beschwerden. Kreuzen Sie bitte an, welche Beschwerden bei Ihnen im letzten Jahr auftraten oder jetzt noch auftreten.	trifft über- haupt nicht zu (1)	trifft größten- teils nicht zu (2)	trifft wenig zu (3)	trifft mittel- mäßig zu (4)	trifft etwas zu (5)	trifft größten- teils zu (6)	trifft fast völlig zu (7)
Schnelles Ermüden	☐	☐	☐	☐	☐	☐	☐
Kopfschmerzen	☐	☐	☐	☐	☐	☐	☐
Herzklopfen bei geringer Anstrengung	☐	☐	☐	☐	☐	☐	☐
Atemnot bei geringer Anstrengung	☐	☐	☐	☐	☐	☐	☐
Empfindlicher Magen	☐	☐	☐	☐	☐	☐	☐
Schwindelgefühle	☐	☐	☐	☐	☐	☐	☐
Rückenschmerzen	☐	☐	☐	☐	☐	☐	☐
Plötzliche Schweißausbrüche	☐	☐	☐	☐	☐	☐	☐
Schmerzen in der Herzgegend	☐	☐	☐	☐	☐	☐	☐
Sodbrennen	☐	☐	☐	☐	☐	☐	☐
Konzentrationsstörungen	☐	☐	☐	☐	☐	☐	☐
Schlafstörungen (Einschlafschwierigkeiten, Durchschlafstörungen)	☐	☐	☐	☐	☐	☐	☐
Mattigkeit und Abgespanntheit ohne ersichtlichen Grund	☐	☐	☐	☐	☐	☐	☐

den sich die stressauslösenden Situationen und die verfügbaren Bewältigungsmechanismen erheblich.

Das Risiko des Stresses liegt in seiner langfristig negativen Wirkung. Wilhelm Busch (1832–1908) hat die mögliche Folge von Dauerstress so ausgedrückt:

»Wirklich, er war unentbehrlich! Überall, wo was geschah
zu dem Wohle der Gemeinden, er war tätig, er war da.
Schützenfest, Kasinobälle, Pferderennen, Preisgericht,
Liedertafel, Spitzenprobe, ohne ihn da ging es nicht.
Ohne ihn war nichts zu machen, keine Stunde hatt' er frei.
Gestern, als sie ihn begruben, war er richtig auch dabei.«

3.2 · Daueranspannung führt zu Krankheiten

Dieser Passus nimmt die kurzfristig positiven Stressfolgen aufs Korn, die auf der Funktion des Stresses als Statussymbol beruhen. Können Sie sich einen erfolgreichen Manager vorstellen, der auf Anfrage spontan Zeit hat, in dessen Terminkalender nur hin und wieder ein Termin markiert ist? Sicher nicht. Stress steigert das Image – so weit, so gut. Problematisch ist die langfristig negative Wirkung.

Statussymbol Stress

Die Umgangssprache spiegelt den Zusammenhang zwischen Dauerstress und körperlichen Reaktionen. Bei einem Schrecken »stockt uns der Atem«, ein Problem »bereitet uns Kopfschmerzen«, Ärger »schlägt uns auf den Magen« oder »macht uns sauer«, Misserfolg nehmen wir uns »zu Herzen«, der schwere Unfall eines Freundes »geht uns unter die Haut«. Natürlich führen diese Reaktionen nicht unmittelbar zu einer Krankheit. Erst Dauerbelastung löst in unserem Körper Organstörungen aus. Dabei ist es für den Körper irrelevant, ob die stressauslösenden Reize physischer Art sind, zum Beispiel Schmerzen durch eine Verbrennung, oder ob sie aus seelischen Konflikten resultieren (Vester, 2003).

Volksmund

Aus der fortgesetzten Einwirkung schädlicher Stressoren kann sich das in Tierversuchen entdeckte Adaptationssyndrom entwickeln:

Adaptionssyndrom

— Alarmreaktion
— Widerstand
— Erschöpfung

Ein Stressor löst die Alarmreaktion aus, der Widerstand des Körpers sinkt kurzfristig ab. Bei Extremstressoren tritt der Tod noch während der Alarmreaktion ein; das ist allerdings selten. Üblicherweise passt sich der Körper unter Veränderung wichtiger Funktionen an die Stressbedingungen an; dadurch wird seine Widerstandskraft gegen den Stressor erhöht. Diese zweite Phase wird Widerstandsphase genannt. Die Anpassung hat jedoch Grenzen. Kein Organismus kann Stressoren unbegrenzt ertragen. In der dritten Phase, der Erschöpfungsphase, treten wieder die Symptome der anfänglichen Alarmreaktion auf, können aber nicht mehr rückgängig gemacht werden. Die Folge einer derartigen Dauerbelastung ist der Tod (Vester, 2003).

Langzeitfolgen von Stress fallen nach Vester (2003) dann besonders gravierend aus, wenn folgende drei Bedingungen vorliegen:

was die Lage verschärft

— Das Individuum hat keine oder zu kurze Erholungsphasen.
— Die erzeugte Alarmbereitschaft kann nicht mit Flucht (zum Beispiel Lärmquelle meiden) oder Angriff (Lärmquelle abstellen) beantwortet, die mobilisierten Energien können nicht auf andere Weise abgebaut werden.
— Selbst eine symbolische Umsetzung der Alarmbereitschaft ist nicht möglich, zum Beispiel durch Umwandlung in Interesse, Neugier, symbolische Verarbeitung durch Spiele, Lachen oder Weinen.

fünf pathologische Prozesse

Vielen Krankheiten gehen Langzeitschädigungen voraus, die aus der Summe kleinster, aber ständiger, nicht abgebauter Stressoren resultieren. Dieser Prozess zieht sich meist jahrelang unbemerkt hin. Über biologische Regelkreise werden pathologische Prozesse angestoßen, die je nach Konstitution zu verschiedenen Krankheiten führen (Vester, 2003):

- Die freigesetzten Fette erhöhen den Blutfettspiegel und werden zum Risikofaktor für Arterienverkalkung und Kreislaufschäden.
- Durch Schwächung des Immunsystems sinkt die Abwehr gegen Infektionen mit Viren und Bakterien und gegen Fehlfunktionen des Zellwachstums (Krebs).
- Über das vegetative Nervensystem kommt es zu einer Fehlregulation der Drüsen und des Verdauungssystems.
- Die sexuellen Funktionen werden gestört, der Zyklus der Frau wird gestört.
- Die Nieren werden durch ständige Erregung geschädigt. Dadurch wird die Blutreinigung vermindert, das Risiko von Schäden am Gefäß- und Kreislaufsystem wächst.

Selbstcheck

Wie stark sind Ihre derzeitigen Stresssymptome? Schätzen Sie mithilfe des ◼ Fragebogens 5 Ihre Situation ein.

Je öfter Sie »Ja« angekreuzt haben, desto angespannter sind Sie und desto hilfreicher sind Entspannungsübungen; dazu finden Sie konkrete Anregungen in ► Kapitel 4.3.6.

Rhythmusstörung

Wir unterliegen dem Atemrhythmus, dem Herzrhythmus, dem Schlaf-Wach-Rhythmus etc. Tagesperiodische Schwankungen sind für Körpertemperatur und Blutdruck ebenso nachgewiesen wie für über hundert andere Messgrößen. Rhythmen kennzeichnen unser Leben. Ebenso natürlich ist der Wechsel von Hunger und Sattheit, von Durst

---

◼ **Fragebogen 5.** Selbsteinschätzung Stresssymptome (Blankenstein et al., o.J.)

	ja	nein
Ich neige zu Muskelverspannungen	☐	☐
Ich habe Schwierigkeiten, mein Gewicht zu halten	☐	☐
Ich spüre manchmal mein Herz	☐	☐
Ich habe häufig Kopfschmerzen	☐	☐
Bei mir wurden schon erhöhte Blutdruckwerte gemessen	☐	☐
Ich trinke oft Alkohol zur Entspannung	☐	☐
Ich habe Schlafprobleme	☐	☐
Ich brauche die Zigarette zur Entspannung	☐	☐

und Nicht-Durst. Grundbedürfnisse dieser Art treten in unser Bewusstsein und bestimmen unser Verhalten. Wenn sie befriedigt sind, verschwinden sie – um irgendwann wieder in Erscheinung zu treten. Ein solcher Rhythmus ist auch der Wechsel von Anspannung und Entspannung. Viele Rhythmen sind mit Anspannung und Entspannung gekoppelt, sei es muskulär oder nervlich. So wird verständlich, weshalb anhaltender Stress und die damit verbundene Daueranspannung zu gesundheitlichen Schäden führen. Zur Wirkung von Arbeitsstress auf die Entstehung psychosomatischer Beschwerden siehe Frese (1985).

Dauerstress verursacht neben der direkten schädlichen Wirkung auch indirekt Erkrankungen: Viele Menschen verhalten sich in Stresssituationen gesundheitsschädigend. Sie essen über den Sättigungspunkt hinaus. Zum einen, weil das Sättigungsgefühl von der inneren Anspannung überlagert wird, zum anderen, weil im Essen Entspannung gesucht wird. Gewichtsprobleme sind die Folge. Auch die entspannende Wirkung des Alkohols ist bekannt. Alkohol wirkt in höherer Konzentration beruhigend. Gerade die entspannende und schlafbringende Wirkung des Alkohols wird oft zum Abbau von Stress und Spannungen gesucht. Ein riskanter Weg, der zur Gewöhnung und Sucht führen kann. Wer sein natürliches Schlafbedürfnis ständig missachtet, braucht sich nicht über Schlafstörungen zu wundern. Raucher schreiben der Zigarette Entspannung zu; das ist physiologisch betrachtet paradox. Nikotin wirkt anregend. Bei Überdosierung ruft es im Körper sogar regelrechte Stressreaktionen hervor mit Gefäßverengung, Schwitzen, innerer Unruhe. Wer in Stresssituationen zur Zigarette greift, mag sich subjektiv beruhigen; von den organischen Konsequenzen her betrachtet, verstärkt der Griff zur Zigarette die körperliche Stressreaktion. Koffein und Teein wirken ähnlich. Beim Genuss größerer Mengen kommt es zu innerer Unruhe, Schwitzen und Zittern der Hände – Symptome, wie sie für starke Stresssituationen typisch sind.

indirekte Schäden durch Dauerstress

3.2.2 Krankheiten

Bluthochdruck: Erinnern wir uns an die Stressreaktion. Die Pulsfrequenz steigt, der Gefäßwiderstand erhöht sich, dadurch steigt der Blutdruck. Das ist zunächst vorübergehend und daher unbedenklich. Erst dauernde blutdrucksteigernde Kreislaufreaktionen führen bei ausbleibender Entspannung zur Hypertonie (Bluthochdruck). Hypertonie ist eine Ursache der Gefäßverkalkung (Arteriosklerose), die zu Verengungen in den Blutgefäßen und damit zu einer schlechten Blutversorgung der Organe führt. In direktem Verhältnis zur Höhe des Blutdrucks steigt das Risiko, einen Herzinfarkt oder Schlaganfall zu erleiden.

In vielen Fällen ist die Ursache der Hypertonie unbekannt; man spricht dann von einer essenziellen Hypertonie (Hoberg & Vollmer, 1988). Nach

Bluthochdruck

essenzielle Hypertonie

einer Empfehlung der Weltgesundheitsorganisation (WHO) liegen optimale Blutdruckwerte unabhängig vom Alter unter 120/80 mmHg. Von normalen Blutdruckwerten spricht man, wenn diese 120/85 mmHg nicht überschreiten. Als hochnormal werden Werte bis 139/89 mmHg bezeichnet. Bis 159/99 mmHg spricht man von milder, bis 179/109 mmHg von mittlerer und ab 180/110 von schwerer Hypertonie. Etwa 12 Prozent unserer Bevölkerung leiden unter Bluthochdruck. Nur 5 Prozent aller Hochdruckpatienten leiden an einer Organkrankheit, die den Hochdruck verursacht (Gehring & Klein, 2002); beispielsweise an einer Nierenentzündung. Bei einer so genannten essenziellen Hypertonie sind außer den erhöhten Blutdruckwerten keine krankhaften Organbefunde feststellbar.

Basisbehandlung

Gerade bei der essenziellen Hypertonie spielt der Stress neben anderen Faktoren wie Übergewicht, salzreiche Kost und Rauchen eine wesentliche Rolle. Bluthochdruck ist ein wesentlicher Risikofaktor für Koronarerkrankungen und Herzinfarkte. Die Basisbehandlung des Bluthochdrucks besteht in folgenden Maßnahmen (Gehring & Klein, 2002):

- Normalisierung des Körpergewichts
- Umstellung auf kochsalzarme, fettarme, kalium-, vitamin- und ballaststoffreiche Ernährung
- Mäßigung des Alkohol- und Kaffeegenusses
- Einstellung des Rauchens
- Mehr Bewegung
- Abbau von Stress

Herzinfarkt

Koronarerkrankung und Herzinfarkt: Das Herz ist zur eigenen Sauerstoffversorgung auf spezielle Blutbahnen angewiesen, auf die Herzkranzgefäße (Koronargefäße). Erkrankungen an diesen Arterien sind in erster Linie durch Verhärtung oder Verkalkung der Gefäßwand (Arteriosklerose) bedingt. Sie führen zu einer Blutunterversorgung des Herzmuskels. Bei erhöhtem Sauerstoffbedarf, zum Beispiel bei körperlicher Anstrengung, treten Schmerzen in der Herzgegend auf, die in den linken Arm und in den Halsbereich ausstrahlen können. Man spricht dann von

Angina pectoris

Angina pectoris (= Enge der Brust). Ein Blutgerinnsel oder ein Muskelkrampf der Gefäßwand kann zu einem völligen Verschluss führen. Folge ist ein Herzinfarkt, ein Teil des Herzmuskelgewebes stirbt ab. Heftige Brustschmerzen, Erstickungsgefühl und Todesangst sind die Symptome.

Risikofaktoren

Da Herz-Kreislauf-Erkrankungen in unserem Kulturkreis die Todesursache Nummer eins sind (Vester, 2003), lohnt sich die Suche nach den Krankheitsursachen. Die wichtigsten Risikofaktoren für einen Herzinfarkt sind in der Reihenfolge ihrer Bedeutung:

- Rauchen
- Fettstoffwechselstörungen
- Bluthochdruck
- Diabetes

3.2 · Daueranspannung führt zu Krankheiten

— Übergewicht
— Stress

Stress steht nicht an erster Stelle, beeinflusst aber erheblich die anderen Risikofaktoren wie das Rauchen, Bluthochdruck, Essverhalten und Übergewicht. Bei Personen mit Typ-A-Verhaltensmuster liegt das Herzinfarktrisiko doppelt so hoch wie bei anderen, auch die Persönlichkeitsfaktoren »Emotionale Labilität« und »Verhaltenskontrolle« erhöhen das Risiko von kardiovaskulären Erkrankungen (Amelang, Hasselbach & Stürmer, 2004). Das Rückfallrisiko beträgt bei Typ-A-Verhalten sogar das Viereinhalbfache. In Deutschland beträgt der Anteil der Raucher unter den Männern 43 und unter den Frauen 30 Prozent. Jedes Jahr verursacht Rauchen weltweit 3,5 Millionen Todesfälle; Hauptursache sind neben Krebserkrankungen vor allem Erkrankungen des Herz-Kreislauf-Systems wie Herzinfarkt und Schlaganfall. Der Zusammenhang zwischen Rauchen, Gefäßerkrankung und Krebs ist so überzeugend, dass die Zigarettenindustrie auf jeder Zigarettenschachtel eine Warnung vor dem Konsum anbringen muss (Gehring & Klein, 2002). Nach Fischer (2003) beeinflussen arbeitsbezogene psychosoziale Stressoren, wie hoher Arbeitsdruck, geringer Entscheidungsspielraum oder Mangel an kollegialer Unterstützung, die anderen Risikofaktoren erheblich. Unter Druck raucht man beispielsweise mehr, isst mehr, verhält sich insgesamt ungesünder. Wiegand (2002) untersucht Patienten, die bereits an psychischen und psychosomatischen Erkrankungen leiden und stellt zusammenfassend fest, dass Stressoren am Arbeitsplatz mit einer Verschlechterung des psychischen Befindens in Zusammenhang stehen.

Stress verstärkt andere Risikofaktoren

Nach Gehring und Klein (2002) erhalten die Risikofaktoren je nach Person und Kombination ganz unterschiedliches Gewicht. Bei zwei oder mehr Risikofaktoren steigt das Gesamtrisiko stärker, als es der Summe der Einzelfaktoren entsprechen würde. Beispielsweise steigt das von einem erhöhten Cholesterinspiegel ausgehende Risiko durch einen zusätzlich erhöhten Blutdruck drastisch.

Risikofaktoren kumulieren

Funktionelle Herzbeschwerden: Auch Menschen mit gesundem Herz können unter Symptomen leiden wie Herzklopfen, Herzrhythmusstörungen, Engegefühl oder Stechen in der Brust. Diese Symptome rufen eine »Herzangst« hervor, die ihrerseits die Krankheitsanzeichen verstärkt. Die Betroffenen haben Angst vor der Angst. Im Extremfall führt das zu so genannten Panikattacken: Angst, häufig Todesangst, an Herzversagen zu sterben, obwohl kein organischer Befund vorliegt. Statistische Untersuchungen zeigen, dass gerade Patienten mit funktionellen Herzbeschwerden eher selten an einer Herzkrankheit sterben oder sich ein organisches Herzleiden zuziehen. Trotzdem leiden diese Menschen außerordentlich unter ihren Beschwerden. Ursache ist meist eine starke nervliche Anspannung. Charakteristischerweise treten die Symptome in Ruhe auf, praktisch nie nach körperlichen Belastungen. Andere funkti-

funktionelle Herzbeschwerden

onelle Störungen können den Bauch oder das Bewegungssystem betreffen (Hansch, 2003).

Asthma bronchiale

Asthma bronchiale: Kennzeichen ist Atemnot, die durch Verkrampfung der Muskulatur der kleinen und kleinsten Luftwege verursacht wird. Über das vegetative Nervensystem wird der natürliche Atemrhythmus gestört; bei entsprechender Anlage geraten die Bewegungen von Muskulatur und Bronchien beim Ein- und Ausatmen durcheinander und verkrampfen sich. Die Luftwege werden eingeengt, besonders das Ausatmen wird erschwert. Typisch für Asthma ist der Anfall, vorzugsweise in der Nacht. In anfallsfreien Zeiten ist die Atmung normal. Asthma ist oft Folge von Allergien. Auch Infektionen der Atemwege, zum Beispiel Bronchitis, lassen den Körper überreagieren. Stress kann den Krankheitsverlauf beeinflussen, besonders die Häufigkeit und Schwere der Anfälle. Luftnot macht Angst, und diese Angst kann zu einer verstärkten Verkrampfung der Bronchien führen.

Immunstörungen

Störung des Immunsystems: Das menschliche Immunsystem hat zwei wesentliche Aufgaben:

- Es unterstützt den Körper bei der Auseinandersetzung mit fremden Mikroorganismen, zum Beispiel Bakterien und Viren.
- Es behebt als körpereigener Reparaturbetrieb Störungen innerhalb des Organismus, zum Beispiel bei fehlerhafter Zellteilung (Krebs).

Inzwischen ist gesichert, dass chronischer Stress das Immunsystem schwächt. Akuter Stress fördert Teile des Immunsystems kurzfristig, Dauerstress beeinträchtig das Immunsystem (Segerstrom & Miller, 2004). Es kommt häufiger zu Infekten; die Infekte verlaufen schwerer und dauern länger. Stress allein ruft keinen bösartigen Tumor hervor. Aber das Risiko, an Krebs zu erkranken, erhöht sich, wenn die körpereigenen Reparaturmechanismen nicht mehr wirksam arbeiten. Dieser Effekt ist vergleichbar mit dem Nachlassen des Immunsystems im Alter. Auch dann steigt das Risiko von Krebserkrankungen.

Hauterkrankungen

Hauterkrankungen/Allergien: Vor Schreck blass werden, vor Scham erröten, vor Aufregung schwitzen – kaum ein Organ reagiert so rasch auf seelische Belastungen wie die Haut. Bei entsprechender Veranlagung weiten sich die Reaktionen der Haut schnell zu einer Krankheit aus. Ein Ekzem, Nesselfieber oder eine nässende Schuppenflechte können sich bei emotionaler Belastung verschlimmern. Bei allergischen Hauterkrankungen können psychische Faktoren die Empfindlichkeit gegenüber den Kontaktstoffen beeinflussen.

Schilddrüse

Schilddrüsenüberfunktion: Die Schilddrüse steuert mit ihren Hormonen eine Reihe von Funktionsabläufen im Körper. Eine Überfunktion führt zu gesteigertem Energieumsatz, schnellerem Pulsschlag und innerer Unruhe. Nach einer längeren Stressphase kann sich so ein eigenständiges Krankheitsbild entwickeln.

Diabetes mellitus: Wegen fehlender Insulinproduktion unter Stress kann der Zuckerstoffwechsel nicht ausreichend reguliert werden. Es kommt zu einem erhöhten Blutzuckerspiegel, der bei Dis-Stress noch weiter ansteigt.

Erkrankung des Skeletts und der Gelenke: Psychische Faktoren beeinflussen Auslösung und Verlauf der Erkrankung. Häufig fällt eine erhöhte Muskelspannung in den gelenknahen Muskelpartien auf. Die Folge sind rheumatische Beschwerden in Muskeln und Gelenken. Oft kann der Arzt trotz glaubhafter Beschwerden keinen krankhaften Organbefund feststellen. Durch eine chronische Muskelspannung kann es auch zu Rückenschmerzen kommen. Relativ häufig ist ferner das so genannte Knirschen im Schlaf. Dabei werden Ober- und Unterkiefer gegeneinander gepresst. Folge sind Gebissschmerzen und ein Abtragen des Zahnschmelzes.

Kopfschmerz: Fast jeder Mensch hat schon einmal Kopfschmerzen gehabt. Am häufigsten ist der so genannte Spannungskopfschmerz, der den gesamten Kopf erfassen und über Stunden bis hin zu Wochen dauern kann. Ursache kann stressbedingte Anspannung der Stirn-, Kopf-, Hals- oder Schultermuskulatur sein.

Chronischer Stress kann zu affektiven Störungen führen, am bekanntesten sind Depressionen. Das Lebenszeitrisiko für eine schwere Depression liegt bei Frauen zwischen 10 und 25 Prozent, für Männer zwischen 5 und 12 Prozent (Saß, Wittchen & Zaudig, 2003).

Stressbewältigung

4.1   **Grundlagen**   – 52

4.2   **Kurzfristige Wirkung**   – 55

4.2.1   Abreaktion   – 55

4.2.2   Ablenkung   – 56

4.2.3   Gedanken-Stopp   – 56

4.2.4   Zufriedenheitserlebnisse schaffen   – 58

4.2.5   Positive Selbstinstruktion   – 58

4.2.6   Spontane Entspannung   – 61

4.2.7   Entschleunigung   – 62

4.3   **Langfristige Wirkung**   – 63

4.3.1   Opferrolle ablegen   – 63

4.3.2   Einstellung ändern   – 64

4.3.3   Verhalten ändern   – 73

4.3.4   Soziale Unterstützung   – 79

4.3.5   Zeitmanagement   – 82

4.3.6   Systematische Entspannung   – 92

4.3.7   Lebensstil   – 107

4.4   **Extremstress**   – 112

Selbstcheck

Wie gehen Sie mit Stress um? Notieren Sie Ihre Stressbewältigungsstrategien bitte auf einem Blatt Papier. Vergleichen Sie Ihre Strategien mit den später aufgeführten einzelnen Methoden der Stressbewältigung. Erweitern Sie dann Ihr Repertoire. Je mehr Stressbewältigungsstrategien Sie in Ihrem Köcher haben, desto flexibler können Sie auf Stress reagieren. Denn wer nur den Hammer bedienen kann, für den ist jedes Problem ein Nagel.

keine Patentrezepte

Jede Stresssituation erfordert eine spezifische Methode der Bewältigung, Patentrezepte gibt es nicht (van der Klink, Blonk, Schene & Dijk, 2001). Optimale Stressbewältigung setzt ein breites Repertoire an Methoden voraus. Was für den einen gut geeignet ist, hilft dem anderen nicht. Auch kann eine im Berufsleben geeignete Strategie im privaten Bereich versagen. Man braucht einen breiten Fundus an Bewältigungsstrategien, so dass man für verschiedene Situationen gut gerüstet ist (Bamberg, 2005). Der Nutzen von Stressbewältigungsstrategien kann nur an deren Folgen überprüft werden: Der regelmäßige »Entspannungsschluck« hilft vielleicht kurzfristig, langfristig ist er schädlich. Man kann jedoch lernen, sinnvoll mit Belastungen umzugehen. Dies geschieht idealerweise im Vorfeld von Belastungen, deutlich bevor Stressfolgeschäden entstehen.

4.1 Grundlagen

Wo setzt man an?

Effektive Stressbewältigung kann ansetzen: bei den Stressoren, beim Menschen selbst oder bei der Stressreaktion (vgl. S-O-R-Modell in ◘ Abb. 3). Die Zahl der Stressoren kann verringert werden, indem man einige ausschaltet oder reduziert. Man kann sich selbst durch langfristige Stressbewältigungsmethoden stabiler machen, indem man die Belastbarkeit durch aktive Entspannung erhöht, positives Verhalten aufbaut (Fähigkeiten) oder die Bewertung der Stresssituation verändert. Auch wenn weder Stressor noch eigene Persönlichkeit beeinflusst werden können, gibt es Techniken der kurzfristigen Erleichterung, die die Stressreaktion so beeinflussen, dass Erregungsspitzen gekappt werden und ein Aufschaukeln verhindert wird, zum Beispiel durch Ablenkung von den Stressoren. Einige Stressbewältigungsstrategien wirken kurzfristig stressreduzierend, langfristig aber stresserhöhend, wie beispielsweise Vermeidung und Bagatellisierung (Janke, Erdmann & Kallus, 1985).

Wie geht man vor?

In ◘ Übersicht 4 sind Beispiele für mögliche Stressbewältigungsstrategien aufgelistet.

Übung macht den Meister

Stressoren bewältigen heißt, stressauslösende Bedingungen zu verändern, zum Beispiel Probleme lösen, ungerechtfertigte Kritik zurückweisen, Gespräche mit Konfliktpartnern führen, Arbeit delegieren etc. Unter Stress unterlaufen vielen Menschen immer wieder dieselben Fehler. Haben Sie schon einmal bemerkt, dass Sie unter Stress in gewohnte

□ Übersicht 4. Stressbewältigungsstrategien

Kurzfristige Wirkung	Langfristige Wirkung
Abreaktion	Opferrolle ablegen
Ablenkung	Einstellungsänderung
Gedankenstopp	Verhaltensänderung
Zufriedenheitserlebnisse schaffen	Soziale Unterstützung
Positive Selbstinstruktion	Zeitmanagement
Spontane Entspannung	Systematische Entspannung
Entschleunigung	Lebensstil

Verhaltensmuster zurückfallen? Das ist normal. Lassen Sie sich nicht entmutigen! Die kontinuierliche Übung in konkreten Situationen führt langfristig zum Erfolg. Eine problemorientierte langfristige Stressbewältigung beeinflusst die Stressursachen. Belastungen werden direkt angegangen, grundsätzlich verändert, oder der Organismus wird stressresistenter gemacht.

Maßnahmen der langfristigen Stressbewältigung sind besonders wirksam, wenn

— man Ursachen der Belastung verändern, beseitigen oder reduzieren will und kann,
— eine Belastung vorhersehbar ist und man sich darauf vorbereiten will.

langfristige Stressbewältigung

Mit Maßnahmen der kurzfristigen Erleichterung kann man Auswirkungen bereits aufgetretener Stressreaktionen mildern und Stressspitzen kappen. Maßnahmen der kurzfristigen Erleichterung sind sinnvoll, wenn man

— die Ursache einer Belastung nicht verändern will oder kann,
— sich in einer akuten Stresssituation befindet und wieder einen kühlen Kopf gewinnen will,
— bemerkt, dass die eigene Erregung zu hoch ist und man sie senken möchte,
— einen Aufschaukelungsprozess vermeiden möchte.

kurzfristige Stressbewältigung

Das so genannte Gelassenheitsgebot beschreibt kurz und treffend das ideale Verhältnis von langfristiger Bewältigung und kurzfristiger Erleichterung (aus einer englischen Fassung des deutsch-amerikanischen Theologen Reinhold Niebuhr, von dem Kieler Pädagogen Theodor Wilhelm unter dem Pseudonym Friedrich Oetinger ins Deutsche übernommen):

Schlüsselvariable Gelassenheit

Gebe Gott mir die Gelassenheit, Dinge hinzunehmen, die ich nicht ändern kann (= Veränderung der persönlichen Wahrnehmung), den Mut, Dinge zu ändern, die ich ändern kann (= langfristige Bewältigung der Stressoren), und die Weisheit, das eine vom anderen zu unterscheiden (= Stressdiagnostik).

Gelassenheit = Gleichmut + Zuversicht

Was heißt Gelassenheit? Gelassenheit besteht nach einem unveröffentlichten Konzept von Gassner aus den Faktoren »Gleichmut« und »Zuversicht«. ◘ Abbildung 10 veranschaulicht das Konzept.

Modellbeschreibung

Von links nach rechts nimmt die Wichtigkeit ab (Gleichmut). Von unten nach oben wird eine Lösung des Problems aussichtsreicher (Zuversicht). Ein Problem liegt vor, wenn eine Sache wichtig und wenig aussichtsreich erscheint. Erscheint ein Sachverhalt hingegen unwichtig und die Bewältigung aussichtsreich, sind wir gelassen. Für die Faktoren »Gleichmut« und »Zuversicht« heißt das: Je unwichtiger eine Sache ist, desto gleichgültiger stehen wir ihr gegenüber, je aussichtsreicher unsere Anstrengungen sind, desto mehr engagieren wir uns. Gleichmut führt zum Akzeptieren von Dingen, Engagement und Anstrengung führen zur Änderung von Dingen. Je nach Sachverhalt kann Ändern oder Akzeptieren erfolgreicher sein. Gelassenheit erreicht man auf einem Mittelweg bedingten Änderns und Akzeptierens der Dinge.

◘ **Abb. 10** »Gleichmut und Zuversicht als Bestimmungsfaktoren für Gelassenheit«

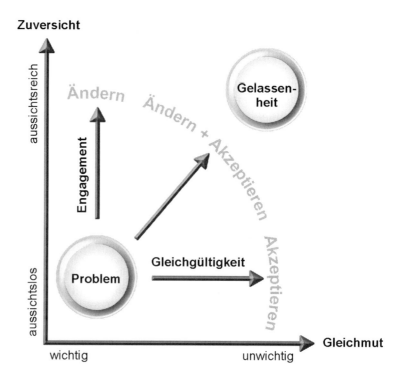

4.2 · Kurzfristige Wirkung

Herr Damm ist Sachbearbeiter im Vertrieb einer Versicherung, sei- **Beispiel**
ne direkte Vorgesetzte ist Frau Scholz. Frau Scholz wird in einem Jahr
in den Außendienst wechseln, und Herr Damm hofft, Nachfolger von
Frau Scholz zu werden. Allerdings weiß er, dass er erst kurz im Sachge-
biet ist und ihm noch wichtige Kompetenzen für die Position des Sach-
gebietsleiters fehlen. Wenn er sein Ziel erreichen will, muss sich Herr
Damm anstrengen. Das ist so lange sinnvoll, wie er seine Chancen durch
Anstrengung verbessern kann. Grundhaltung: Dinge durch Engagement ändern. Ist hingegen bereits sicher, dass ein anderer Mitarbeiter
Frau Scholz nachfolgen wird, ist es für Herrn Damm sinnvoll, das Ziel
durch »Inneres Distanzieren« zu relativieren. Zum Beispiel: »Dann wird
es eben später was, jetzt hätte es mir privat eh nicht gepasst.« Dahinter
steht die Grundhaltung, Dinge durch gleichgültigeres Betrachten akzeptieren lernen. Gelassenheit hilft, Unerwünschtes zu ertragen und Sach-
verhalte hinzunehmen, die sich nicht ändern lassen (Pieper, 2004).

4.2 Kurzfristige Wirkung

Oft muss unter Stress schnell Abhilfe geschaffen werden. Nachfolgend
werden Maßnahmen vorgestellt, die kurzfristig wirken.

4.2.1 Abreaktion

Kurzfristig baut man durch Abreaktion – soweit man körperlich aktiv **schädliche Nebenwirkung**
wird – Stresshormone ab. Durch Abreagieren fühlt man sich rasch bes-
ser, das heißt, Abreagieren wird belohnt. Langfristig verbaut man sich
durch Wutausbrüche jedoch eher Lösungen, als dass man sie fördert.
Man gerät wegen des Belohnungseffekts immer häufiger in Rage, weil
man sich an das Ausleben gewöhnt. Die Wahl der Art des Ausagierens
spielt eine große Rolle, beispielsweise Joggen (sozial angemessen) oder
Niederbrüllen einer anderen Person (sozial nicht angemessen). Die so
geschlagenen Wunden heilen nur langsam. Insgesamt spricht mehr gegen ein Ausagieren als dafür (Stollreiter et al., 2000).
  Wenn schon Abreagieren, dann richtig. Hilfreich ist es, sich durch
körperliche Aktivität ohne Beeinträchtigung anderer und ohne weiteren
Aggressionsaufbau – wie beim Wettkampf- oder Kampfsport häufig der
Fall – abzureagieren. Vermeiden Sie lautes Schimpfen, mit der Faust auf
den Tisch hauen, mit dem Fuß aufstampfen. Rennen Sie lieber die Trep-
pe hoch, hacken Sie Holz oder graben Sie den Garten um.

4.2.2 Ablenkung

Wahrnehmung lenken

Ablenkungen sind gezielte Aktivitäten, die eine Belastung vorübergehend vergessen lassen (Wagner-Link, 1996). Man macht etwas anderes und konzentriert sich voll auf die neue Tätigkeit, zum Beispiel auf einen Spaziergang. Ablenken ist einfach und bewährt sich beim Kappen von Erregungsspitzen. Die gewählten Aktivitäten dürfen natürlich nicht neuen Stress erzeugen, wie das bei der Entspannungszigarette (Nikotin aktiviert!) der Fall ist. Positive Beispiele sind am Computer spielen, zum Kopieren gehen, mit Freunden telefonieren, Schreibtisch aufräumen, spazieren gehen und Blumen gießen. Meist helfen auch kurzfristige »Beruhiger«: bewusst aus dem Fenster blicken oder ein Bild anschauen. Dabei wird die innere Wahrnehmung auf einen anderen Reiz als den Stressor gelenkt, zum Beispiel auf einen beliebigen Gegenstand in der Umgebung, einen Kugelschreiber, ein Bild, Vogelgezwitscher oder auf innere Bilder, wie zum Beispiel eine Berglandschaft, einen See, eine Wiese (Wagner-Link, 1996).

Übungen

Recht hilfreich können auch kurze körperliche Übungen sein, so beispielsweise:

- Rundblick: Kopf langsam nach links beugen. Kopf langsam nach rechts beugen.
- Gefesselte Hände: Hände fassen sich auf dem Rücken. Schultern weit nach vorne und dann weit nach hinten ziehen.
- Katzenbuckel: Hände auf die Oberschenkel legen. Kopf und Brust langsam senken, so weit es geht. Dann langsam aufrichten, Wirbel um Wirbel und schließlich Brust nach vorne schieben.
- Klavierübung: Hände in Schulterhöhe vor sich halten. Zur Faust ballen und dann abwechselnd kräftig spreizen.
- Wachsen: Im Stehen einen Arm so hoch recken wie möglich. Dann den anderen Arm hoch strecken. Mehrmals durchführen und jedes Mal etwas höher kommen.
- Beine im Sitzen strecken und knapp vom Boden abheben. Langsam abwechselnd die gestreckten Beine anheben.

Verfolgt Sie eine belastende Situation sehr hartnäckig, hilft Ablenkung nicht mehr. Sie müssen aktiver werden, zum Beispiel mit dem Gedanken-Stopp.

4.2.3 Gedanken-Stopp

raus aus dem Sumpf

Der Gedanken-Stopp hilft, sich von quälenden Grübeleien zu befreien. Ziel ist es, den Gedanken beim Auftreten frühestmöglich abzubrechen. Dabei hilft das Wort »Stopp!«, das man laut vor sich hin spricht; Sie können auch gleichzeitig mit der Hand auf den Tisch schlagen. Man beschäf-

4.2 · Kurzfristige Wirkung

tigt sich dadurch mit einer Aktivität, die quälende Gedanken auf ein anderes Gebiet lenkt. Das Wiederkehren unerwünschter Gedanken können Sie auch mit der Unsinnsformel (Stollreiter et al., 2000) unterbinden. Sobald Sie Ihre Gedanken mit dem Gedanken-Stopp unterbrochen haben, erfinden Sie ein sinnloses zwei- oder dreisilbiges Wort wie beispielsweise lagulö. Sie dürfen keinerlei Assoziationen zu diesem Wort haben. Sagen Sie sich dann dieses Wort immer wieder vor: lagulö, lagulö, lagulö ... Die Unsinnsformel funktioniert, weil das sinnlose Wort Ihren Kopf füllt und weil es zu keinen weiteren Assoziationen führt. Allerdings nur, wenn Sie sich voll und ganz auf das sinnlose Wort konzentrieren. Sollten Sie »lagulö« lustlos und halbkonzentriert vor sich hin murmeln, schleichen sich die quälenden Grübeleien zurück in Ihr Denken.

Ließe man quälenden Gedanken freien Lauf, käme es zu einem Teufelskreis. Beispiel: Warum fällt es mir so schwer, mich auf diese Lernaufgabe zu konzentrieren? Ich habe einfach keine Selbstdisziplin. Wenn ich es nicht bald schaffe, läuft mir die Zeit davon. Es ist wie immer, ich schaffe es einfach nicht. Ich bin ein Versager, andere schaffen es ja.

Teufelskreis brechen

Je mehr man in einen solchen Gedankensog gerät, desto düsterer wird die Stimmung. Nach Nolen-Hoeksema (2004) grübeln Frauen häufiger als Männer. Grübelt man zuviel, macht man sich das Leben schwer, man wird quasi zu seinem eigenen Stressor. Ständiges Grübeln kann zwischenmenschliche Beziehungen beeinträchtigen und die Entstehung psychischer Störungen fördern (Nolen-Hoeksema, 2004). Nolen-Hoeksema hat einen Fragebogen entwickelt, mit dem man die eigene Grübelneigung prüfen kann:

1. Ich denke darüber nach, wie allein ich mich fühle.
2. Ich denke darüber nach, wie erschöpft oder verletzt ich mich fühle.
3. Ich denke darüber nach, wie schwer es mir fällt, mich zu konzentrieren.
4. Ich denke darüber nach, wie passiv und motivationslos ich mich fühle.
5. Ich denke: »Warum bringe ich nur nichts auf die Reihe?«
6. Ich denke immer wieder über ein bestimmtes Ereignis nach und wünsche mir, dass es besser gelaufen wäre.
7. Ich denke über meine Traurigkeit oder Ängstlichkeit nach.
8. Ich denke an meine Schwächen und Fehler.
9. Ich denke daran, dass ich keine Energie habe, irgendetwas anzupacken.
10. Ich denke: »Warum gelingt es mir nicht, dass Leben besser in den Griff zu bekommen?«

Antworten sie mit »nie«, fast nie«, »manchmal«, »oft«, »fast immer« oder »immer«. Je öfter sie mit »oft«, »fast immer« oder »immer« geantwortet haben, desto höher ist das Risiko, dass sie zuviel grübeln.

58 Kapitel 4 · Stressbewältigung

Notbremse

Durch den Gedanken-Stopp wird der Teufelskreis unterbrochen, Grübeln und Angst verhindert oder abgebaut. Das Risiko, sich in die Vorstellung hineinzusteigern und die Kontrolle über das Denken zu verlieren, sinkt. Der Gedanken-Stopp ist eine Notbremse. Die Methode kann in Überlastungssituationen helfen (Hoberg & Vollmer, 1988), eine dauerhafte Problemlösung bietet der Gedankenstopp nicht.

4.2.4 Zufriedenheitserlebnisse schaffen

sich etwas Gutes tun

Bei Dauerbelastung schränkt man oft Hobbies und andere angenehme Freizeitaktivitäten ein. Gerade für Typ-A-Personen ist jeder Augenblick kostbar, und sie betreiben mehrere Dinge gleichzeitig oder versuchen es zumindest. Zeit für Muße bleibt nicht. Viele Menschen glauben, keine Zeit mehr für Hobbys zu haben, und empfinden Dinge, die ihnen früher Spaß gemacht haben, als überflüssig. Ihre Aufmerksamkeit wird von belastenden Situationen aufgesogen. Wenn sie sich tatsächlich einmal Zeit nehmen, werden sie schnell ungeduldig und fühlen sich unwohl. Auch Nichtstun kann ein Stressor werden, zum Beispiel, wenn man Nichtstun als Faulheit betrachtet und abwertet. Erlauben Sie sich Zufriedenheitserlebnisse, und genießen Sie ohne schlechtes Gewissen. Versuchen Sie, sich einen persönlichen Freiraum zu schaffen. Empfehlenswert sind Erlebnisse, die (Wagner-Link, 1996)

- Ihren Neigungen entsprechen, statt Nützlichkeitserwägungen zu folgen,
- ohne großen Aufwand durchführbar sind,
- regelmäßig praktiziert werden können,
- gemeinsam mit vertrauten Menschen durchgeführt werden können, für die Sie sonst zu wenig Zeit haben.

4.2.5 Positive Selbstinstruktion

Beispiel

Stellen Sie sich vor, Sie sind auf einem Fest und ein guter Bekannter geht an Ihnen vorbei, ohne Sie zu grüßen, obwohl er Sie gesehen hat (Hoberg & Vollmer, 1988). Was empfinden Sie? Vermutlich würde es Ihnen so gehen wie den meisten von uns. Zunächst: »Was ist denn mit dem los?«, dann: »Der hat bestimmt was gegen mich.« Und je nach Selbstbild: »Was habe ich getan, dass er beleidigt ist?«

innerer Monolog

Wir bewerten, vergleichen, denken, beobachten unsere Gefühle. Dieser innere Monolog ist eine ständige Auseinandersetzung mit dem, was in uns vorgeht. Dabei ist wichtig: Nicht das Ereignis selbst führt zu negativen Gedanken und Gefühlen, sondern die negativen Selbstgespräche, in denen wir unsere Wahrnehmungen und Gefühle verarbeiten. Leider zieht man in seinen Selbstgesprächen häufig voreilige Schlussfolgerungen, deutet Situationen einseitig oder ärgert sich über Dinge, die nicht zu ändern sind. Je stärker man solchen Gedanken nachhängt, desto wahrscheinlicher ist es, dass man Situationen falsch einschätzt und sich unter Druck setzt (Hoberg & Vollmer, 1988). Gefährlich ist die Negativkette:

Risiko Negativkette

- Ereignis in der Umwelt: zum Beispiel: Prüfung nicht bestanden
- Gedanken über das Ereignis: zum Beispiel: »Es ist eine Katastrophe«
- Verhalten/Gefühle: zum Beispiel: Minderwertigkeitsgefühl, Depression

Positive Selbstinstruktionen können selbstabwertende und stresserzeugende Gedanken kontrollieren (Meichenbaum, 1991). Damit kann man in akuten Situationen impulsive Reaktionen eher kontrollieren und die Handlungsfähigkeit erhalten (Bengel & Riedl, 2004). Mögliche Vorgehensweise:

Übungen

- Schreiben Sie Selbstgespräche auf, die Ihnen in Stresssituationen durch den Kopf gehen. Stellen Sie fest, welche Gedanken auftreten.
- Teilen Sie diese Gedanken in positive und negative ein.
- Unterscheiden Sie zwischen dem, was in einer Situation wirklich geschieht, und Ihren Interpretationen.
- Überlegen Sie sich positive Selbstgespräche für die negativen Gedanken. Sie müssen die neuen Formulierungen akzeptieren können. Den Gedanken »Ich mache sicher Fehler« nicht in »Ich mache nie Fehler«, sondern in »Wenn ich einen Fehler mache, ist das nicht so schlimm« umwandeln.
- Wählen Sie für jede vorhersehbare Stresssituation passende Selbstinstruktionen. Gehen Sie dabei verschiedene Situationen nacheinander an. Versuchen Sie nicht, alles auf einmal zu ändern.
- Setzen Sie die positiven Selbstinstruktionen vor, während und nach der stressauslösenden Situation ein. Sprechen Sie je nach Situation und Neigung laut oder in Gedanken vor sich hin.

Ein abschließendes Beispiel (Hoberg & Vollmer, 1988) zur Macht von Selbstgesprächen: Es ist später Abend, 23.50 Uhr. Herr Schlurig ist noch nicht nach Hause zurückgekehrt. Frau Schlurig ist schon zu Bett gegangen, liegt aber noch wach. Je nach Persönlichkeit und Vorerfahrungen können ihr folgende Gedanken durch den Kopf gehen:

Beispiel

- »Dieser unzuverlässige Kerl! Denkt nicht darüber nach, dass ich hier alleine rumsitze, während er Spass mit irgendwelchen Leuten hat. Wenn der kommt, werde ich es ihm geben.«
- »Ohne mich fühlt er sich wohl. Er lässt mich immer häufiger alleine. Da muss eine Frau dahinter stecken. Unsere Ehe ist angeknackst. Hoffentlich ist sie noch zu retten.«

- »Er müsste schon lange hier sein. Bestimmt ist ein Unglück passiert. Sonst hätte er sich doch gemeldet. In letzter Zeit geht so vieles schief.«
- »Wie schön es ist, mal wieder ungestört allein zu sein. Endlich kann man so richtig in Ruhe ein Buch lesen. Mal sehen, was mein Mann heute Abend gemacht hat. Wenn es ihm gut geht, vergisst er glatt die Uhr. Wahrscheinlich hat sich da wieder einmal die richtige Runde getroffen.«
- »Mein Gott, wie spät es schon ist. Wahrscheinlich haben sie im Büro einen Geburtstag gefeiert. Anschließend ist er wohl wieder mit Kollegen in die Kneipe gegangen. Bestimmt hat er zu viel getrunken. Männer sind brutal, wenn sie besoffen sind.«

Wie der Abend verlaufen wird? Das hängt davon ab, wann und in welchem Zustand Herr Schlurig nach Hause kommt, und davon, welche Gedanken Frau Schlurig durch den Kopf gegangen sind.

Rosarote Brille?

Positive Selbstinstruktion hat nichts mit unrealistischem Optimismus zu tun (Hansch, 2003). Unrealistischer Optimismus führt dazu, dass man eigene Risiken unterschätzt und sich dadurch gesundheitsschädlich verhält. So leugnen auch Raucher nicht, dass Zigaretten dem Menschen nicht gut tun – nur eben bei sich selbst sehen sie keine negativen Wirkungen. Typischerweise behaupten sie, dass ihr Erkrankungsrisiko geringer sei als das anderer Raucher und nur wenig über dem von Nichtrauchern liege. Als Begründung findet man häufig irrationale Argumente wie »Meine Zigaretten haben einen geringeren Teergehalt«, »Ich inhaliere nicht«, »Ich treibe zur Kompensation viel Sport«. Das Risiko eines unrealistischen Optimismus besteht vor allem in der mangelnden Vorbeugung gegen künftige Schäden.

◘ Übersicht 5. Positive Selbstinstruktion (nach Wagner-Link, 1996)

	Negative Selbstaussagen	Positive Selbstaussagen
Vor Stresssituation	»Das wird schief gehen ...« »Ich weiß nicht, wie ich das schaffen soll.«	»Erst mal probieren ...« »Ich beginne langsam und deutlich zu sprechen.«
In Stresssituation	»Ich werde schon wieder nervös.« »Die Angst wird mich überwältigen.«	»Nur ruhig, entspanne dich.« »Ich kann Erregung nicht verhindern, aber ich werde sie steuern.«
Nach Stresssituation	»Ich habe versagt.« »Das kann ich nie.«	»Es war besser als befürchtet.« »Jedes Mal, wenn ich es mache, wird es besser werden.«

4.2.6 Spontane Entspannung

Setzt man Entspannungstechniken punktuell ein, um eine aktuelle Erregung zu minimieren, spricht man von spontaner Entspannung. Spontane Entspannung gelingt nur, wenn man zuvor eine Entspannungstechnik systematisch erlernt hat. Wie dies geht, wird ausführlich im ▶ Kapitel 4.3.6 beschrieben.

Es gibt eine Vielzahl von Entspannungsverfahren. Alle bedürfen der Übung. Zu den bekannteren gehören die progressive Muskelentspannung, das autogene Training und die Atementspannung. Jedes Verfahren braucht ein Objekt, auf das man sich während der Übung konzentriert. Im Fall der progressiven Muskelentspannung sind das die Muskeln, bei anderen Verfahren die Atmung etc. Alle Entspannungsverfahren auszuprobieren, stößt an Grenzen der Praktikabilität, abgesehen von der mangelnden Seriosität einiger Verfahren. Deshalb werden im ▶ Kapitel 4.3.6 die gängigsten und solidesten Verfahren vorgestellt. Die Prüffragen für die Auswahl (in Anlehnung an Gerlach & Gerlach, 1995): Ist die Technik ideologiefrei? Und: Ist die Technik einfach und praktikabel?

Regelmäßige Entspannungsübungen steigern das Wohlbefinden. Diese Erkenntnis ist manchen Menschen nur schwer zu vermitteln, mitunter wird sie sogar bestritten. Gründe für die Ablehnung sind (Gerlach & Gerlach, 1995):

– Entspannung bedeutet das Aufgeben bewusster Kontrolle über sich selbst und eine Veränderung des normalen Bewusstseinszustandes. Das ist, sofern die Bewusstseinsänderung nicht zum Schlaf führt, vielen Menschen zutiefst suspekt.
– Werbung im esoterischen Medienbereich für nicht geprüfte Entspannungstechniken; darunter leiden auch die seriösen Verfahren.

Über die Entspannungsverfahren hinaus gilt es, Einseitigkeit im Alltag aufzuspüren und durch eine Gegenstrategie auszugleichen. Wer eine überwiegend sitzende Tätigkeit ausübt, braucht den körperlichen Ausgleich durch Sport und Bewegung. Wer täglich dem Diktat seines Terminkalenders unterworfen ist, sollte versuchen, Urlaub und Freizeit von weiteren Zwängen freizuhalten. Dabei sind für alle Entspannungsverfahren zwei Aspekte wichtig: Erstens ein mentaler Fokus. Man muss die Aufmerksamkeit lenken, auf den eigenen Atem, die Muskeln, einen Ton, ein Wort. Ziel ist es, den Strom der Alltagsgedanken zu unterbrechen und den Kopf frei zu bekommen. Zweitens eine akzeptierende Haltung gegenüber ablenkenden oder eindringenden Gedanken. Sich beispielsweise keine Sorgen machen, ob man alles richtig macht. Wenn man abgelenkt wird, lenkt man den Fokus sanft zurück.

> Entspannung muss man lernen

> Vorbehalte

> Einseitigkeit vermeiden

Übung

Hilfreich kann die folgende Kurzübung zur Schnellentspannung sein:

- Bequem hinsetzen und Augen schließen.
- Hände hinter dem Kopf verschränken, Ellenbogen nach hinten drücken, Kopf gegen die Hände pressen.
- Zähne und Lippen fest aufeinander pressen.
- Beine vorstrecken, Fußspitzen nach unten drücken, alle Muskeln anspannen.
- Beim Einatmen wölbt sich die Bauchdecke nach außen. Beim Ausatmen durch den Mund fällt sie locker nach hinten.
- Dann alle Glieder fallen lassen, lockeres Gefühl im ganzen Körper. Eine Minute völlig entspannt bleiben, ruhig durchatmen.
- Langsam aufstehen und die Arme hoch strecken.
- Nun sagen Sie: Ich fühle mich wohl und erfrischt. Ich bin hellwach und ganz ruhig.

selbstproduzierter Stress

Auch tut man gut daran, sich mit dem Anteil selbstverursachten Stresses auseinander zu setzen. Vor allem ein Wort ist es, das beruflich wie privat Stress hervorruft: möglichst! Möglichst viel, möglichst oft, möglichst schnell! Das sind innere Vorschriften, die seelisch und körperlich Raubbau an uns treiben. Aus »möglichst viel« wird unbemerkt ein Zuviel, das »möglichst schnell« verfestigt sich zu Unruhe und Hektik. Nun kann man auf das Wort »möglichst« oft nicht verzichten, gerade im beruflichen Bereich. Umso wichtiger ist es, sich privat einen Freiraum zu schaffen. Siehe hierzu im Detail ► Abschn. 4.3.2.

4.2.7 Entschleunigung

Teufelskreis Beschleunigung

Unter Stress verfallen viele Menschen in hektische Aktivität. Da Stress oft unangenehm empfunden wird, will man ihm zügig entkommen. Die Erhöhung der Aktivitätsschlagzahl ist eine moderne Variante des steinzeitlichen Fluchtversuchs. Was steinzeitlich sinnvoll war, führt heute in die Sackgasse. Wir können nicht vor uns selbst, unseren Ängsten und unserem Ärger davonlaufen, auch wenn es immer wieder versucht wird – durch Alkohol, andere Drogen, Kaffee, Medikamente, Arbeit. Die Taktzahlerhöhung führt dazu, dass wir zugunsten von Handlungszeit an Denkzeit sparen. Statt über die Richtung nachzudenken, erhöhen wir die Geschwindigkeit unserer Bewegung. Praktisch führt das zur Mehr-Desselben-Strategie (Watzlawick, 1992) und in einen Beschleunigungsteufelskreis. Je nervöser wir werden, desto schneller arbeiten wir, desto mehr Fehler machen wir, desto nervöser werden wir.

Beispiel

Angenommen, Sie sind auf dem Weg zu einer Besprechung und spät dran. Die anderen warten nur noch auf Sie. Ohne Sie kann die Besprechung nicht beginnen (Stollreiter et al., 2000). Die meisten von uns wer-

4.3 · Langfristige Wirkung

den zur Besprechung hetzen oder zumindest deutlich schneller gehen als üblich. Wie viel Zeit gewinnen Sie durch die Hetze? 10 Sekunden oder, wenn Sie rennen, vielleicht sogar 20 Sekunden? Um welchen Preis? Sie werden außer Atem ankommen und mehr als die gesparten 20 Sekunden benötigen, um sich wieder ruhig und ausgeglichen zu fühlen. Außer der Beruhigung Ihres schlechten Gewissens haben Sie nichts erreicht. Wenn Sie wieder einmal etwas spät dran sind, behalten Sie Ihr übliches Tempo bei. Sagen Sie sich: »Ich gehe zügig, aber ich hetze nicht.« Sie werden kaum später, aber im Vollbesitz Ihrer Kräfte zu der Besprechung kommen.

Recht praxisnah sind zwei Tipps von Stollreiter et al. (2000). Für den Fall, dass Hektik in Ihrer Organisation ein wichtiges Beförderungskriterium ist, legen Sie ein- bis zweimal am Tag einen Sprint durch die Gänge hin, das wird auffallen, und der gewünschte Hektikeindruck prägt sich bei den anderen ein. Bleiben Sie sonst bei Ihrem üblichen Tempo. In Gesprächen gilt die Regel: Sprich leise, langsam und tief. Durch langsames Sprechen bleibt Ihr Atemrhythmus erhalten, durch leises Sprechen vermeiden Sie Gegenreaktionen, wie sie bei zu lautem Sprechen entstehen. Tiefes Sprechen beruhigt, weil man hohe Töne mit Aufgeregtheit und Hysterie assoziiert.

Gegenmaßnahmen

4.3 Langfristige Wirkung

Wenn Sie Stress dauerhaft verringern wollen, müssen Sie Ihre lieb gewonnenen Gewohnheiten ablegen. Sie müssen sich neue Wege bahnen. Das ist zunächst anstrengend, aber es lohnt sich. Manche Maßnahmen haben kurz- und langfristige Wirkung, beispielsweise Entspannungstechniken und Entschleunigung. Andere Maßnahmen brauchen Übungszeit, beispielsweise Einstellungsänderung und Verhaltensänderung, und wirken erst allmählich.

4.3.1 Opferrolle ablegen

Wer sich als Opfer widriger Umstände oder eigener Unzulänglichkeiten sieht, hat keine Wahl und fühlt sich hilflos. Opfer sein ist das Gegenteil von Kontrolle ausüben. Das Gefühl von Kontrollverlust löst eine Stressreaktion aus. Die Stressreaktion erschwert eine rationale zielorientierte Problemlösung und zementiert damit den Opferstatus. Begehen Sie nicht den umgekehrten Fehler, der Illusion der Machbarkeit zu erliegen. Sie können Ereignisse nicht rückgängig machen, und Sie können Ihr Persönlichkeits- und Fähigkeitsprofil nicht verändern, aber Sie können aus der Situation und aus Ihrer Persönlichkeit sowie Ihren Fähigkeiten das Beste machen. Wo positives Denken kurzfristig ansetzt, ist das Loslassen von der Opferrolle ein langer, zäher Prozess, weil es auch Abschied neh-

Kontrolle herstellen

Jammern

men von Bequemlichkeit und Verantwortungsscheu bedeutet. Der erste Schritt ist das Beenden des Jammerns. Warum ist Jammern so beliebt? Nach Stollreiter et al. (2000) wird Jammern belohnt:

- Über das Jammern wird Gemeinsamkeit hergestellt. Man kann sich zusammen mit anderen Mühseligen und Beladenen »einjammern«. Damit schwindet der Änderungsimpuls, der im Normalfall mit Unzufriedenheit einhergeht. Die Leidensenergie wird durch Jammern verschwendet statt in Handlungsenergie umgewandelt.
- Jammern führt zum Mitgefühl nahe stehender Personen und wird mit psychologischen Streicheleinheiten belohnt. Man erhält Aufmerksamkeit, Zuneigung, Anteilnahme. Damit erhält Jammern so viele positive Aspekte, dass der Abschied noch schwerer fällt.
- Durch Jammern gibt man die Verantwortung für sich selbst ab und muss nicht mehr handeln. Jammern ist schlicht und einfach bequem.

Hilflosigkeit

Holen Sie sich Verantwortung zurück. Das Gefühl der Hilflosigkeit ist gelernt und kann wieder verlernt werden. Durch Jammern verfestigen Sie das Gefühl der Hilflosigkeit. Man ist den eigenen Ängsten und anderen Emotionen jedoch nicht ausgeliefert, sondern man kann durch Gedanken und Verhalten Einfluss nehmen. Hilflosigkeit hat nachteilige Konsequenzen (Stollreiter et al., 2000):

- Antriebslosigkeit (weil man keine Chance sieht, tut man nichts)
- Depressive Verstimmung
- Hemmung von Lernprozessen
- Beeinträchtigung des Selbstwertgefühls

Gegenmaßnahmen

Sie können das Ruder herumreißen, indem Sie Ihre Einstellungen und Ihr Verhalten ändern. Generell gilt: Schützen Sie Ihr Selbstvertrauen und legen Sie Ihre Opferrolle ab (Stollreiter et al., 2000):

- Seien Sie fair zu sich. Erkennen Sie bei Erfolg Ihre Eigenanteile an.
- Hüten Sie sich bei Misserfolg vor Verallgemeinerungen. Sie haben in einem konkreten Fall keinen Erfolg gehabt, das sagt nichts über Ihre allgemeine Begabung aus.
- Finden Sie bei Misserfolgen heraus, welche spezielle Fähigkeit Ihnen noch fehlt, und erwerben Sie diese.
- Begrenzen Sie Situationen, in denen Sie sich ausgeliefert fühlen, räumlich, zeitlich und gedanklich.
- Halten Sie Ausschau nach Beeinflussungsmöglichkeiten. Suchen Sie Ansatzpunkte für eigenes Handeln.

4.3.2 Einstellung ändern

selbstschädigende Kognitionen

Unser Leben ist das, wozu es unser Denken macht (Marc Aurel, römischer Kaiser und Philosoph, 121–180 n. Chr.). Eine wichtige Ursache

4.3 · Langfristige Wirkung

für Stress liegt in den eigenen Gedanken, Erwartungen und Einstellungen. Hinterfragt man die Bewertung von Stresssituationen, so erkennt man die zugrunde liegenden Einstellungen. Häufig stellt man fest, dass diese Bewertungsmuster die Bewältigung der Situation hemmen und für die Stressentstehung mitverantwortlich sind. Typische selbstschädigende Bewertungen sind (Wagner-Link, 1996):

- Man glaubt eine Situation nicht bewältigen zu können, obwohl man das objektiv könnte.
- Man ist überzeugt, dass es immer eine perfekte Lösung gibt, und ist mit einer guten unzufrieden.
- Man übersteigert Anforderungen. Wenn man wegen eines Staus zu spät zu einer wichtigen Besprechung kommt, ist das unangenehm, möglicherweise ärgerlich, aber eine Katastrophe ist es nicht. Eine hilfreiche Kontrollfrage lautet: »Werde ich mich in einem Jahr noch an das Ereignis erinnern?« Wenn nicht, lohnt es sich auch heute nicht, sich darüber aufzuregen.
- Man malt schwarz-weiß: »Alle sind gegen mich!« oder »Niemand hilft mir!« Das stimmt selten. Möglicherweise sind viele gegen mich, aber nicht alle. Es ist zutreffender, »oft« zu sagen statt »immer«, »selten« statt »nie«, »viele« statt »alle«, »wahrscheinlich« statt »sicher«.

Ein übersteigertes Anspruchsniveau erzeugt Stress. Fordert man zu viel von sich, nimmt der Aufwand, ein Ziel zu erreichen, stark zu; Misserfolge häufen sich. Ein mittleres Anspruchsniveau bewährt sich eher, es hat mehr Realitätsbezug. Überprüfen Sie von Zeit zu Zeit, ob Ihr Anspruchsniveau, Ihre Fähigkeiten und Ihre Belastbarkeit zusammenpassen. Liegen große Abweichungen vor, wird das zu Dauerstress führen. Je nach Fall können Sie zur Abhilfe (Wagner-Link, 1996):

Anspruchsniveau prüfen

- Fähigkeiten und Fertigkeiten ausbauen,
- die Belastbarkeit erhöhen,
- das Anspruchsniveau senken,
- neue Lebensziele entwickeln.

Eine hohe Schutzwirkung gegen Stress haben die so genannten Hardiness-Faktoren (Kobasa, 1979, 1982; Maddi, 1990). Das sind die drei Dimensionen Engagement, Kontrolle und Herausforderung. Engagierte Personen halten sich und die Welt für bedeutungsvoll und interessant; sie finden in vielen Aktivitäten etwas, das ihre Neugier weckt. Personen mit hoher Kontrolle schreiben sich einen Einfluss auf Ereignisse zu und glauben, dass es lediglich genügend Anstrengung bedarf, um diesen geltend zu machen. Personen mit hohen Ausprägungen auf der Dimension Herausforderung sind überzeugt, dass sie durch immer neue Lernprozesse persönliches Wachstum erfahren und ihr Leben verbessern können. Man hält belastende Situationen umso länger unbeschadet aus, je

Hardiness

mehr man Ereignisse des Lebens für vorhersagbar und erklärbar hält, je höher die Selbstwirksamkeitserwartung ist und je mehr man der Ansicht ist, die Welt sei es wert, sich zu engagieren (Bastian, 2000).

Indikation

Die Änderung der Einstellung ist besonders sinnvoll, wenn die stressauslösende Situation derzeit nicht beeinflusst werden kann und durch eine Umbewertung erträglicher wird oder die Einstellung selbst Stress produziert (Wagner-Link, 1996). Ob Sie sich selbst Stress zufügen, können Sie mithilfe des ◨ Fragebogens 6 prüfen.

Selbstcheck

Je öfter Sie »Ja« angekreuzt haben, desto stärker erzeugen Sie bei sich selbst Stress und desto hilfreicher ist eine Einstellungsänderung.

unbedingte Erwartungen

Ärger und Stress werden häufig durch eigene unbedingte Erwartungen erzeugt. Man hat feste Vorstellungen, wie etwas zu sein hat, und ärgert oder ängstigt sich, wenn andere oder man selbst diesen Vorstellungen nicht entspricht. So meint man, dass Vorgesetzte, Mitarbeiter und Kollegen unbedingt immer höflich und entgegenkommend zu sein haben. Wenn sie es einmal nicht sind, aus welchen Gründen auch immer, ärgert das. Viele Menschen sind darauf fixiert, bei nächster Gelegenheit unbedingt auf der Karriereleiter einen Schritt weiterkommen zu müssen. Sie sind enttäuscht oder verärgert, wenn dieser Schritt ausbleibt. Viele Menschen meinen, sie müssten alles richtig machen, sei es in Prüfungssituationen oder bei einem Vortrag. Das geht nicht, sie werden dem überhöhten Anspruch nicht gerecht und entwickeln Angst. Wer unbedingt meint, in einem Vortrag alles perfekt machen zu müssen, und doch genau weiß, dass er diesem überhöhten Anspruch nicht gerecht wird, wird Sprechangst entwickeln, er wird angespannt und verkrampft sein (Schuh & Watzke, 1994).

innere Antreiber

Unbedingte Ansprüche, Erwartungen und Vorstellungen sind verantwortlich für unnötigen Ärger sowie für überflüssige Ängste. Unbe-

---

◨ **Fragebogen 6.** Selbsterzeugter Stress (nach Blankenstein et al., o.J.)

	ja	nein
Ich werde leicht ungeduldig, mir geht vieles zu langsam	☐	☐
Ich reagiere häufig gereizt, wenn etwas nicht so läuft, wie ich es mir vorgestellt habe	☐	☐
Ich ärgere mich oft über Kleinigkeiten	☐	☐
Ich darf mir keine Blöße geben, weil andere dies ausnützen würden	☐	☐
Ich muss unbedingt besser sein als die anderen.	☐	☐
Ich habe Angst davor, Fehler zu machen	☐	☐
Ich bin unzufrieden, weil sich berufliche Erwartungen nicht erfüllen	☐	☐
Bei mir hat sich in letzter Zeit einiges an Ärger angestaut	☐	☐

4.3 · Langfristige Wirkung

dingte Erwartungen wirken sich destruktiv aus. Sie äußern sich oft in Leitsätzen, die Stress erzeugen und krank machen können.

Nachfolgend sind einige Beispiele aufgelistet (Nuber, 2002; Hansch, 2003; Wagner-Link, 1996; Gerlach & Gerlach, 1995):

Beispiele

- Starke Menschen brauchen keine Hilfe.
- Keiner hat das Recht, mich zu kritisieren.
- Ich muss besser sein als alle anderen.
- Ich darf keine Fehler machen.
- Ich habe immer Pech.
- Ich werde es nie schaffen, mich zu ändern.
- Nur wenn ich absolut sicher bin, kann ich Entscheidungen treffen.
- Es ist wichtig, dass mich alle akzeptieren.
- Ich muss zu allen freundlich sein, alle sollen mich mögen.
- Auf mich muss immer Verlass sein, damit ich niemanden enttäusche.
- Ich bin nur etwas wert, wenn ich eine perfekte Leistung bringe.
- Ich muss mich für meine Arbeit ganz und gar aufopfern.
- Je weniger ich offen von mir zeige, desto besser.
- Es ist wichtig, immer Recht zu haben.
- Probleme verschwinden, wenn man ihnen nur lange genug aus dem Weg geht.
- Man kann sich auf niemanden verlassen.
- Die Welt muss absolut gerecht sein.

Schaut man die unbedingten Erwartungen durch, so fällt auf, dass folgende Kategorien besonders häufig vertreten sind:

Hitliste unbedingter Erwartungen

- Selbstverurteilungen, zum Beispiel: »Ich bin völlig unfähig.«
- Überhöhte Forderungen an sich selbst, zum Beispiel: »Ich darf keine Fehler machen.«
- Schwarzmalerei und Hilflosigkeit, zum Beispiel: »Ich habe immer Pech.«
- Selbstzweifel, zum Beispiel: »Ich kann sowieso nichts ändern.«

Hier ist Abhilfe zu schaffen durch bedingte Erlauber. Die Erfahrung zeigt, dass Wunsch und Wirklichkeit bis zu einem bestimmten Grad immer auseinander klaffen. Die Realität fügt sich nicht unbedingt unseren Erwartungen. Was andere Menschen tun oder nicht tun, entspricht oft nicht unseren Erwartungen. Auch unser Verhalten muss nicht immer den Vorstellungen anderer entsprechen (Schuh & Watzke, 1994). Zwar kann man auf vieles hinwirken, einiges sogar verändern, einen Großteil muss man jedoch hinnehmen. Die Kunst ist, die Grenze zwischen Akzeptieren und Verändern zu finden; so vermeidet man unnötigen Stress. Dabei helfen bedingte Erlauber: Andere dürfen auch mal kurz angebunden sein, wenn sie einen harten Arbeitstag hinter sich haben – kein Grund, sich zu ärgern. Der nächste Schritt auf der Karriereleiter muss

Gegenmaßnahmen

nicht unbedingt in Kürze erfolgen, wenn die derzeitige Aufgabe interessant genug ist. Ein Mitarbeiter darf auch mal einen Fehler machen, wenn er sonst gute Arbeit leistet. Der Anspruch an die eigene Leistung braucht nicht derart hoch zu sein, dass man sich jede Schwäche und jeden Fehler strikt verbietet. Besonders prägnant drückte dies Marie von Ebner-Eschenbach (1830–1916) aus: »Die Gelassenheit ist eine anmutige Form des Selbstbewusstseins.«

Realismus

Man mag es Gelassenheit, Bescheidenheit, Klugheit, Pragmatismus oder gar Weisheit nennen: Die Realität unter bestimmten Voraussetzungen hinzunehmen, senkt Ärger und Ängste auf ein erträgliches oder sogar produktives Maß. Die folgende ◘ Übung »Bedingte Erlauber« soll Ihnen dabei helfen.

◘ Übung. Bedingte Erlauber (nach Schuh & Watzke, 1994)

1. **Ich muss und will unbedingt ...**
   a)
   b)
   c)

2. **Ich möchte gern ...**
   a)
   b)
   c)

3. **Ich kann ruhig mal ...**
   a)
   b)
   c)

4. **Ich darf auf keinen Fall ...**
   a)
   b)
   c)

5. **Was wäre (oder könnte schlimmstenfalls passieren), wenn es nicht so liefe wie vorgesehen?**
   a)
   b)
   c)

Sie können mit dieser Übung feststellen, ob Sie unbedingte Erwartungen haben (Punkt 1 und 4) und was Sie statt dessen gerne machen würden. Prüfen Sie auch, was wirklich passieren würde, wenn Sie etwas täten, was Sie auf gar keinen Fall tun dürfen. Meist stellt man fest, dass die Katastrophe nur im eigenen Kopf existiert.

4.3 · Langfristige Wirkung

Was kann man nun machen, wenn man unbedingte Erwartungen hat? Man kann sie ändern. Erfolgversprechend ist ein mehrstufiges Vorgehen (Wagner-Link, 1996):

1. Belastende Einstellung erkennen
2. Realität prüfen
3. Denken verändern
4. Verhalten ändern

unbedingte Erwartungen ändern

Schrittweise wird zu jedem der vier Punkte das konkrete Vorgehen erläutert.

Mögliche Vorgehensweisen zum Erkennen der belastenden Einstellung (Punkt 1) sind:

— Konkrete Stresssituation objektiv beschreiben, ohne Bewertung und Interpretation.
— Eigene Bewertung kritisch betrachten: Wie erlebe ich die Situation? Was schießt mir durch den Kopf? Worauf achte ich? Was fühle ich?
— Mit guten Freunden sprechen: Wie siehst du mich? Womit mache ich mir aus deiner Sicht das Leben schwer?
— Beobachten, wie andere mit ähnlichen Situationen umgehen.

Stufe 1: Erkennen belastender Einstellungen

Welchen Schaden eine Einstellung anrichtet, hängt von deren Realitätsbezug ab und von den Konsequenzen, zu denen sie führen kann. Dazu wird geprüft, ob die stresserzeugende Einstellung realistisch ist (Punkt 2). Hilfreiche Fragen sind zum Beispiel:

— Habe ich zu hohe oder falsche Erwartungen?
— Führe ich durch meine Befürchtungen unangenehme Situationen möglicherweise erst herbei?
— Schreibe ich meine Probleme anderen zu?
— Dramatisiere und übertreibe ich?
— Was würde ein anderer zu meiner Einstellung sagen?

Stufe 2: Realität prüfen

Fragen stellen

Dann werden mögliche Konsequenzen der Einstellung festgestellt. Beispiel: Die Einstellung »Starke Menschen brauchen keine Hilfe« kann dazu führen, dass man selbst, wenn man Hilfe bräuchte, keine sucht, dass man sich überfordert und schlechtere Ergebnisse erzielt, weil man keine Tipps von anderen bekommt. Kurzfristig positive Folgen, die diese Einstellung aufrechterhalten, können sein: Man muss Schwächen nicht zugeben und vermeidet Angst vor Bloßstellung und Zurückweisung, man kann unerwünschte Kontakte vermeiden und muss sich nicht verändern – das ist bequem.

Die Entstellung »Sei perfekt!« führt dazu, dass man sich ständig unter Druck gesetzt fühlt, alles bis ins letzte Detail gründlich zu erledigen. Das führt zu langen Arbeitszeiten und übertriebener Perfektion. Häufig hängt man an der nichtperfekten Vergangenheit, statt sich um die aktuellen Handlungsmöglichkeiten zu kümmern. Hätte, könnte, würde ...

Konsequenzen prüfen

Beispiel

sind Symptome eines besonders zähen und unproduktiven rückwärtsgewandten Perfektionismus. Wenn ich vergangenen Monat meine Aktien verkauft hätte, würde mein Konto heute anders aussehen. Wenn ich sofort mit meiner Kollegin geredet hätte, wäre die Verstimmung gleich ausgeräumt worden. Streichen Sie die Vokabeln »hätte«, »könnte«, »würde« aus Ihrem Wortschatz. Es ist einfacher, Ausflüchte für unterlassenes Handeln zu suchen, als etwas zu verändern. Unentschlossenheit lässt immer ein Hintertürchen offen. Es hätte ja so perfekt sein können. Wenn es nicht so war, ziehen Sie einen Strich und gehen Sie weiter. Wer weiß, ob die Kollegin Verständnis gehabt hätte? Wenn Sie etwas in der Vergangenheit bedauern, überlegen Sie, wie Sie heute damit umgehen. Ist es noch sinnvoll, mit der Kollegin zu sprechen? Dann tun Sie es. Ist es nicht mehr sinnvoll? Dann lassen Sie es, entlassen Sie es dann auch aus Ihren Gedanken.

Stufe 3: Denken ändern

Veränderung des Denkens (Punkt 3) heißt Überwinden stressauslösender Denkmuster und Einstellungen. Wenig hilfreich ist es, sich etwas einzureden, was man nicht glaubt. Nur Überzeugung führt zu einer dauerhaften Änderung des Denkstils. Das Erarbeiten neuer Überzeugungen und Bewertungen kann dort ansetzen, wo eine alte Einstellung offensichtlich falsch ist. Hilfreiche Fragen sind (Wagner-Link, 1996):

Fragen stellen

- Gibt es einen Beweis, dass meine Einstellung immer richtig ist?
- Wie könnte ich die Situation anders betrachten?
- Welche Tipps könnte mir ein neutraler Beobachter geben?
- Was spricht für die neue Einstellung?
- Welche anderen Aspekte sind noch wichtig?
- Was werde ich später darüber denken, nach einem Tag, einem Monat, einem Jahr?

irrationale Ideologien

Der Psychologe Ellis unterteilt die Gedanken von Menschen in rationale und irrationale. Rationale Gedanken ermöglichen problembewältigendes Verhalten, irrationale Gedanken blockieren es. Irrationale Gedanken verleiten dazu, Katastrophen zu sehen, wo keine sind. Das führt dazu, dass man sich als nutzlos oder unwürdig empfindet. Die zehn irrationalen Ideologien nach Ellis sind (Schmitt, 2001):

- Ich muss von jeder Person geliebt und anerkannt werden.
- Ich bin nur dann etwas wert, wenn ich kompetent, tüchtig und leistungsfähig bin.
- Bestimmte Menschen sind böse und schlecht und müssen bestraft werden.
- Es ist schrecklich und eine Katastrophe, wenn die Dinge nicht so sind, wie ich sie haben möchte.
- Menschliches Leid hat oft äußere Ursachen, und ich habe daher wenig Einflussmöglichkeiten auf meinen Kummer.
- Über Gefahren muss ich mir Sorgen machen und ständig an sie denken.

4.3 · Langfristige Wirkung

- Es ist leichter für mich, Schwierigkeiten auszuweichen, als sich ihnen zu stellen.
- Wer mir Unrecht tut, muss schlecht und böse sein. Er muss bestraft werden.
- Meine Vergangenheit hat entscheidenden Einfluss auf mein Verhalten, und eine frühere Auswirkung auf das Leben wirkt sich immer weiter aus.
- Für jedes menschliche Problem gibt es eine perfekte und richtige Lösung, und es ist eine Katastrophe, wenn ich die perfekte Lösung nicht finde.

Sollten Sie bei sich diese oder ähnliche »Glaubenssätze« entdecken, ändern Sie diese. Die folgende ◘ Übung hilft Ihnen dabei.

◘ Übung. Irrationale Glaubenssätze (modifiziert nach Frese, 1991)

Schritt 1: Identifizieren Sie Ihre irrationalen Glaubenssätze
Jeder von uns hat die eine oder andere Überzeugung, die leicht in einen irrationalen Glaubenssatz münden kann. Wenn etwas nicht gleich klappt, wenn wir oder andere Fehler machen – wir neigen dazu, es als Katastrophe zu empfinden. Wird dann im Abstand von einigen Wochen oder Monaten auf die vermeintliche Katastrophe zurückgeblickt, hat sich die Bedeutung erheblich relativiert.

Meist führen wir über persönlich wichtige Ereignisse eine Art inneren Dialog. Achten Sie darauf, und machen Sie sich die Dialoge bewusst. Oft sind irrationale Glaubenssätze mitverantwortlich dafür, dass Sie etwas als besonders schlimm und dramatisch empfinden, zum Beispiel wenn Sie über die Maßen verärgert, emotional besonders betroffen oder nach einem Fehler stark niedergeschlagen sind.

Schreiben Sie solche Glaubenssätze auf und analysieren Sie diese.

Schritt 2: Prüfen Sie Ihre Einschätzung
Unsere irrationalen Glaubenssätze erscheinen uns ungemein überzeugend, wir erkennen sie oft gar nicht als solche und können uns häufig gar keine andere Überzeugung vorstellen. Problematisch werden Glaubenssätze, wenn wir unter ihnen leiden. Erleben wir etwas als große Katastrophe, dann sind wir subjektiv und folgerichtig entmutigt, depressiv, ärgerlich und selbststrafend.

Als Kind mögen wir es als »Schicksalsschlag« empfunden haben, wenn unser Lieblingsplüschtier verschwunden war. Heute, als Erwachsene, lächeln wir darüber. Wir haben uns als Kind die Katastrophenstimmung selbst gemacht. Auf ähnliche, relativierende Weise können wir auch unseren (Erwachsenen-) Katastrophen entgegentreten. Nur wenig von dem, was uns zustößt, ist wirklich und objektiv eine Katastrophe. Wir treiben uns selbst in negative Emotionen: in unseren Hass gegenüber anderen, unsere Selbstanklage, unsere Überzeugung, dass aufgrund eines dramatischen Ereignisses nun alles, aber auch wirklich alles andere entwertet wird. Überlegen Sie deshalb, ob es nicht auch andere Interpretationsmöglichkeiten gibt, zum Beispiel: Selbst wenn dies ein schlimmer Fehler ist, muss ich mich doch deswegen nicht als ganze Person infrage stellen. Oder: Andere haben schlimmere

▼

72 Kapitel 4 · Stressbewältigung

> **⬛ Übung. (Forts.)**
>
> Schicksalsschläge erfahren. Auch sehr wichtige Ereignisse verlieren an
> Bedeutung, man kann sie vergessen und muss nicht dauernd darüber
> nachgrübeln. Sie schauen sozusagen von oben auf sich herab und ordnen die
> Probleme aus übergeordneter Perspektive neu.
>
> **Schritt 3: Üben Sie Gegengedanken ein**
> Entwickeln Sie rationale Gegengedanken und versuchen Sie, daran zu denken,
> wenn Sie sich beim »Katastrophenmachen« ertappen. Dieser Gegengedanke
> muss kurz und einprägsam sein, zum Beispiel: »Jeder macht mal einen Fehler«
> oder »Letztendlich ist es nicht so dramatisch« oder »So ist es immer noch besser
> als ...« Holen Sie Ihren Gegengedanken hervor, sobald Sie sich bei irrationalen
> Gedanken ertappen.

selbstgemachter Stress

Beispiele für selbst gemachten Stress und Änderungen:

- Vom Perfektionsprogramm: »Alles 200-prozentig im Griff haben« zu »Was ist überhaupt machbar?«
- Vom Kampfprogramm: »Denen zeige ich es« zu »Ich kann, aber ich muss nicht kämpfen. Wo es sein muss, werde ich kämpfen, sonst bleibe ich ruhig und beharrlich.«
- Vom Ärgerprogramm: »So eine Unverschämtheit« zu »Das kann mich nicht ärgern. Ärger geht von mir aus, entsteht in mir und schadet mir.«
- Vom Hetzeprogramm: »Ich müsste schon längst« zu »Schritt für Schritt.«
- Vom Illusionsprogramm: »Wie toll wäre es, wenn ...« zum hier und jetzt »Ich konzentriere mich auf das Vorliegende.«
- Vom Helferprogramm: »Ich werde gebraucht, ich muss helfen« zum »Ich muss nicht um jeden Preis helfen, darf mich auch mal abgrenzen.«
- Vom Leidensprogramm: »Warum trifft es immer mich?« zu »Selbstmitleid blockiert nur, Probleme müssen angepackt werden.«
- Vom Furchtprogramm: »Das stehe ich nicht durch« zu »Auch wenn es weh tut, bleiben ist besser als fliehen.«
- Vom Kapitulationsprogramm: »Alles ist zwecklos, es hat keinen Sinn, sich anzustrengen« zu »Ich mache das Beste aus der Situation.«

Änderungen brauchen Zeit

Eine Umwertung von Situationen führt erst nach einigem Training zu neuem Verhalten (Punkt 4). Das ist normal. Geben Sie nicht auf, wenn Sie Ihre Einstellung nicht sofort in Verhalten umsetzen können. Um Sie bei diesem Prozess zu unterstützen, werden Ihnen in den folgenden Abschnitten Wege der Verhaltensänderung aufgezeigt.

Widerstände sind normal

Wichtig ist: Egal was Sie machen, ein Teil ihrer Familie, Freunde oder Kollegen wird immer unzufrieden sein. Jede Einstellungs- und Verhaltensänderung wird bei einem Teil Ihres sozialen Umfelds Freude und bei

4.3 · Langfristige Wirkung

einem anderen Verdruss auslösen. Es allen recht machen zu wollen ist nicht nur anstrengend, es ist auch unmöglich. Sehr spitz bringen es Stollreiter (2000) mit einem Beispiel auf den Punkt: »Lass dir aus dem Wasser helfen, du wirst sonst ertrinken«, sagt der freundliche Affe und setzt den Fisch auf den Baum. Jede Eigenschaft und jede Einstellungs- und Verhaltensweise kann positiv und negativ gesehen werden. So kann man jemanden als ehrlich bezeichnen oder als undiplomatisch, taktisch unklug, schonungslos. Man kann jemanden als zuverlässig beschreiben oder als spießig, penibel, langweilig. Die Wahrheit liegt letztlich im Auge des Betrachters. Im Klartext: Entscheiden Sie für sich, was Sie wollen, und lassen Sie andere ebenfalls frei entscheiden. Der Fisch überlebt nur im Wasser, auch wenn es sich der Affe nicht vorstellen kann.

4.3.3 Verhalten ändern

In der psychologischen Forschung und Praxis hat sich immer wieder gezeigt, dass es leichter ist, seine Fehler zu erkennen, als sein Verhalten zu ändern. Zwar ist Einsicht der erste Schritt zur Besserung, aber ein Schritt führt nicht sehr weit, und es müssen noch viele folgen, um das Ziel Verhaltensänderung zu erreichen. Besonders wichtig ist die Umsetzung der Einsicht in konkretes Verhalten.

Verhalten ändern ist wichtig

Verhaltensänderungen sind schwieriger, als es auf den ersten Blick scheint, weil die aktuellen Verhaltensweisen Ergebnisse langjähriger Erfahrungen sind. Gewohnheiten haben sich eingeschliffen und lassen sich nur schwer wieder ändern. Man muss sich entwöhnen und andere Gewohnheiten aufbauen. Das ist frustrierend, weil man immer wieder in die alten Gewohnheiten zurückfällt, ganz besonders unter Stress. Für nachhaltige Verhaltensänderungen sind vier Punkte wichtig:

Verhalten ändern ist schwer

vier zentrale Punkte

1. Wie stelle ich Ziele für eine Verhaltensänderung auf?
2. Wie beobachte ich mich selbst?
3. Wie plane ich Verhaltensänderungen?
4. Wie halte ich die Änderungspläne durch?

Wie stelle ich Ziele der Verhaltensänderung auf (Punkt 1)? Nehmen Sie sich zunächst Stressbereiche vor, in denen Veränderungen eher leicht zu erreichen sind – gehen Sie die schwierigeren Bereiche später an. Versuchen Sie nicht, Ihre gesamte Persönlichkeit zu ändern. Das ist unrealistisch. Sie können nicht alles auf einmal und müssen sich entscheiden. Sich für eine Alternative entscheiden heißt immer auch, sich trennen von den anderen Alternativen. Wenn Sie ein sehr guter Golfspieler werden wollen, müssen Sie Zeit investieren. Diese Zeit ist verbraucht, Sie können nicht gleichzeitig noch ein sehr guter Tennisspieler und hervorragender Segler werden. Dennoch setzen sich viele Menschen unrealistisch hohe oder unrealistisch viele Ziele. Der Vorteil ist, man ist be-

Punkt 1: Ziele

ruhigt, hat man sich doch nicht gegen ein Ziel entscheiden müssen, sondern behält alle im Auge. So weit zum direkten Vorteil. Leider führen überladene Zielsammlungen zum Scheitern, die meisten Ziele werden nicht erreicht. Und jedes nicht erreichte Ziel hinterlässt eine tiefe Kerbe im Selbstbewusstsein. Ein angeknacktes Selbstbewusstsein ist eine schwere Bürde. Viele Dinge werden erst gar nicht in Angriff genommen, weil es in der Vergangenheit ja auch nicht funktioniert hat. Sie sehen: Der langfristige Schaden ist immens. Deshalb beginnt jede Zielsetzung mit der Entscheidung, was man nicht (!) erreichen will. Erst nach der Realitätsschleuse geht es an die Zielformulierung. Formulieren Sie die Ziele Ihrer Verhaltensänderung konkret. Nicht »Ich möchte gerne selbstbewusster werden«, sondern »Bei Besprechungen lasse ich mich nicht unterbrechen und führe einen Punkt ausführlich mit Bezug auf meine Fachkompetenz aus.«

Übung Zielformulierung

Formulieren Sie Ihre Ziele anhand der folgenden ◘ Übung. Verwenden Sie dazu auch Ihre Antworten, die Sie in den ◘ Fragebögen 2 bis 4 vermerkt haben.

◘ Übung. »Ziele formulieren« (modifiziert nach Frese, 1991)

Bitte formulieren Sie Ihre Ziele ganz genau. Nicht »Ich möchte mein Zeitmanagement verbessern«, sondern »Jeden Morgen ordne ich die Arbeiten nach Priorität, und ich beginne mit derjenigen, welche die höchste Priorität hat.«

Formulieren Sie Ihre persönlichen Ziele in denjenigen Bereichen, in denen Sie mit einer Änderung beginnen möchten. Nachfolgend sind einige Bereiche beispielhaft aufgeführt. Sie können sich jedoch auch in anderen Bereichen Ziele setzen, zum Beispiel hinsichtlich Ihrer sportlichen Betätigung.

1. **Meine Ziele im Bereich Entspannung:**
a)
b)
c)

2. **Meine Ziele im Bereich Sozialkontakte:**
a)
b)
c)

3. **Meine Ziele im Bereich Zeitmanagement:**
a)
b)
c)

4. **Meine Ziele im Bereich positive Selbstinstruktion:**
a)
b)
c)

Für den besonders wichtigen Bereich Selbstsich
konkret dargestellt, wie eine Umsetzung aussel
und Auseinandersetzungen mit Kollegen, Unter
ten gilt: Selbstsicherheit heißt nicht brutale Dur
Verhalten ist sozial angemessen. Man ist fähig, s
– aber gleichzeitig hat man es nicht nötig, auf
peln. Selbstsicherheit bedeutet: positive und n
gegenüber zum Ausdruck bringen können, akti
wenn man bei wichtigen Fragen anderer Mein
liches sagen können, dem Gegenüber in die Au
deutlich sprechen können.

Mangelnde Selbstsicherheit kann zu Hilflosigkeit oder zu aggressiver Selbstdurchsetzung führen. Hilflosigkeit und Passivität beinhalten, dass man nicht wagt, anderen zu widersprechen, dass man seine Interessen nicht durchsetzt. Aggressive Kritik von Kollegen oder Vorgesetzten schluckt man ohne Widerspruch. Aggressive Selbstdurchsetzung hingegen bedeutet, aggressiv die eigenen Interessen auf Kosten anderer durchzusetzen.

Selbstsicheres Verhalten hilft, andere zu überzeugen und eigene Interessen zu wahren, ohne dabei die Interessen anderer zu missachten. Verhält sich zum Beispiel jemand unhöflich Ihnen gegenüber, können Sie ihm mit Gegenaggression begegnen, oder Sie können Ihre Betroffenheit zum Ausdruck bringen. Damit haben Sie meist mehr gewonnen. Fast jeder kann in diesem Bereich sein Verhalten noch verbessern, weniger aggressiv seine Interessen durchzusetzen oder weniger hilflos und passiv negative Situationen hinzunehmen. Beschreiben Sie genau, welche Aspekte selbstsicheren Verhaltens Sie verbessern möchten.

Beispiele: Zielformulierung
— Ich werde mich in der nächsten Sitzung nicht unterbrechen lassen   Selbstsicherheit
  und meine Punkte ruhig vortragen.
— Ich werde Arbeit zurückweisen, die nicht in meine Zuständigkeit
  fällt und die mein Kollege erledigen müsste.
— Ich werde die Aufteilung der Hausarbeit mit meinem Partner be-
  sprechen und neu ordnen.

Suchen Sie sich zunächst solche Verhaltensweisen aus, die einfach erlern-   Selektion einer
bar und durchführbar sind. Gehen Sie erst danach besonders schwierige   Verhaltensweise
Verhaltensweisen an.

Nun zum zweiten Punkt. Wie beobachtet man sich am besten selbst? Ge-   Punkt 2:
hen Sie nach folgender Checkliste vor: Selbstbeobachtung
— Neutral registrieren, wie Sie sich verhalten – nicht moralisieren. Beobachten Sie sich ohne erhobenen Zeigefinger.
— Nur Verhalten beobachten. Versuchen Sie nicht, Persönlichkeitseigenschaften zu beobachten.

76   **Kapitel 4** · Stressbewältigung

- Kleine Beobachtungseinheiten wählen. Achten Sie beispielsweise darauf, wie oft Sie sich unterbrechen lassen, wie oft Sie Ihre Sachkompetenz zeigen und Ihre Bedenken klar äußern. Versuchen Sie nicht, abstrakte Bereiche wie »Selbstsicherheit« zu beobachten.
- Über einen bestimmten Zeitraum beobachten; Faustregel: zwei Wochen.
- Genau feststellen, unter welchen Bedingungen es zu einem bestimmten Verhalten kommt. In welchen Situationen treten diejenigen Verhaltensweisen auf, die Sie ändern wollen?

Hilfsmittel

Mithilfe des ◘ Vordrucks 1 können Sie ein Tagesprotokoll erstellen.

Punkt 3: Planung

Wie plant man nun im dritten Schritt Verhaltensänderungen? Suchen Sie sich von den Veränderungen, die Sie sich mithilfe der Übung »Ziele formulieren« vorgenommen haben, diejenigen aus, die am einfachsten zu realisieren sind. Versuchen Sie zunächst, diese zu erreichen. Definieren Sie Zwischenziele, und legen Sie fest, in welcher Reihenfolge Sie die Zwischenziele erreichen wollen. Überlegen Sie dann, welche Hindernisse Sie auf dem Weg zu den Zwischenzielen überwinden müssen. Planen Sie für jedes Hindernis konkrete Gegenmaßnahmen und für die einzelnen Schritte genügend Zeit ein. Wenn Sie das erste Zwischenziel erreicht haben, gönnen Sie sich etwas Besonderes: Gehen Sie aus, tun Sie etwas, was Ihnen Spaß macht. Seien Sie nett zu sich. Dann nehmen Sie sich das nächste Zwischenziel vor. Auch hier wieder: Nicht zu viel auf einmal! Wirklicher Fortschritt vollzieht sich im Schneckentempo. Das wichtigste Prinzip der Verhaltensänderung lautet: Bauen Sie Ihr Programm langsam auf. Versuchen Sie nicht, alles auf einmal zu ändern.

Lernen am Modell

Das von Ihnen angestrebte Verhalten wird möglicherweise von jemand anderem bereits gezeigt. Nehmen Sie sich diesen Menschen zum Modell (Vorbild). Suchen Sie sich aber keine überperfekten Vorbilder aus. Bleiben Sie im Rahmen des Möglichen und Üblichen. Stellen Sie sich genau vor, wie Sie das neue selbstsichere Verhalten zeigen. Dabei ist es wichtig, dass Sie sich das Verhalten in allen Einzelheiten vorstellen. Dabei hilft die Anlehnung an das ausgewählte Modell.

Argumentieren Sie beispielsweise in Gedanken, wie Sie mit einer Unterbrechung in der nächsten Sitzung umgehen werden. Stellen Sie sich vor, wie Sie darauf bestehen, Ihre Ausführung zu komplettieren, ohne aggressiv oder defensiv zu werden. Verhalten Sie sich nun so, wie Sie es sich vorgestellt haben. Üben Sie das Verhalten zunächst in einem Rollenspiel mit einem vertrauten Menschen. Sehr hilfreich zur Optimierung ist die Aufzeichnung auf Tonband oder Video. Lassen Sie einen vertrauten Menschen die Person spielen, die versucht, Ihnen das Wort abzuschneiden.

Faustregel

Faustregel: Kalkulieren Sie die Zeit, die Sie brauchen. Verdoppeln Sie diese Zeit. Das ist nun die Frist, die Sie sich zur Verhaltensänderung setzen.

4.3 · Langfristige Wirkung

▣ Vordruck 1. Tagesprotokoll (modifiziert nach Frese, 1991)

Datum:

Bewertung: von »so ist es noch falsch« = 1 bis »so soll es sein« = 5

Tragen Sie in die Stundenfenster Ihre Aktivitäten beziehungsweise Ihr Verhalten ein, das Sie näher betrachten wollen. Sie können Ihre Aktivitäten und Ihr Verhalten zum Beispiel danach bewerten, inwieweit es bereits so ist, wie Sie es haben möchten. Sie können über Tage und Wochen feststellen, welche Fortschritte Sie machen.

0:00–2:00 Uhr	2:00–4:00 Uhr	4:00–6:00 Uhr	6:00–8:00 Uhr
Bewertung:	Bewertung:	Bewertung:	Bewertung:
8:00–10:00 Uhr	10:00–12:00 Uhr	12:00–14:00 Uhr	14:00–16:00 Uhr
Bewertung:	Bewertung:	Bewertung:	Bewertung:
16:00–18:00 Uhr	18:00–20:00 Uhr	20:00–22:00 Uhr	22:00–24:00 Uhr
Bewertung:	Bewertung:	Bewertung:	Bewertung:

Sie können das Tagesprotokoll nutzen, um einzutragen, wie es Ihnen in bestimmten Situationen geht; um zu beschreiben, wann das Verhalten, das Sie ändern wollen, schon richtig oder wann es noch falsch auftritt, oder um zu beschreiben, wie effizient Ihr Tagesablauf ist.

Wie hält man die Änderungspläne durch (Punkt 4)? Immer wieder gibt es etwas anderes, scheinbar Dringenderes zu tun. Man erreicht sein Ziel nicht gleich und möchte aufgeben. Deshalb ein Vorschlag: Schließen Sie einen Vertrag mit sich selbst oder einem Freund oder dem Partner (▣ Vordruck 2). Dieser Vertrag enthält drei Elemente:

Punkt 4: Umgang mit Widerstand

— das Ziel,
— den Plan,
— die Sanktion, falls Sie aufgeben/die Belohnung, wenn Sie es schaffen.

❏ Vordruck 2. Vertrag mit sich selbst (modifiziert nach Frese, 1991)

Dieser Vertrag gilt von: _____ bis: _____

Hauptzweck des Vertrages Ziele detailliert auflisten

_____

_____

_____

Durchführungsplan:

— Wann soll das Verhalten ausgeführt werden?

_____

— Wie oft soll das Verhalten gezeigt werden?

_____

— Wann habe ich das Ziel erreicht?

_____

Strafe bei Nichteinhaltung des Vertrags:

Wenn ich diesen Vertrag nicht einhalte, dann habe ich folgende Strafe vorgesehen

_____

_____

Belohnung bei Einhaltung des Vertrags:

Diese Strafe (oder eine entsprechende Anzahlung) ist deponiert bei:

_____

_____

Die Sanktion besteht darin, dass Sie eine bestimmte Strafe auf sich nehmen, wenn Sie ihr Programm vorzeitig aufgeben oder sich nicht richtig daran halten. Diese Strafe sollte unangenehm sein, sonst funktioniert es nicht. Vereinbaren Sie zum Beispiel bei Vertragsbruch, jemanden einzuladen, den Sie überhaupt nicht ausstehen können, oder legen Sie eine Geldzahlung fest, zum Beispiel an eine Organisation, die Sie nicht mögen. Deponieren Sie den vereinbarten Betrag bei Ihrem Partner oder einer anderen Person Ihres Vertrauens, und benutzen Sie dieses Geld dann, wenn Sie den Vertrag einhalten, um sich etwas zu gönnen.

Wenn Sie das neue Verhalten gezeigt haben, belohnen Sie sich. Möglicherweise können Sie sich noch verbessern, aber: Ein Schritt nach dem anderen; es ist noch kein Meister vom Himmel gefallen. Sie haben die ersten Schritte getan, um Ihr Verhalten zu ändern.

4.3.4 Soziale Unterstützung

Soziale Unterstützung ist die Interaktion zwischen zwei oder mehr Menschen, bei der es darum geht, einen Problemzustand, der bei einem Betroffenen Leid erzeugt, zu verändern oder zumindest das Ertragen dieses Zustands zu erleichtern (Schwarzer, 2000). Durch soziale Unterstützung werden Bedürfnisse nach Nähe, Geborgenheit, praktischer Hilfe, Entspannung und Beruhigung erfüllt. Soziale Unterstützung hat eine positive Funktion bei der Stressbewältigung, für die Prävention von Krankheiten und bei der Aufrechterhaltung der Gesundheit. Zentrale Frage ist dabei, welche Ressourcen einer Person zur Verfügung stehen, um Belastungen zu ertragen oder sie zu bewältigen (Udris, 1989). Besonders wichtig ist soziale Unterstützung aus dem Stressorenkontext. So ist bei dem Verlust eines Kindes der Ehepartner die wichtigste Quelle für sozialen Rückhalt (Videka-Sherman & Lieberman, 1985); bei Stress am Arbeitsplatz wirkt Vorgesetztenunterstützung stark, nicht jedoch Unterstützung seitens der Familie (Kobasa & Pucetti, 1983; Luszczynska & Cieslak, 2005). Die familiäre Reaktion auf Arbeitsplatzprobleme wie Ablenkung oder Aufheiterung ist weniger hilfreich als eine problemlöseorientierte Hilfe vom Vorgesetzten oder von Kollegen.

Das soziale Umfeld kann allerdings auch Stress auslösen und verstärken. Ob es eher stützt oder eher ein Stressor ist, hängt von der konkreten Situation ab (Zentrum für Innere Führung, o. J.). Aus dem sozialen Umfeld kann sich ein breites Spektrum »sozialer Stressoren« ergeben. Das Spektrum erstreckt sich von

- direkter Einflussnahme anderer Personen, zum Beispiel durch Kritisieren, Abwerten, Beleidigen, Nörgeln, über
- indirekte, aber bewusste Einflussnahme, zum Beispiel durch das Schaffen von Abhängigkeiten, Konkurrenz oder Dominanz, bis hin zu
- indirekter und unbewusster Einflussnahme zum Beispiel durch das Versagen anderer Personen oder den Verlust von Bezugspersonen.

Sozialkontakte sind nicht auf den privaten Bereich begrenzt, auch die beruflichen Sozialkontakte sind wichtig. Die soziale Stressbelastung kann bei Führungskräften besonders hoch sein, da sich die Erwartungen und Anforderungen seitens der Vorgesetzten und seitens der Mitarbeiter bei ihnen kumulieren:

- Konflikte zwischen Zielen von »oben« und von »unten« (Sandwichsituation),
- Angst vor Versagen und Autoritätsverlust,
- Verantwortungsskrupel und Einsamkeitsgefühl infolge sozialer Distanz zu den Mitarbeitern (mangelnde soziale Unterstützung).

Abb. 11 »Stress und Gruppenverhalten«

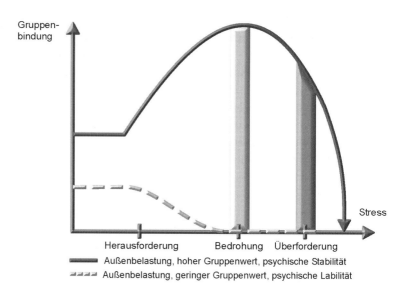

Schutzwirkung

vier Ebenen sozialer Unterstützung

Menschen, die in ein System enger sozialer Kontakte von gegenseitiger Unterstützung eingebettet sind, fühlen sich weniger gestresst und leben insgesamt gesünder, sie haben eine höhere Lebenserwartung (Schwarzer, 2002; Olschewski, 1995a), sie haben drei- bis fünfmal weniger Herzinfarkte als einsame Menschen. Gruppen mit hoher Bindung und Stabilität werden mit wachsenden Anforderungen stärker. Gruppen mit geringer Bindung fallen unter Stress auseinander (◘ Abb. 11).

Großfamilie und dörfliches Umfeld, die früher wesentlichen Rückhalt in Problem- und Notlagen gaben, stehen heute den meisten Menschen nicht mehr zur Verfügung. Heute bedarf es Formen sozialer Unterstützung, die unserer modernen Industriegesellschaft angepasst sind. Besonders die überschaubare und vertraute Kleingruppe verfügt über ein hohes Unterstützungspotenzial; zum Beispiel die Wohngemeinschaft, die Partnerschaft, das Arbeitsteam. Das gilt jedoch nur, wenn die Kleingruppe von gemeinsamen Zielen und Werten getragen wird sowie durch Vertrauen und Zusammenhalt gekennzeichnet ist. In Anlehnung an die Austauschtheorie ergeben sich vier Ebenen sozialer Unterstützung (House, 1981):
- instrumentelle Unterstützung in Form materieller Hilfe oder durch konkretes anderes Verhalten,
- emotionale Unterstützung, zum Beispiel in Form freundlicher Zuwendung, Anerkennung und Gesprächsbereitschaft (Zuhören),
- evaluative Unterstützung durch Bestätigen von Meinungen, Feedback, sozialen Vergleich und Relativieren der eigenen Situation,

4.3 · Langfristige Wirkung

— informationelle Unterstützung, zum Beispiel durch Wissen um potenzielle Hilfe, Ratschläge, Informationen.

Bei Dauerstress sind Freunde, Partner, Familienangehörige oft Trostspender. In Gefahrensituationen sucht man die Bindung zu anderen Menschen. Emotionaler Rückhalt und Geborgenheit helfen bei der Stressbewältigung. Das zeigt sich gerade dann, wenn solche Freunde, Partner etc. nicht vorhanden sind. Die Selbstmordrate bei allein stehenden Menschen liegt höher als bei Menschen, die sozial eingebunden sind. Einsam sind nicht nur unfreiwillige Singles, sondern auch die so genannten grünen Witwen, die zwar »alles haben«, aber mit ihren Problemen emotional allein sind (Wagner-Link, 1996). Gleiches gilt für Arbeitssüchtige, die über Jahre ihre sozialen Kontakte vernachlässigen und irgendwann feststellen: Ich bin alleine, ich weiß nicht, wem ich vertrauen kann, wer Zeit für mich hat. Soziale Beziehungen müssen gepflegt werden – das kostet Zeit und Kraft. Nach Perrez, Laireiter und Baumann (1998) kann man fünf positive Effekte sozialer Unterstützung unterscheiden:

Positiveffekte sozialer Unterstützung

— **Sozialer Schildeffekt:** Reduktion belastender Ereignisse und Erhöhung positiver Erfahrungen, die Bewältigungskompetenz und Befindlichkeit des Betroffenen stabilisieren.
— **Kognitiver Schildeffekt:** Die wahrnehmbare Verfügbarkeit sozialer Unterstützung führt zu einer positiveren Einschätzung der Gesamtsituation und der Bewältigungsmöglichkeiten.
— **Emotionaler Erleichterungs- und Puffereffekt:** Bereits das Wissen um die Verfügbarkeit von Bezugspersonen, vor allem aber ihre konkrete Anwesenheit reduziert Angst und Unsicherheit vor einer bevorstehenden oder ablaufenden Belastung.
— **Kognitiver Bewältigungseffekt:** Bereits das Wissen, jemanden für die Lösung eines bestimmten Problems einsetzen oder fragen zu können, kann dazu führen, dass die Situation als lösbar wahrgenommen wird.
— **Soziale Bewältigung:** Tatsächlich erhaltene Unterstützung stärkt das Selbstwertgefühl, fördert aktive Bewältigungsversuche und kann den Stressor tatsächlich beseitigen oder abschwächen.

Machen Sie sich nun Gedanken über Ihre eigenen sozialen Kontakte und notieren Sie Ihre Beobachtungen. Benutzen Sie die folgenden beiden ◙ Übungen, um ihre Überlegungen zu systematisieren.

Jedes soziale Netzwerk hat seine Grenzen. Während ein mittlerer Grad an Dis-Stress zu mehr Hilfegewährung führt, wird bei zu hoher oder zu lange anhaltender Belastung das soziale Netzwerk selbst in Mitleidenschaft gezogen, und die anderen werden zunehmend weniger hilfsbereit. Interessanterweise rufen gute persönliche Ressourcen wie Selbstwertgefühl, Kompetenz, Optimismus und internale Kontrollüberzeugungen eine stärkere Hilfsbereitschaft hervor (Schwarzer, 2000).

Grenzen

> **◘ Übung.** »Soziale Unterstützung« (modifiziert nach Olschewski, 1995a)
>
> Überlegen Sie sich, zu welchen Menschen in Ihrem Umfeld Sie Kontakt haben: Familien, Kollegen, Verein, Nachbarn, Freunde.
>
> Ordnen Sie diese Menschen auf dem Arbeitsblatt an. Je näher Sie einen Menschen bei sich platzieren, desto wichtiger ist er Ihnen.
>
>

> **◘ Übung.** »Soziales Umfeld« (modifiziert nach Olschewski, 1995a)
>
> Beantworten Sie nun die folgenden Fragen:
>
> 1. Mit welchen Menschen verbringen Sie die meiste Zeit?
> 2. Welche Menschen aus Ihrem Umfeld sind Ihnen wirklich wichtig?
> 3. Mit wem reden Sie über sich selbst, über Ihre persönlichen Angelegenheiten?
> 4. Mit wem unternehmen Sie etwas privat von sich aus?
> 5. Zu wem hätten Sie gerne intensiver Kontakt?
> 6. Zu wem würden Sie gerne einen neuen Kontakt aufbauen?
>
> Je weniger die Menschen, die Sie zu Frage 1 angeben, mit denen identisch sind, die Sie bei den Fragen 2 bis 4 angeben, desto mehr lohnt es sich für Sie, Ihr soziales Umfeld Ihren Bedürfnissen neu anzupassen. Ihre Antworten auf die Fragen 5 und 6 bieten Ansatzpunkte für eine Veränderung.

4.3.5 Zeitmanagement

»Managerkrankheit ist eine Epidemie, die durch den Uhrzeiger hervorgerufen und durch den Terminkalender übertragen wird.« (John Steinbeck, amerikanischer Schriftsteller, 1902–1968).

Mehr Zeit haben: für sich, für andere, um zu leben. Die Zeit besser nutzen, ausschöpfen, bis zur letzten Minute auskosten. Man tut so, als ob Zeit Besitz wäre. Ein Besitz, den man nach Belieben dehnen und vergrößern kann. Wer die Stunden und Minuten im Griff hat, der holt das

4.3 · Langfristige Wirkung

meiste heraus – aus seiner Berufszeit und aus seiner Freizeit. Weil man das glaubt, setzt man große Hoffnung in Zeitplaner, nett in Leder gebunden oder prestigeträchtig als Taschen-PC. Die Zeitplaner sollen mehr Ordnung und mehr Zeit bringen. Indes, die beste Planung und selbst perfekt geordnete Termine verschaffen keinen Überfluss an Zeit. Das Gefühl des Gehetztseins bleibt, auch in der Freizeit (Roming, 1998). Die Armbanduhr wird zur Handschelle, der Terminkalender zum Diktator. Weitere Statussymbole der gehetzten Gesellschaft sind Laptop, Kreditkarte und irgendwann ein Herzschrittmacher. Genug der Polemik, auch das Manuskript zu diesem Buch ist auf einem Laptop geschrieben und wir haben den Abgabetermin für das Manuskript beim Verlag eingehalten. Die Gretchenfrage lautet: Leiden die Betroffenen unter dem Tempo oder nicht? Das kommt darauf an, ob Sie ein Kolibri oder eine Schnecke sind. Kolibris werden von anderen als Hektiker beschrieben, Schnecken nerven schnellere Zeitgenossen durch ihre Langsamkeit. Beantworten Sie die folgenden Fragen (Roming, 1998), um festzustellen, ob Sie ein Kolibri oder eine Schnecke sind:

optimales Tempo

*Selbstcheck:
Kolibri oder Schnecke*

- Sie haben Ihre Armbanduhr vergessen. Macht Sie das nervös, fühlen Sie sich den ganzen Tag über unsicher? Informieren Sie sich durch ständigen Blick auf die Uhr, wie spät es ist? Oder gelingt es Ihnen, manchmal die Zeit zu vergessen?
- Sind Sie ein Schnellsprecher? Werden Sie ungeduldig, wenn jemand weitschweifig erzählt?
- Wie nehmen Sie Ihre Mahlzeiten ein? Eher nebenbei und hastig? Wenn Sie in Gesellschaft essen, sind Sie dann als Erster fertig?
- Wie schnell oder langsam gehen Sie? Haben andere das Problem, mitzuhalten, oder haben Sie das Problem, mitzuhalten?
- Sind Sie ein geduldiger Autofahrer? Verlieren Sie bei einem Stau die Nerven? Fluchen Sie, wenn vor Ihnen ein langsamer Fahrer den Verkehr blockiert?
- Kommen Sie sich ohne Zeitpläne und Arbeitslisten nackt vor? Ist Ihr Tag bis ins Letzte verplant oder verfügen Sie noch über Zeitinseln?
- Wie reagieren Sie, wenn Sie warten müssen? Fügen Sie sich in Ihr Schicksal, nutzen Sie die Wartezeit für sich oder bereitet Warten Ihnen Qualen?

Wenn Sie ein Kolibri sind, stehen Sie häufig unter Zeitdruck. Problematisch wird das jedoch nur, wenn Ihr persönliches Temperament nicht mit den Anforderungen der Umwelt übereinstimmt. Schnelle Menschen brauchen einen schnellen Takt, um sich wohl zu fühlen. Was einer Schnecke zu rasant ist, ist für einen Kolibri schon Langeweile.

Dennoch sind Sie als Kolibri stärker hektikgefährdet als eine Schnecke. Macht es Sie nervös, für das Wochenende keinen Plan zu haben? »Samstag: 10.00 bis 12.00 Uhr Friseur, 13.00 bis 15.00 Uhr Wohnung putzen, 16.00 bis 18.00 Uhr Kaffeeklatsch, 20.00 Uhr Konzert etc.« Wenn Sie so planen und Ihren Zeitplaner privat ständig mitschleppen, sind Sie in die Falle getappt. Leben ist dann das, was passiert, während Sie Zeitplanung betreiben und Termine abarbeiten.

Was nun? Schmeißen wir die Zeitplaner weg und schmelzen all die hübschen Taschen-PC ein? Nein, Zeitplaner sind nützlich, wenn sie gezielt eingesetzt werden. Gut eingesetzte Zeitplaner lassen uns darüber nachdenken, wie viel Zeit wir für eine Sache einsetzen, sie bringen Klarheit in den Knäuel der Termine und Verpflichtungen. Aber der schönste Zeitplaner nimmt einem das Denken nicht ab, man muss selbst entscheiden, ob ein Termin die Zeit wert ist, sonst tun andere das. Zeitplanung ist ein Hilfsmittel, kein Zaubertrank. Auf die Frage: »Wofür hätten Sie gerne mehr Zeit?« antworteten (Wegner, 2000) 47 Prozent mit Schlafen, 45 Prozent mit Verreisen, 44 Prozent mit Freunde und Verwandte, 42 Prozent mit Faulenzen, 36 Prozent mit Lesen, aber auch 6 Prozent mit Arbeiten. Jeder Mensch hat seine eigenen Vorstellungen, auch wenn der Spitzenreiter Schlafen für eine übermüdete Gesellschaft spricht.

Irrtümer des Zeitmanagements

Die folgenden Ausführungen sind ein Plädoyer für den bewussten Umgang mit der Zeit. Dazu gilt es, die gefährlichen Irrtümer im Umgang mit der Zeit zu meiden (Geißler, 1997). Erstens gehört uns Zeit nicht. Wir können Zeit nicht besitzen; der Ausdruck »Zeit haben« ist irreführend. Zweitens vermehrt Zeitmanagement Zeit nicht. Zeitmanagement kann nur eine Anleitung zur Selbstbeherrschung sein. Erfolgreiches Zeitmanagement hat allerdings einen Pferdefuß: Wer seine Zeit gut managt, bekommt noch mehr zu tun. Denken Sie an die Redensart: »Wenn Du etwas erledigt haben möchtest, wende Dich an jemanden, der bereits viel zu tun hat.« Drittens kostet Zeitmanagement selbst Zeit und muss sich rentieren. Manch komplexes Zeit-Management-System verschlingt mehr Zeit, als es einspart. Zeitmanagement verbessert die Lebensbalance dann, wenn es die subjektive Kontrolle über die Zeit erhöht (Gröpel & Kuhl, 2006).

Zeitdiebe

Wenn man diese Irrtümer meidet, kann Zeitmanagement hilfreich sein, zum Beispiel, um Zeitdieben auf die Spur zu kommen, die sich mehr nehmen, als ihnen zusteht. Registrieren Sie einige Tage genau, womit Sie Ihre Zeit verbringen, wie wichtig das Getane ist und welche Störungen Sie von Ihrer Arbeit abhalten. Mögliche Zeitdiebe sind (Wagner-Link, 1996):

- Besprechungen, Konferenzen (zu häufig, zu inhaltsarm)
- (unangemeldete) Besucher
- ständige Telefonanrufe
- überflüssiger Kleinkram
- mangelndes Delegieren
- chaotischer Schreibtisch
- fehlende Prioritäten
- Perfektionismus

4.3 · Langfristige Wirkung

- mangelnde Selbstdisziplin
- nicht »Nein« sagen können
- unklare Verantwortungsabgrenzungen
- fehlende Kontrolle des Arbeitsfortschritts
- fehlende Information/Kommunikation

Verwenden Sie zur persönlichen Orientierung den ■ Fragebogen 7.   Faustregeln

---

■ Fragebogen 7. Zeitmanagement (modifiziert nach Seiwert, 1988)

Wie gut ist Ihr Zeitmanagement?
Bitte kreuzen Sie bei jeder der folgenden Aussagen an, wie häufig sie auf Sie zutrifft. Fast nie (0), manchmal (1), häufig (2) oder fast immer (3).

	fast nie 0	manchmal 1	häufig 2	fast immer 3
An jedem Arbeitstag reserviere ich einen Teil der Zeit für vorbereitende, planerische Arbeit	☐	☐	☐	☐
Ich delegiere alles, was delegierbar ist	☐	☐	☐	☐
Ich lege Aufgaben und Ziele schriftlich mit Erledigungsterminen fest	☐	☐	☐	☐
Ich bemühe mich, jeden Vorgang nur einmal und dann abschließend zu bearbeiten	☐	☐	☐	☐
Ich erstelle täglich eine Liste mit zu erledigenden Aufgaben, geordnet nach Prioritäten. Die wichtigsten Dinge bearbeite ich zuerst	☐	☐	☐	☐
Ich versuche den Arbeitstag von störenden Telefon anrufen, unangemeldeten Besuchern und plötzlich einberufenen Besprechungen möglichst freizuhalten	☐	☐	☐	☐
Ich versuche die Arbeiten nach meiner Leistungskurve zu ordnen	☐	☐	☐	☐
Mein Zeitplan hat Spielräume, um auf akute Probleme reagieren zu können	☐	☐	☐	☐
Ich versuche, meine Aktivitäten so auszurichten, dass ich mich zunächst auf die wichtigen Dinge konzentriere	☐	☐	☐	☐

Summe

Ich kann auch nein sagen, wenn andere meine Zeit beanspruchen wollen und ich wichtigere Dinge zu erledigen habe	☐	☐	☐	☐	☐

Zählen Sie bitte die Punkte zusammen. Je höher Ihr Gesamtwert ausfällt, desto besser ist Ihr Zeitmanagement. Bei einem niedrigen Gesamtwert lohnt es sich für Sie, an ihrem Zeitmanagement zu arbeiten.

0-15 Punkte: Sie betreiben kein Zeitmanagement und lassen sich von anderen treiben. Es würde sich für Sie sehr lohnen, an Ihrem Zeitmanagement zu arbeiten.

16-20 Punkte: Sie versuchen, Ihre Zeit in den Griff zu bekommen, sind aber noch nicht konsequent genug, um damit auch Erfolg zu haben. Es würde sich für Sie lohnen, an Ihrem Zeitmanagement zu arbeiten.

21-30 Punkte: Ihr Zeitmanagement ist gut bis sehr gut.

Das Thema Zeitmanagement füllt Bücherregale und ist Inhalt zahlreicher Seminare; nachfolgend stellen wir die wichtigsten Tipps vor: Zeitbewusstsein entwickeln, nur ein Ziel auf einmal anstreben, Prioritäten für anstehende Arbeiten setzen und positive Selbst- und Fremdkontrolle schaffen.

Im Einzelnen kann dies bedeuten:

- morgens sofort anfangen, nicht rumtrödeln
- Unerledigtes sichtbar machen
- Arbeitsplatz richtig organisieren
- Tages- und Wochenpläne aufstellen
- mit Checklisten arbeiten
- den eigenen Arbeitsrhythmus kennen und nutzen
- sich nicht ablenken lassen
- mit Energie haushalten
- abends abschalten, Schluss ist Schluss

Prioritäten setzen

Der wichtigste Merkpunkt für Zeitmanagement ist: Arbeiten Sie an wichtigen Aufgaben, prüfen Sie kritisch die dringenden. Nicht alles, was dringlich ist, ist auch wichtig. Angenommen, es erreicht Sie plötzlich die Nachricht, dass Sie in einer bestimmten Sache sofort etwas unternehmen müssen: Das tun Sie, und im Nachhinein stellt sich das Ganze als unwichtig heraus. Dies ist ärgerlich und senkt Ihre Effizienz. Wird Ihr Zeitplan von solch »dringlichen« Angelegenheiten beherrscht, arbeiten Sie nicht, Sie »werden gearbeitet«.

Beispiel

Ein Beispiel zum Unterschied von Dringlichkeit und Wichtigkeit (nach de Bono, 1992): Ein junger Mann nahm eine gut bezahlte Arbeit an, bei der er Holz zersägen musste. Dafür erhielt er einen Akkordlohn, so dass er glaubte, bei harter Arbeit eine Menge Geld verdienen zu können. Am ersten Tag strengte er sich sehr an, und am Ende des Arbeitstages bekam er eine Menge Geld ausbezahlt. Das beflügelte ihn, am zweiten Tag arbeitete er noch härter. Aber am Ende des Tages erhielt er nur noch zwei Drittel des Lohns vom Vortag. Der junge Mann schloss daraus, möglicherweise doch weniger geschafft zu haben als angenommen. Am dritten Tag schuftete er bis an den Rand der Erschöpfung, aber am Ende des Tages bekam er lediglich die Hälfte des Lohnes vom Vortag. Überzeugt, betrogen worden zu sein, beschwerte er sich beim Vorarbeiter. Dieser zeigte ihm das Ergebnis seiner Leistung – der junge Mann hatte tatsächlich weit weniger Holz zersägt, obwohl er überzeugt war, mit ganzer Kraft gearbeitet zu haben. »Haben Sie auch nur einmal Ihre Arbeit unterbrochen, um Ihre Säge nachzustellen und zu schärfen?«, fragte der Vorarbeiter. »Nein«, antwortete der junge Mann, »ich habe viel zu angestrengt gearbeitet, um meine Arbeit zu unterbrechen.«

Selbstcheck

Wichtige Aufgaben beziehen sich in aller Regel auf langfristige Ziele, sie können nicht mal eben nebenher erledigt werden. Leider drängen sich

4.3 · Langfristige Wirkung

■ Fragebogen 8. Stress durch Überlastung (Blankenstein et al., o.J.)	ja	nein
Mir wächst die Arbeit allmählich über den Kopf	☐	☐
Ich habe das Gefühl, alles selbst machen zu müssen, damit es klappt	☐	☐
Ich habe an manchen Tagen das Gefühl, dass ich nichts erledigen konnte, was ich mir vorgenommen hatte	☐	☐
Zu dem, was eigentlich wichtig ist, komme ich gar nicht	☐	☐
Für mich ist eine Aufgabe erst dann erledigt, wenn ich das Gefühl habe, dass nichts mehr zu verbessern ist	☐	☐
Mit der normalen Arbeitszeit komme ich bei weitem nicht aus	☐	☐

die dringlichen Tätigkeiten des täglichen Arbeitsablaufs oft in den Vordergrund. Am Schluss hat man vor lauter Dringlichem keine Zeit für das Wichtige gefunden. Dem beugt Zeitmanagement vor. Besonders wichtig wird Zeitmanagement, wenn Sie den Eindruck haben, dauernd überlastet zu sein, wenn der Fluch des Unerledigten Sie bis in die Freizeit verfolgt. Prüfen Sie Ihre aktuelle Belastung anhand des ■ Fragebogens 8.

Je häufiger Sie »Ja« angekreuzt haben, desto gewinnbringender ist für Sie ein systematisches Zeitmanagement. Wer das Gefühl hat, mit seiner Zeit nicht auszukommen, wer sich ständig Terminzwängen ausgesetzt sieht, wer spürt, dass ihm die Arbeit über den Kopf wächst, dem ist häufig nicht bewusst: Die Ursache liegt auch in der Einstellung zum Unerledigten. Der Fluch des Unerledigten mündet in ein schlechtes Gewissen. Das Erledigte verschafft ein Erfolgsgefühl; man hat eine Sache erledigt, abgehakt und können sie vergessen. Das Unerledigte hingegen lässt einen nicht los, es belastet einen und erzeugt das beklemmende Gefühl, den Anforderungen nicht gewachsen zu sein. Gedanken wie »Eigentlich müsste ich ...«, »Eigentlich hätte ich schon längst ...« oder »Eigentlich sollte ich noch ...« schleichen sich ein. Das Unerledigte wird zum penetranten Mahner.

der Fluch des Unerledigten

Aus der Tageshektik heraus übersieht man leicht, dass niemand alles auf einmal erledigen kann, sondern nur eine Sache zurzeit. Alles andere muss so lange liegen bleiben, ohne dass ein schlechtes Gewissen oder das Gefühl eigenen Unvermögens aufkommt. Wichtig ist es, Unerledigtes wirksam auszublenden, so dass es nicht bei dem stört, was wir gerade tun. »In der Beschränkung zeigt sich der Meister« (Goethe). Dieser Gedanke lässt sich auf das Problem der Zeitnot übertragen: Nur durch konsequente Beschränkung auf das Wesentliche lässt sich Zeitnot meistern. Um das Notwendige erledigen zu können, muss man sich des Unnötigen mit kalkuliertem Risiko entledigen. Folgende Faustregeln helfen dabei:

Faustregeln

- Vorlieben zurückstellen: In der Regel ist im Arbeitsalltag Angenehmes eher unwichtig und Wichtiges eher unangenehm. Allzu menschlich ist es, Angenehmes vorzuziehen. Hinzu tritt die Neigung, sich mit angenehmen Dingen länger als notwendig zu befassen. Auf solche Weise gerät man in eine Zeitfalle. Deshalb: das notwendige Unangenehme sofort erledigen – und auf das angenehme Unnötige verzichten.
- Delegieren: Man kann nicht alles selbst tun. Wer versäumt zu delegieren, wird über kurz oder lang unter Zeitnot und Arbeitsüberlastung leiden. Deshalb: konsequent delegieren.
- Wiedervorlagesystem: Vieles muss oder kann nicht sofort erledigt werden. Es muss zunächst unerledigt bleiben. Dieses Unerledigte darf uns jedoch nicht bei dem belasten, was wir gerade tun. Deshalb: Was noch Zeit hat, auf Termin legen. Ein funktionierendes Wiedervorlagesystem und ein Terminkalender helfen, das Unerledigte vorübergehend ohne schlechtes Gewissen zu vergessen.
- Vorsicht vor übertriebener Perfektion: Perfektion ist sinnvoll, sofern sie sachlich geboten ist. Häufig jedoch ist Perfektion nicht sachdienlich, weil sie überproportional Zeit und damit Geld kostet. Einen solchen Ruf hatte die maschinenbauende Industrie Deutschlands beispielsweise Ende der achtziger Jahre des 20. Jahrhunderts. Es kursierte folgendes Bonmot: Wenn man bei einem deutschen Ingenieur eine Sackkarre bestellt, um 50 kg Sand zu transportieren, liefert er einen geländegängigen Sportflitzer mit einer Höchstgeschwindigkeit von 300 km/h, einer Zuladung von 20 Tonnen und einer Lebensdauer von 30 Jahren. Leider kostet das Wundergefährt 200.000 Euro und schluckt 30 Liter Benzin auf 100 Kilometer. Ziel erreicht? Ja, man kann auch 50 kg Sand mit dem Gefährt transportieren, aber mit welchem Aufwand; deshalb: nur so viel Perfektion wie nötig!
- Mut zum »Nein«: Gefordert ist der Mut zum »Das nicht« (anderes ist wichtiger), »Jetzt nicht« (das kommt erst später dran), »Ich nicht« (das ist Sache anderer) und zum »Mehr nicht« (der Zweck ist erreicht). In diesem konstruktiven »Nein« liegt eine besonders wirksame Strategie gegen die Zeitnot und den Fluch des Unerledigten. Allerdings braucht man hierzu Beharrlichkeit und Selbstsicherheit.

Anwendungs-
voraussetzungen

Gutes Zeitmanagement kann helfen, den Tag besser zu strukturieren. Die marktschreierischen Versprechen vieler Ratgeber, zum Beispiel: »Zeitmanagement verbessert Ihre Effizienz um 100 Prozent«, sind unseriös. Zeitmanagement hilft umso mehr, je stärker Sie Ihre Arbeit selbst planen können. Überspitzt ausgedrückt, einem Mitarbeiter in der Telefonzentrale hilft Zeitmanagement nicht, er kann die Arbeit nicht planen. Wenn Sie Einfluss auf Ihre Arbeit haben oder zumindest selbst bestimmen können, wann Sie was machen, dann kann Ihnen die folgende Übung helfen, effizienter zu werden.

4.3 · Langfristige Wirkung

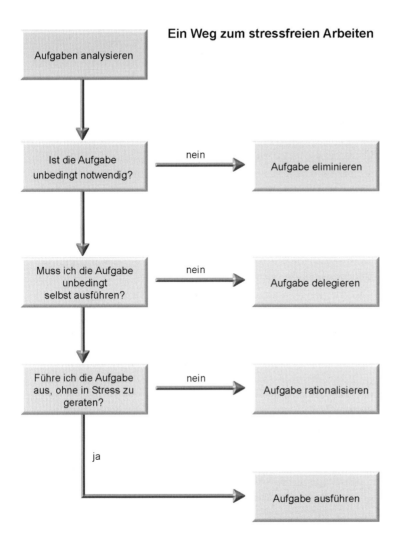

■ Abb. 12 »Ein Weg zum stressfreien Arbeiten«

◘ Übung. »Zeitmanagement« (modifiziert nach Frese, 1991; Seiwert, 1988)

Schritt 1: Stellen Sie eine Zielhierarchie auf
Konzentrieren Sie sich auf kurz- und mittelfristige Ziele. Langfristige Ziele sind meist übergeordneter Art und hängen von Ihrem Wertesystem ab. Mit Zeitmanagement haben Sie ein Hilfsmittel an der Hand, Ihre mittel- und kurzfristigen Ziele zu erreichen. Gehen Sie systematisch vor:

1. Fixieren Sie Ihre mittel- und kurzfristigen Ziele schriftlich und konkret.
2. Bringen Sie Ihre Ziele in eine Rangfolge, setzen Sie Prioritäten.
3. Prüfen Sie, welche Voraussetzungen zur Zielerreichung von Ihrer und von anderer Seite gegeben sein müssen, zum Beispiel: Müssen Sie sich weiterqualifizieren? Brauchen Sie Unterstützung von anderen?
4. Denken Sie an mögliche Störeinflüsse und überlegen Sie sich Gegenstrategien.

▼

◨ Übung. (Forts.)

Schritt 2: Analysieren Sie den Ist-Zustand

Sie können Ihre Ziele nur erreichen, wenn Sie diese in Ihrem täglichen Arbeitsablauf im Auge behalten und auch bei störenden Einflüssen konsequent an ihnen arbeiten. Prüfen Sie zunächst, wie sich das derzeit verhält:

5. Führen Sie eine Woche lang jeden Tag ein Tagesprotokoll, in das Sie für jede Viertelstunde eintragen, was Sie tun.
6. Überprüfen Sie Ihre Tagesprotokolle: Welche Tätigkeiten waren zielführend, welche nicht? Welche Tätigkeiten hätten Sie delegieren können? Welche Tätigkeiten waren im Nachhinein überflüssig?

Vergleichen Sie, wie viel Zeit Sie für die einzelnen Tätigkeiten benötigt haben und wie viel Zeit angemessen gewesen wäre. Wenn es Ihnen geht wie den meisten Menschen, werden Sie feststellen, dass erhebliche Diskrepanzen bestehen zwischen dem, was zielführend gewesen wäre, und dem, was Sie tatsächlich gemacht haben.

Schritt 3: Erstellen Sie einen Tagesplan

Mit einem Tagesplan führen Sie Ihren tatsächlichen Tagesablauf näher an den von Ihnen gewünschten Tagesablauf heran. Stellen Sie Tages- und Wochenpläne auf, tun Sie das schriftlich. So entlasten Sie Ihr Gedächtnis, können Ist- und Soll-Zustand einfach vergleichen, haben immer den Überblick, wie nahe Sie Ihren Zielen gekommen sind; wissen genau, was Sie an einem bestimmten Tag erreichen sollen, und können leichter abschalten, das heißt, Sie brauchen am Abend nicht überlegen, was Sie eventuell vergessen haben könnten oder was am nächsten Tag wichtig ist. Erstellen Sie Ihren Tagesplan in vier Schritten:

7. Schreiben Sie auf, was Sie an jedem Tag der nächsten Woche erledigen möchten und sollten.
8. Schätzen Sie realistisch ab, wie viel Zeit Sie für jede geplante Aufgabe benötigen werden. Erfahrungsgemäß sind dabei zwei Punkte zu beachten:
   - Jede Aufgabe dauert länger als vermutet, weil unvorhergesehene Störungen und Probleme auftauchen, weil man nicht jeden Tag gleich leistungsfähig und konzentriert ist etc.
   - Eine Arbeit zieht sich meist so lange hin, wie Zeit zur Verfügung steht. Dies gilt besonders für Besprechungen und angenehme Arbeiten.

Aus diesen zwei Punkten ergibt sich die Schwierigkeit, dass man fast nie fehlerfrei planen kann. So braucht man häufig länger als nötig, wenn man zu viel Zeit eingeplant hat (also nimmt man sich die Zeit auch). Oder man plant zu knapp, und die Zeit kann gar nicht reichen.

9. Summieren Sie die geschätzten Zeiten für alle geplanten Aktivitäten.

Wahrscheinlich werden Sie feststellen, dass Sie den gesamten Tag verplant haben. Wegen der Fehleranfälligkeit von Zeitplanung (unvorhergesehene Störungen) ist es jedoch nötig, eine Pufferzeit einzukalkulieren. Verplanen Sie maximal zwei Drittel der Zeit. Die restliche Zeit ist Pufferzeit oder kann für unvorhergesehene Aufgaben verwendet werden.

▼

4.3 · Langfristige Wirkung

◘ Übung. (Forts.)

10. Reduzieren Sie Ihr Tagespensum, bis Sie nur noch zwei Drittel der Zeit verplant haben.

Das tut weh, denn Sie müssen Prioritäten setzen. Damit legen Sie auch immer fest, was notwendigerweise »hinten runterfällt«. Tun Sie das nicht, fällt unkontrolliert das »hinten runter«, zu dem Sie nicht mehr gekommen sind. Das ist riskant, es könnte etwas Wichtiges sein.

Nach dem »Pareto-Prinzip«, das in vielen Bereichen gilt, erreicht man mit 20 Prozent des Aufwands (Zeit, Perfektion, Aufwand) 80 Prozent der Wirkung. Die restlichen 80 Prozent Aufwand erzielen nur 20 Prozent Wirkung. Selbst wenn die Prozentzahlen strittig sind, so ist der Grundgedanke richtig: Gehen Sie deshalb vor allem Aufgaben an, mit denen Sie Ihre wichtigen Ziele erreichen, und erledigen Sie die Aufgaben angemessen, das heißt, übertreiben Sie weder hinsichtlich Perfektion noch Zeitaufwand.

◘ Übersicht 6. Die Prioritäten nach dem Eisenhower-Prinzip (Seiwert, 1986)

		Dringlichkeit	
		gering	hoch
Wichtigkeit	gering	Papierkorb	Delegieren
	hoch	Terminieren/ Delegieren	Sofort erledigen

Gehen Sie Aufgaben sofort an, die besonders dringlich und besonders wichtig sind. Lassen Sie Aufgaben, die weder wichtig noch dringlich sind, einfach liegen. Wenn Sie tatsächlich einmal nichts anderes mehr zu tun haben sollten, können Sie sich diesen Aufgaben widmen. Erfahrungsgemäß tritt ein solcher Zustand nie ein. Auf dieser Erfahrung basiert der Rat des US-Präsidenten Eisenhower, entsprechende Aufgaben gleich wegzuwerfen (Papierkorb-Prinzip).

11. Tragen Sie die verbleibenden Aktivitäten in Ihren Terminkalender ein.

Gehen Sie die wichtigen und schwierigen Aufgaben zu Zeiten Ihres persönlichen Leistungshochs an. Ihre persönliche Leistungskurve müssen Sie selbst herausfinden. Die meisten Menschen sind am Vormittag (11:00) und am späteren Nachmittag (16:00) besonders leistungsfähig.

12. Überprüfen Sie am Ende des Arbeitstages, ob Sie alle geplanten Tätigkeiten erledigt haben.

Übertragen Sie eventuell unerledigt gebliebene Arbeiten in den Plan für den nächsten Tag. Tun Sie das nicht blindlings, sondern prüfen Sie jeweils nach obigen Regeln erneut: Ist die Tätigkeit noch wichtig? Was muss notfalls zurückstehen, um nicht mehr als zwei Drittel der Zeit zu verplanen? etc.

▼

> **◘ Übung.** (Forts.)

Schritt 4: Schalten Sie Störungen aus
Störungen von außen (Telefonanrufe, eine ungeplante Besprechung, ein
unangemeldeter Besucher etc.) sind häufig verantwortlich für Abweichungen
von der Planung. Schalten Sie daher Störungen aus oder minimieren Sie
Störungen auf ein erträgliches Maß:
- Richten Sie »stille Stunden« ein, in denen Sie konzentriert arbeiten und
  nicht gestört werden dürfen. Leiten Sie Ihr Telefon in dieser Zeit um.
- Sagen Sie »nein«, schlagen Sie einem unangemeldeten Besucher einen
  günstigeren Termin vor, verweisen Sie ihn an einen Mitarbeiter etc.
- Sofern Störungen tatsächlich notwendig sind, terminieren Sie diese zeitlich (kürzere Telefonanrufe, deutlich machen, dass man nur wenig Zeit
  zur Verfügung hat etc.). Ob man tatsächlich stehen bleibt, um einem Besucher deutlich zu machen, dass er sich kurz fassen soll, ist eine Frage des
  persönlichen Stils.

Schritt 5: Delegieren Sie
Delegieren ist mehr als Aufgaben abschieben; es beinhaltet unter anderem,
ganze Aufgaben inklusive der erforderlichen Befugnisse und Verantwortung
abzugeben, hinreichend Spielraum zu lassen, nicht vorzeitig hineinzureden,
Mitarbeiter rechtzeitig und umfassend zu informieren, keine hundertprozen-
tige Perfektion zu verlangen.

Schritt 6: Halten Sie Maß
Das Pareto-Prinzip gilt auch für das Zeitmanagement. Zeitplanung kostet
Zeit und muss sich lohnen. Verwenden Sie zum Beispiel 15 Minuten pro
Arbeitstag auf Zeitplanung, nicht mehr. Nehmen Sie sich diese Zeit jedoch
regelmäßig, und halten Sie sich konsequent an Ihre Planungen.

4.3.6 Systematische Entspannung

Balance wieder gewinnen

Psychosomatische Störungen sind häufig Folgen anhaltender seelischer
Beanspruchungen. Der Körper verliert seine Balance. Dem kann man
entgegenwirken: In Phasen nervlicher Anspannung braucht man mehr
Entspannung als sonst. Daher kommt es darauf an, Entspannungstechniken systematisch einzuüben und gezielt anzuwenden. Ist das Gleichgewicht von Anspannung und Entspannung erst einmal gestört, muss man
die Fähigkeit zu wirksamer Entspannung wieder erlernen. Die Entspannungsreaktion muss systematisch herbeigeführt werden. Dies gelingt am
besten durch eingeübte Entspannungstechniken. Solche systematischen
Entspannungsübungen führen zu einer Senkung des Erregungsniveaus,
zu einer Erhöhung der Belastbarkeit und zum Abbau bereits bestehender psychosomatischer Beschwerden.

Entspannungsverfahren erzeugen keine außergewöhnlichen Effekte,
vielmehr ist Entspannung etwas, das zum üblichen Verhaltensrepertoire
von Menschen gehört (Vaitl, 2004a). Zu deren Aktivierung benötigen je-

4.3 · Langfristige Wirkung

doch viele Menschen Methoden und systematische Übung (Petermann & Vaitl, 2004). Die Bahnung und Stabilisierung der Entspannungsreaktion erfolgt durch beharrliches Üben, ähnlich dem Erlernen anderer neuer Verhaltensweisen. Die Entspannungsreaktion ist durch folgende körperliche Veränderungen gekennzeichnet (Vaitl, 2004a):

- Abnahme des Tonus (Spannung) in der Skelettmuskulatur, Verminderung der Reflextätigkeit
- Periphere Gefäßerweiterung (wird als Wärme oder Kribbeln in Händen oder Füßen wahrgenommen), geringfügige Verlangsamung der Herzrate, Senkung des arteriellen Blutdrucks
- Abnahme der Atemfrequenz, Abnahme des Sauerstoffverbrauchs
- Veränderung der hirnelektrischen und neurovaskulären Aktivität
- Veränderungen im Magen-Darm-Bereich
- Reduktion von Schilddrüsenüberfunktionen

Generell gilt für alle Entspannungsverfahren, was Langen (2002) zu Beginn seines Buches sinngemäß zum autogenen Training schreibt: Sollten Sie sich in ärztlicher oder psychologischer Behandlung befinden, sprechen Sie mit Ihrem Arzt oder Psychotherapeuten, bevor Sie mit einem Entspannungsverfahren beginnen. | Kontraindikation

Die verschiedenen Entspannungsverfahren unterliegen Moden und sind häufig auf bestimmte Theorien zu Krankheitsursachen fixiert. Zwischenzeitlich hat diese ideologische Bindung nachgelassen und man hat viele Gemeinsamkeiten zwischen den verschiedenen Entspannungsverfahren festgestellt. Diese Gemeinsamkeiten sind (Petermann & Vaitl, 2004): | Verschiedene Entspannungsverfahren

- Aufbau von Selbstkontrolle: Beim Lernen von Entspannungsverfahren erlebt man Selbstwirksamkeit und Selbstkontrolle, eine Ausnahme stellen hypnotische Verfahren dar, da Klienten bei diesem Verfahren passiv bleiben.
- Schulung der Konzentration: Die Verfahren fördern die Konzentration auf ein bestimmtes Objekt oder das innere Erleben. Das kann auch im Alltag helfen, störende Außenreize auszublenden.
- Beruhigung: Entspannungsverfahren wirken beruhigend.
- Steigerung des Wohlbefindens: Entspannungsverfahren steigern das Wohlbefinden.

Neben den nachfolgend im Detail vorgestellten Verfahren Progressive Muskelentspannung, autogenes Training, Atementspannung sind auch meditative Verfahren, imaginative Verfahren, Hypnose und Biofeedbeck verbreitete Standardverfahren (Petermann & Vaitl, 2004).

Progressive Muskelentspannung

Entspannungsverfahren 1

Die muskuläre Entspannung ist leicht lernbar und steht deshalb idealerweise am Anfang eines systematischen Entspannungstrainings. Die progressive Muskelentspannung wurde von dem Amerikaner Jacobson (1924) entwickelt. Das Verfahren beruht auf der Beobachtung, dass Muskelverspannungen, Angst, Erregung und Stress gekoppelt sind. Umgekehrt empfindet man bei bestehender Muskelentspannung keine Erregung, keinen Stress und keine Angst. Die Wirksamkeit der progressiven Muskelentspannung ist hoch, ohne dass der Wirkmechanismus vollständig geklärt ist. Besonders effektiv ist die progressive Muskelentspannung zur Behandlung von essenzieller Hypertonie und von Spannungskopfschmerz (Hamm, 2004).

Körperorientierung

Bei der Methode spannt und entspannt man nacheinander die einzelnen Bereiche der Skelettmuskulatur. Die Entspannung wird gelernt, indem man den angespannten mit dem entspannten Zustand der jeweiligen Muskelgruppe vergleicht. Zunächst spannt man nur leicht an, achtet auf die Empfindungen und lässt dann wieder locker und achtet wieder auf die Empfindungen. Beim Nachlassen der Entspannung spürt man den Unterschied in Form von Müdigkeit, Wärme, Schwere. Eine konkrete Übung zum selbstständigen Entspannen folgt. Lassen Sie sich den Text beispielsweise von einer anderen Person vorlesen. Sehr hilfreich sind auch besprochene und mit Musik untermalte Kassetten oder Compact Discs.

Wirkmechanismus

Zur körperlichen Wirkung: Während der Anspannung wird Blut aus den Gefäßen in die Muskeln gepresst. Bei der Entspannung erweitern sich die Gefäße stärker als vor der Anspannung und füllen sich wieder mit Blut. Durch diesen Pumpvorgang und die Erweiterung der Blutgefäße fließt mehr Blut in die Muskulatur. Wenn vermehrt Blut in Arme und Beine fließt, wird das oft als Schwere wahrgenommen. Das in den erweiterten Blutgefäßen benötigte Blut kommt mit 37° C aus dem Körperinnern, gelangt in die gelockerten Muskeln und führt meist zu Wärmegefühlen. Dieser Entspannungszustand wird als Kribbeln oder Fließen erlebt.

Kontraindikation

Es gibt nur wenige Fälle, in denen die progressive Muskelentspannung kontraindiziert ist:

- Migräne während der Akutphase, da die Entspannung eine weitere Dilatation bewirkt und so die Beschwerden verstärken kann. Außerhalb akuter Migräneanfälle ist die Anwendung der progressiven Muskelentspannung unkritisch.
- Zu niedriger Blutdruck, da Entspannung den Blutdruck weiter senkt.
- Bei Psychotikern ist die Provokation von Wahnvorstellungen möglich.
- Bei bestimmten Formen der Depression ist eine weitere Erschlaffung möglich.

Vorgehen

Nachfolgend wird ein Übungstext zur progressiven Muskelentspannung, das 16-Muskelgruppen-Verfahren, vorgestellt. Dabei werden 16 Muskelgruppen trainiert. Zum Einstieg ist es einfacher, die verschiedenen

4.3 · Langfristige Wirkung

Muskelgruppen separat zu trainieren. Sobald dieses Verfahren einen sicheren Entspannungseffekt hat, im Allgemeinen nach einer Woche regelmäßigen Trainings einmal pro Tag, können Sie nach und nach mehrere Muskelgruppen zusammenfassen. Durch die Zusammenfassung bis auf 4 Muskelgruppen wird das Training sehr kompakt. In 5 bis 10 Minuten haben Sie so eine tiefe Entspannung erreicht. Wenn auch das eine tiefe Entspannungswirkung hat, versuchen Sie, die 4 Muskelgruppen durch Vergegenwärtigung zu entspannen. Das körperliche Anspannen und Entspannen ist dann nicht mehr erforderlich, weil sich der Körper an den Entspannungszustand erinnert. Zur Illustration sind nachfolgend zwei wörtliche Instruktionen für das 16- und das 4-Muskelgruppen-Verfahren dargestellt.

Zum Einüben der Muskelentspannung müssen Sie regelmäßig 20 Minuten pro Tag üben. Mit zunehmender Übung wird die Entspannung immer schneller eintreten. Sie werden von 16 allmählich auf 4 Muskelgruppen reduzieren können. Jede Stufe sollten Sie mindestens eine Woche lang trainieren. Erfahrungsgemäß nimmt die Entspannungstiefe langsam und kontinuierlich zu. Mit zunehmender Übung sinkt die Anfälligkeit für Störungen, Abschweifungen werden seltener und werden schneller kontrolliert. Motivationsprobleme tauchen vor allem dann auf, wenn die entsprechenden Muskelgruppen hinreichend geübt worden sind und sich Langeweile einstellt. Gehen Sie dann zur nächsten Muskelgruppe über.

Zeitaufwand

▣ Übung. »Progressive Muskelentspannung«

Stufe 1 – 16 Muskelgruppen

16 Muskelgruppen

Legen Sie sich so bequem wie möglich hin. Regulieren Sie Ihre Lage, bis Sie bequem und druckfrei liegen und nichts Sie stört. Lockern Sie eng sitzende Kleidung, entfernen Sie Brille, Kontaktlinsen, Gürtel, Schmuck. Ihre Arme sind leicht abgewinkelt, die Handgelenke liegen locker auf, Ihre Beine sind bequem ausgestreckt, die Füße fallen von alleine nach außen.

Schließen Sie die Augen. Halten Sie während der Übungen die Augen geschlossen, um optische Ablenkungen zu vermeiden. Denken Sie an nichts Bestimmtes, lassen Sie Ihre Gedanken los.

Bei jeder der folgenden Übungen kommt es darauf an, Muskelgruppen langsam und kontinuierlich anzuspannen. Dabei wird die Spannung jeweils 5 bis 10 Sekunden gehalten, die Entspannung etwa doppelt so lange; nacheinander werden angespannt und entspannt: Hände und Unterarme, Oberarme, Gesicht, Schultern, Nacken, Rücken, Brust, Bauch, Gesäß, Beine.

▼

◘ Übung. (Forts.)

Schritt 1 – Entspannung der Arme (4 Gruppen)

Ballen Sie die rechte[1] Faust, ballen Sie fest und fester, und beobachten Sie die Spannung. Halten Sie die Faust geballt, und fühlen Sie die Spannung in der rechten Faust und im Unterarm.

Und nun entspannen Sie sich. Lassen Sie die Finger der rechten Hand locker werden, und beobachten Sie den Unterschied zwischen Spannung und Entspannung.

Noch einmal: Ballen Sie die rechte Faust ganz fest, halten Sie die Faust gespannt, und beobachten Sie die Spannung.

Nun lassen Sie los, entspannen Sie sich. Die Finger strecken sich wieder, entspannen Sie die ganze Hand. Konzentrieren Sie sich auf die Empfindungen in den Muskeln, während Sie immer lockerer werden.

Nun machen Sie das Gleiche mit der linken Faust. Ballen Sie nun die linke Faust, ballen Sie fest und fester, und beobachten Sie die Spannung. Halten Sie die Faust geballt, und fühlen Sie die Spannung in der linken Faust und im Unterarm.

Und nun entspannen Sie sich. Lassen Sie die Finger der linken Hand locker werden, und beobachten Sie den unterschiedlichen Eindruck. Lassen Sie locker, und entspannen Sie sich.

Wiederholen Sie noch einmal. Spannen Sie die linke Faust ganz fest. Halten Sie die Faust gespannt, und achten Sie auf die Spannung.

Und nun entspannen Sie, die Finger der linken Hand strecken sich wieder, entspannen Sie die ganze Hand. Konzentrieren Sie sich auf die Empfindungen in den Muskeln, während Sie immer lockerer werden.

Nun beugen Sie den rechten Ellenbogen und spannen den Oberarm an (Bizeps). Fest und fester spannen, und achten Sie auf die Spannung.

Strecken Sie den Arm aus, entspannen Sie sich, und achten Sie auf den Unterschied. Fühlen Sie, wie sich die Entspannung ausbreitet.

Noch einmal. Spannen Sie den rechten Oberarm an. Halten Sie die Spannung, und achten Sie darauf, wie sich die Spannung anfühlt.

Und nun entspannen Sie. Legen Sie den Arm wieder bequem hin, und lassen Sie ihn ganz locker. Lassen Sie die Entspannung sich ausbreiten und tiefer und tiefer werden. Konzentrieren Sie sich auf die Entspannung im ganzen Arm. Versuchen Sie, den Arm immer weiter zu entspannen.

▼

---

[1] Beginn erfolgt mit dominantem Arm, bei Linkshändern die linke Hand.

4.3 · Langfristige Wirkung

▢ **Übung. (Forts.)**

Nun beugen Sie den linken Ellenbogen und spannen den Oberarm an (Bizeps). Fest und fester spannen, und achten Sie auf die Spannung.

Strecken Sie den Arm jetzt aus, entspannen Sie sich, und achten Sie auf den Unterschied. Fühlen Sie, wie sich die Entspannung ausbreitet.

Noch einmal. Spannen Sie den linken Oberarm an. Halten Sie die Spannung, und achten Sie darauf, wie sich die Spannung anfühlt.

Und nun entspannen Sie. Legen Sie den Arm wieder bequem hin, und lassen Sie ihn ganz locker. Lassen Sie die Entspannung sich ausbreiten und tiefer und tiefer werden. Konzentrieren Sie sich auf die Entspannung im ganzen Arm. Versuchen Sie, den Arm immer weiter zu entspannen.

Nun strecken Sie beide Arme aus, drücken Sie so fest auf die Unterlage, dass Sie eine große Spannung an der Rückseite der Oberarme spüren. Fühlen Sie die Spannung.

Und wieder entspannen. Arme bequem hinlegen. Lassen Sie die Entspannung sich weiter ausbreiten. Achten Sie auf den Unterschied zwischen Anspannung und Entspannung.

Strecken Sie die Arme wieder aus, drücken Sie so fest auf die Unterlage, dass Sie eine große Spannung an der Rückseite der Oberarme spüren. Fühlen Sie die Spannung.

Und entspannen Sie wieder. Konzentrieren Sie sich auf die Entspannung in den Armen. Legen Sie die Arme ganz bequem hin, und entspannen Sie weiter und weiter. Achten Sie nur noch auf die Entspannung.

Schritt 2 – Entspannung des Gesichts und des Nackens (4 Gruppen)
Wir kommen zu Gesicht und Nacken. Halten Sie die Augen weiter geschlossen, und spüren Sie die Entspannung. Fühlen Sie, wie es ist, wenn die Muskeln sich mehr und mehr entspannen.

Runzeln Sie die Stirn, ziehen Sie die Stirnmuskeln fest nach oben. Es entstehen Falten auf der Stirn. Runzeln Sie immer fester. Halten Sie die Spannung.

Entspannen Sie die Stirn, lassen Sie die Stirn locker und glatt werden. Achten Sie darauf, wie sie sich im Vergleich zu eben anfühlt. Fühlen Sie, wie die Stirn immer lockerer wird. Die Stirnhaut wird locker und entspannt.

Und noch einmal. Runzeln Sie die Stirn, spüren Sie die Spannung in der Stirn. Halten Sie die Spannung.

Und noch einmal. Runzeln Sie die Stirn, spüren Sie die Spannung in der Stirn. Halten Sie die Spannung.

▼

◻ Übung. (Forts.)

Und nun entspannen Sie wieder. Lassen Sie die Stirnhaut locker und glatt werden. Achten Sie darauf, wie sie sich im Vergleich zu vorher anfühlt. Fühlen Sie, wie die Stirn immer lockerer wird. Die gesamte Kopfhaut wird locker und entspannt.

Nun kneifen Sie die Augen zusammen und rümpfen die Nase. Fühlen Sie die Spannung in den Augen und in der Nase.

Und nun entspannen Sie wieder. Lassen Sie die Augenpartie und die Nase ganz locker werden. Halten Sie die Augen ruhig und bequem geschlossen, und konzentrieren Sie sich auf das Gefühl der Entspannung.

Und noch einmal. Kneifen Sie nun die Augen fest zusammen, und rümpfen Sie die Nase. Fühlen Sie die Spannung.

Und entspannen Sie. Lassen Sie die Spannung weichen und die Entspannung sich ausbreiten. Spüren Sie die Entspannung in den Augen und in der Nase. Halten Sie die Augen ruhig und bequem geschlossen. Konzentrieren Sie sich auf das Gefühl der Entspannung.

Nun beißen Sie die Zähne fest zusammen, spannen Sie die Kiefermuskeln, ziehen Sie die Mundwinkel nach hinten, und pressen Sie die Zunge fest gegen den Gaumen. Spüren Sie die Spannung.

Und nun lassen Sie los. Entspannen Sie die Kiefermuskeln, lassen Sie den Kiefer fallen und die Zunge locker werden. Lassen Sie die Entspannung sich ausbreiten, versuchen Sie, alle Muskeln zu lockern.

Und noch einmal. Fest zubeißen, die Mundwinkel nach hinten ziehen und die Zunge fest gegen den Gaumen pressen. Spüren Sie die Spannung.

Entspannen Sie wieder. Lassen Sie die Spannung weichen, spüren Sie die Entspannung in den Gesichtsmuskeln: in der Stirn, den Augen, der Nase, im Mund und Kiefer. Lassen Sie die Entspannung tiefer und tiefer werden.

Nun beobachten Sie die Nackenmuskeln. Drücken Sie den Kopf fest auf die Unterlage, und fühlen Sie die Spannung. Drücken Sie ganz fest. Konzentrieren Sie sich auf die Spannung.

Und entspannen Sie. Lassen Sie die Nackenmuskeln ganz locker werden und die Entspannung sich ausdehnen. Spüren Sie die Entspannung im Nacken.

Beobachten Sie noch mal die Nackenmuskeln. Drücken Sie den Kopf fest auf die Unterlage, und fühlen Sie die Spannung. Drücken Sie ganz fest. Spüren Sie die Spannung.

Und entspannen Sie. Lassen Sie die Nackenmuskeln ganz locker werden und die Entspannung sich ausdehnen. Spüren Sie die Entspannung im Nacken.

▼

4.3 · Langfristige Wirkung

▶ **Übung.** (Forts.)

Beobachten Sie nun die Halsmuskeln. Richten Sie den Kopf auf, drücken Sie das Kinn gegen die Brust. Und halten Sie die Spannung.

Und lassen Sie los. Entspannen Sie die Halsmuskulatur. Lassen Sie ganz los. Spüren Sie, wie die Entspannung sich ausweitet und tiefer und tiefer wird.

Beobachten Sie noch mal die Halsmuskeln. Richten Sie den Kopf auf, drücken Sie das Kinn gegen die Brust. Und halten Sie die Spannung.

Und lassen Sie los. Entspannen Sie die Halsmuskulatur. Lassen Sie ganz los. Spüren Sie, wie die Entspannung sich immer mehr ausweitet.

Schritt 3 – Entspannung der Schultern, der Brust, des Rückens, des Bauchs und des Gesäßes (2 Gruppen)
Wir kommen zu Schultern und Rumpf. Atmen Sie leicht und ruhig. Atmen Sie ein und langsam aus. Konzentrieren Sie sich auf die Ausatmung.

Drücken Sie die Schultern auf die Unterlage, spüren Sie die Spannung in den Schultern, halten Sie ganz fest.

Nun entspannen Sie die Schultern wieder. Lassen Sie die Schultern ganz locker werden, atmen Sie leicht und ruhig. Konzentrieren Sie sich auf die Ausatmung, atmen Sie ein und langsam aus.

Nun machen Sie ein Hohlkreuz, spannen Sie das Gesäß an, drücken Sie die Schultern auf die Unterlage, und fühlen Sie die Spannung im Rücken.

Lassen Sie los. Entspannen Sie die Schultern, den Rücken, das Kreuz und das Gesäß. Atmen Sie leicht und ruhig. Atmen Sie ein und langsam aus, und konzentrieren Sie sich auf die Ausatmung.

Nun machen Sie einen Rundrücken, ziehen Sie die Schultern nach vorne, den Bauch nach innen, und spannen Sie das Gesäß an. Halten Sie die Spannung.

Und nun entspannen Sie wieder. Lassen Sie alles locker werden: Schultern, Brust, Bauch, Gesäß, Kreuz und Rücken. Atmen Sie leicht und ruhig. Konzentrieren Sie sich auf die Empfindungen, die Sie beim Ausatmen wahrnehmen, und lassen Sie die Entspannung tiefer und tiefer werden und sich immer mehr ausbreiten.

Schritt 4 – Entspannung der Beine (6 Gruppen)
Wir kommen nun zu den Beinen[2].

Beobachten Sie nun das rechte Bein. Spannen Sie den Oberschenkel an, spannen Sie ihn ganz fest, und fühlen Sie die Spannung.

▼

---

[2] Zuerst das dominante Bein.

◘ Übung. (Forts.)

Und lassen Sie los. Lassen Sie die Muskeln im Oberschenkel locker werden, und spüren Sie, wie die Entspannung sich ausbreitet.

Noch einmal: Spannen Sie den rechten Oberschenkel fest an, halten Sie die Spannung, spüren Sie die Spannung.

Nun entspannen Sie wieder. Spüren Sie, wie es ist, wenn die Muskeln locker werden, und versuchen Sie, die Entspannung tiefer und tiefer werden zu lassen.

Beobachten Sie das linke Bein. Spannen Sie den Oberschenkel an, spannen Sie ihn ganz fest, und fühlen Sie die Spannung.

Und lassen Sie los. Lassen Sie die Muskeln im Oberschenkel locker werden, und spüren Sie, wie die Entspannung sich ausbreitet.

Nun noch einmal: Spannen Sie den linken Oberschenkel fest an, halten Sie die Spannung, spüren Sie die Spannung.

Und entspannen Sie wieder. Spüren Sie, wie es ist, wenn die Muskeln locker werden, und versuchen Sie, die Entspannung tiefer und tiefer werden zu lassen.

Nun ziehen Sie beide Füße in Richtung Gesicht, und spüren Sie die Spannung in den Schienbeinen und in den Zehen.

Und entspannen Sie. Entspannen Sie die Füße und Waden, lassen Sie die Beine ganz locker werden.

Und noch einmal: Ziehen Sie die Füße in Richtung Gesicht, spüren Sie die Spannung in den Schienbeinen und in den Zehen.

Und entspannen Sie wieder. Entspannen Sie Ihre Füße, die Schienbeine und die Oberschenkel. Lassen Sie alle Spannung raus, und konzentrieren Sie sich auf die Entspannung in den Beinen.

Nun strecken Sie die Füße, drehen Sie die Füße nach innen und beugen die Zehen, spüren Sie die Spannung.

Und lassen Sie los. Entspannen Sie Waden, Knöchel und Zehen. Lassen Sie die Entspannung sich ausbreiten und die Muskeln immer lockerer werden.

Und noch einmal: Strecken Sie die Füße, drehen Sie sie nach innen, und beugen Sie die Zehen. Fühlen Sie die Spannung in den Waden.

Und entspannen Sie wieder. Entspannen Sie beide Beine: Füße, Unterschenkel, Knie und Oberschenkel. Fühlen Sie, wie es ist, wenn diese Muskeln sich immer mehr entspannen. Und entspannen Sie weiter und weiter. Lassen Sie die Entspannung immer tiefer werden.

▼

4.3 · Langfristige Wirkung

> ◼ **Übung. (Forts.)**

Schritt 5 – Abschlussphase

Atmen Sie leicht und ruhig weiter. Konzentrieren Sie sich auf die Ausatmung. Fühlen Sie die Entspannung im ganzen Körper: In den Füßen, in den Beinen, im Gesäß, in Rücken und Bauch, in den Händen und Armen, in den Schultern, im Nacken, im Kopf und Gesicht. Entspannen Sie weiter und weiter. Halten Sie die Augen geschlossen, atmen Sie ein und dann ganz langsam aus. Achten Sie auf die Entspannung.

Sie haben keine Lust, auch nur einen Muskel Ihres Körpers zu bewegen. Denken Sie an die große Mühe, die es bereiten würde, wenn Sie den rechten Arm heben wollten. Lassen Sie den Arm weiter entspannt. Beobachten Sie die Ruhe und das Verschwinden jeglicher Spannung.

Wenn Sie den Wunsch haben, die Entspannung zurückzunehmen, zählen Sie bei geschlossenen Augen rückwärts von 4 bis 1:

– Bei 4 bewegen Sie die Füße und Beine.
– Bei 3 Hände und Arme.
– Bei 2 Kopf und Hals.
– Bei 1 öffnen Sie die Augen.

Wenn Sie mit dem 16-Muskelgruppen-Verfahren gut klarkommen, fassen Sie allmählich einzelne Muskelgruppen zusammen, bis Sie nur noch 4 Muskelgruppen an- und entspannen.

Stufe 2 – 4 Muskelgruppen

Legen Sie sich so bequem wie möglich hin. Entspannen Sie sich, so gut es geht. Schließen Sie die Augen. Rücken Sie sich so lange zurecht, bis Sie wirklich bequem liegen. Regulieren Sie, was Sie stören könnte an Ihrer Lage oder an Ihrer Kleidung. Halten Sie die Augen geschlossen.

Schritt 1 – Entspannung der Arme (1 Gruppe)

Spannen Sie beide Arme an, ballen Sie die Hände zur Faust, und beugen Sie die Ellenbogen. Spüren Sie die Spannung in den Armen.

Und nun entspannen Sie. Ihre Finger strecken sich wieder, entspannen Sie die Hände, die Unterarme und die Oberarme. Lassen Sie beide Arme ganz locker werden.

Spannen Sie beide Arme noch einmal an, ballen Sie die Hände zur Faust, und strecken Sie die Arme aus, so dass Sie eine große Spannung an der Rückseite der Oberarme spüren.

Und entspannen Sie wieder. Legen Sie die Arme wieder bequem hin. Konzentrieren Sie sich auf die Entspannung in den Armen. Versuchen Sie, die Arme immer weiter zu entspannen und immer lockerer werden zu lassen.

▼

4 Muskelgruppen

◗ Übung. (Forts.)

Schritt 2 – Entspannung des Gesichts und des Nackens (1 Gruppe)
Wir kommen zu Gesicht und Nacken.

Wenn ich gleich sage »Gesicht und Nacken anspannen!«, heißt das: Stirn runzeln, Augen fest schließen, Nase rümpfen, Zähne aufeinander beißen, Mundwinkel nach hinten ziehen, Zunge fest gegen den Gaumen pressen und den Kopf auf die Unterlage drücken. Spannen Sie jetzt Gesicht und Nacken an.

Und lassen Sie los. Entspannen Sie die Stirn, lassen Sie die Stirnhaut locker und glatt werden. Entspannen Sie die Augenpartie und die Nase. Entspannen Sie die Kiefermuskeln, lassen Sie den Kiefer fallen und die Zunge wieder locker werden. Entspannen Sie den Nacken, lassen Sie die Entspannung sich ausbreiten, und versuchen Sie, alle Muskeln zu lockern.

Spannen Sie das Gesicht noch einmal an, und richten Sie den Kopf auf. Und halten Sie die Spannung fest. Achten Sie auf die Spannung.

Und entspannen Sie. Lassen Sie die Spannung raus. Spüren Sie, ob alle Muskeln entspannt sind: Stirn, Augen, Nase, Mund, Zunge und Kiefer, Nacken und Halsmuskeln.

Schritt 3 – Entspannung der Schultern, der Brust, des Rückens, des Bauchs und des Gesäßes (1 Gruppe)
Wir kommen zu Schultern und Rumpf. Atmen Sie leicht und ruhig. Atmen Sie ein und langsam aus. Konzentrieren Sie sich auf die Ausatmung.

Drücken Sie die Schultern auf die Unterlage, machen Sie ein Hohlkreuz, spannen Sie das Gesäß an. Und halten Sie die Spannung. Spüren Sie die Spannung.

Nun lassen Sie los. Entspannen Sie die Schultern, den Rücken, das Kreuz und das Gesäß. Atmen Sie leicht und ruhig. Atmen Sie ein und langsam aus. Konzentrieren Sie sich auf die Ausatmung.

Ziehen Sie nun die Schultern nach vorne, Bauch nach innen, machen Sie einen Rundrücken, und spannen Sie das Gesäß an. Halten Sie die Spannung fest, und achten Sie auf die Spannung in den Muskeln.

Nun entspannen Sie. Lassen Sie alles locker werden: Schultern, Brust, Bauch, Gesäß, Kreuz und Rücken. Atmen Sie leicht und ruhig. Atmen Sie ein und langsam aus. Konzentrieren Sie sich auf das Ausatmen, und lassen Sie die Entspannung tiefer und tiefer werden.

Schritt 4 – Entspannung der Beine (1 Gruppe)
Wir kommen nun zu den Beinen.

Spannen Sie beide Beine an. Drücken Sie die Knie auf die Unterlage, und ziehen Sie Zehen und Füße in Richtung Gesicht hoch. Fühlen Sie die Spannung.

▼

4.3 · Langfristige Wirkung

> **◻ Übung.** (Forts.)
>
> Und entspannen Sie, entspannen Sie Zehen, Füße, Unterschenkel und Oberschenkel. Spüren Sie, wie die Entspannung sich ausbreitet und tiefer und tiefer wird.
>
> Spannen Sie beide Beine noch einmal an. Drücken Sie die Knie auf die Unterlage, strecken Sie die Füße, beugen Sie die Zehen, und drehen Sie sie nach innen. Halten Sie die Spannung.
>
> Und entspannen Sie. Entspannen Sie die Beine, Zehen, Füße, Unterschenkel und Oberschenkel. Fühlen Sie, wie es ist, wenn die Muskeln sich immer mehr entspannen. Und entspannen Sie weiter und weiter.
>
> **Schritt 5 – Abschlussphase**
> Atmen Sie tief und ruhig weiter. Konzentrieren Sie sich auf die Ausatmung. Fühlen Sie die Entspannung im ganzen Körper: in den Füßen, in den Beinen, im Gesäß, in Rücken und Bauch, in den Händen und Armen, in den Schultern, im Nacken, im Kopf und Gesicht. Entspannen Sie weiter und weiter. Halten Sie die Augen geschlossen, atmen Sie ein und dann ganz langsam aus. Achten Sie auf die Entspannung.
>
> Wenn Sie den Wunsch haben, die Entspannung zurückzunehmen, zählen Sie bei geschlossenen Augen rückwärts von 4 bis 1:
>
> - Bei 4 bewegen Sie die Füße und Beine.
> - Bei 3 Hände und Arme.
> - Bei 2 Kopf und Hals.
> - Bei 1 öffnen Sie die Augen.

Autogenes Training

Entspannungsverfahren 2

Autogenes Training ist eine Technik der konzentrativen Selbstentspannung. Durch Autosuggestion beeinflusst man das vegetative System. Man konzentriert sich mithilfe formelhafter Sätze wie zum Beispiel »Mein rechter Arm ist ganz schwer« auf den beschriebenen Zustand, bis sich der Arm tatsächlich schwer anfühlt. Auf der Wirkung von Gebetsformeln beruhen die Riten verschiedener Religionen. Die körperliche Entspannung zieht eine psychische Entspannung und Erholung nach sich (Krampen, 1996). Im Verlauf der Übungen wird es immer leichter, mithilfe der Formelsätze den erwünschten Zustand zu erreichen.

Mentalorientierung

Kontraindikationen sind Asthmaanfall, akutes Muskelrheuma, akute Athritiden, akute Migräne, schwere Herz-Kreislauf-Erkrankungen, und einige psychische Störungen, beispielsweise Zwangsstörungen und bestimmte Formen der Schizophrenie (Vaitl, 2004b).

Kontraindikation

Suggestion ist ein Vorgang, dem wir häufig ausgesetzt sind. Beim Betrachten eines Films weinen wir aus Mitgefühl, verfolgen mit Herzklopfen einen Thriller oder sind über den Ausgang einer Geschichte enttäuscht. Intensive Vorstellungen lösen Gefühle und vegetative Funktionen aus, zum Beispiel Herzklopfen oder Tränen. Das von Schultz ent-

Wirkmechanismus

wickelte autogene Training setzt auf der vegetativen Ebene an (Schultz, 1932). Durch autogenes Training wird das vegetative Nervensystem beeinflusst. Die Belastbarkeit wird erhöht, bestehende Anspannungs- und Erregungszustände werden reduziert.

Vorgehen

Autogenes Training ist eine wirksame Methode zum Stressabbau. Allerdings ist der Übungsaufwand bis zu den ersten Erfolgserlebnissen im Vergleich zur progressiven Muskelentspannung höher. Als Faustregel gilt: Die Grundstufe des autogenen Trainings kann mit einem Übungsaufwand von einer halben Stunde pro Tag in 2 bis 3 Monaten erlernt werden. Wichtig ist auch, dass man die Entspannungseffekte nicht erzwingen kann. Entspannung erfordert eine Grundeinstellung ohne Leistungsdruck (Krampen, 1996). Mit der Einstellung »Ich muss jetzt unbedingt entspannen« kann sich keine Entspannung einstellen. Hilfreich ist es, immer wieder zu denselben Zeiten zu üben, so zum Beispiel (Langen, 2002) nach dem Aufwachen, in der Mittagspause oder vor dem Einschlafen. Sehr hilfreich sind besprochene und mit Musik untermalte Compact Discs.

Während der Übung passt sich der Kreislauf dem entspannten Ruhezustand des Körpers an. Vermeiden Sie daher das Aufstehen direkt aus der Entspannung, es könnte Ihnen schwindlig werden, und Sie könnten stürzen. Sofern Sie das autogene Training nicht als Einschlafhilfe verwenden, ist es sinnvoll, die Übung durch tiefes Ein- und Ausatmen und mehrfaches Beugen und Strecken der Arme zurückzunehmen.

Übung

Zur Durchführung des autogenen Trainings legen Sie sich hin oder setzen sich in der so genannten Droschkenkutscherhaltung auf einen Stuhl. Diese Sitzhaltung hat sich der Begründer des autogenen Trainings von den Droschkenkutschern im Berlin der Jahrhundertwende abgeschaut (Krampen, 1996). Nach Krampen (1998) ist die sitzende Haltung dem Liegen vorzuziehen, da sie im Alltag leichter eingenommen werden kann und das Einschlafen weniger begünstigt als das Liegen (Vaitl, 2004b). Entspannungseffekte werden allerdings im Liegen meist schneller erreicht.

Für die Droschkenkutscherhaltung ist ein Stuhl notwendig, bei dem die Füße beim normalen Sitzen flach auf dem Fußboden stehen. Korrigieren Sie Ihre Kleidung, bis Sie nichts mehr drückt oder stört.

Entspannungsverfahren 3

Atemtechnik

Atementspannung ist leichter lernbar als das autogene Training. Entspannungszustände können auch von Menschen ohne Vorerfahrung beim ersten Üben erlebt werden. Durch die schnellen Anfangserfolge wird man eher als beim autogenen Training zum Üben motiviert (Olschewski, 1995b).

Wirkmechanismus

Den Grad der Anspannung eines Menschen erkennt man auch an seiner Atmung. Im entspannten Zustand ist die Atmung langsam und rhythmisch. Bei Anspannung ist sie schnell und flach. Das Zwerchfell

4.3 · Langfristige Wirkung

◼ Übung. »Autogenes Training« (Krampen, 1996)

Im Einzelnen[3]:

- Stellung der Beine: Normal auf den Stuhl setzen, Beine auseinander stellen, Unter- und Oberschenkel bilden einen rechten Winkel, die Füße stehen flach auf dem Boden.
- Oberkörper und Arme: Mit dem Oberkörper ganz gerade hinsetzen, die Arme seitlich hängen und leicht pendeln lassen.
- In sich zusammensinken: Den Oberkörper leicht und langsam (nach vorne) einknicken und die Augen schließen.
- Mit dem Oberkörper pendeln und den Ruhepunkt finden: Mit hängenden Armen und geschlossenen Augen pendelt man leicht mit dem Oberkörper und sucht den Ruhepunkt über der Körperachse. Die Ruhepunkthaltung behält man bei.
- Arme auf die Oberschenkel: Man legt die Unterarme so auf die Oberschenkel, dass sich weder die Hände berühren, noch die Handflächen die Oberschenkel berühren. Die Hände sind leicht geöffnet.

Halten Sie die Augen geschlossen, und lösen Sie sich von den Belastungen des Alltags. Denken Sie an nichts Bestimmtes. Gedanken und Geräusche sind Ihnen vollkommen gleichgültig. Genießen Sie einfach den ungestörten Zustand, und gehen Sie in Gedanken ganz in Ihren Körper hinein. Die folgenden Formelsätze sollen wiederholt innerlich gesprochen werden. Die Konzentration auf die jeweilige Formel soll ein bis zwei Minuten anhalten, dann gehen Sie zur nächsten Formel über. Sie können sich die Formel auch bildlich vorstellen. Sagen Sie nun nacheinander mehrmals langsam in Gedanken:

- Ich bin ganz ruhig – Ruhe.
- Der rechte[4] Arm ist schwer – Schwere.
- Der rechte Arm ist warm – Wärme.
- Die Atmung ist ruhig. Es atmet mich.
- Das Herz schlägt ruhig und gleichmäßig.
- Der Körper ist strömend warm.
- Die Stirn ist angenehm kühl.

Zum Zurücknehmen der Übung atmen Sie tief ein und aus, beugen und strecken Sie Arme und Beine, und öffnen Sie die Augen.

---

[3] Durch die Übung dürfen keine Muskelschmerzen entstehen. Haben Sie Probleme während der Übung, korrigieren Sie Ihre Haltung, ohne die Übung zu unterbrechen.

[4] Jeweils der dominante Arm. Bei Rechtshändern der rechte Arm, bei Linkshändern der linke Arm.

ist der Muskel, der die Grenze zwischen Bauchhöhle und Brustkorb bildet. Beim Einatmen sollte sich das Zwerchfell zusammenziehen und abwärts bewegen, die Bauchdecke sich dabei nach vorne wölben. Im Brustraum entsteht ein Sog, dadurch entfalten sich die Lungen, man atmet ein, so genannte Bauch-Zwerchfell-Atmung. Bei der Brustatmung werden die Rippen nach oben gezogen und voneinander entfernt. Dadurch vergrößert sich der Brustraum, es entsteht Unterdruck, der zum Einatmen führt. Beim Ausatmen entspannt sich das Zwerchfell. Damit wird verbrauchte Luft aus den Lungen gepresst. Ein Zusammenziehen der Rippen unterstützt diesen Prozess (Wagner-Link, 1996).

Übungen

Bei verkrampfter Atmung arbeitet der Körper nicht effizient. Falsche Atmung fördert das Hyperventilationssyndrom und führen zur Atemnot durch zu starkes Einatmen. Unvollständige Atmung führt zu der gepressten, resonanzarmen Sprache, die man bei aufgeregten Rednern und Vortragenden beobachten kann. Richtiges Atmen kann durch regelmäßige und einfache Übungen erlernt werden. Ruhige Atmung entspannt. Nachfolgend werden zwei Atemübungen mit aufsteigendem Schwierigkeitsgrad vorgestellt. Für beide Übungen gilt:

- Raum vorher gut lüften.
- Lockere, nicht einengende Kleidung tragen.
- Rückenlage mit leicht angewinkelten Beinen einnehmen.
- Vor Beginn der ◘ Übungen Muskeln lockern und entspannen.

◘ Übung. Atmung mit Wortwiederholung (modifiziert nach Wagner-Link, 1996)

Die Atmung mit Wortwiederholung ist einfach zu lernen und eignet sich besonders als Einstieg:
- Einatmen: Atmen Sie durch die Nase ein.
- Ausatmen: Atmen Sie durch die Nase langsam und konzentriert aus. Sprechen Sie dabei in Gedanken langsam ein zweisilbiges Wort, zum Beispiel »Ruhe«. Wiederholen Sie die Übung beliebig oft.

Wichtig: Atmen Sie so schnell oder langsam, wie es für Sie angenehm ist.

◘ Übung. Dreistufige Atmung (modifiziert nach Wagner-Link, 1996)

Wiederholen Sie jede der folgenden Übungen fünf- bis zehnmal.

1. Schlüsselbeinatmung
- Einatmen: Legen Sie die Hände auf den oberen Teil des Brustkorbs, atmen Sie aus, und atmen Sie dann langsam ein, so dass sich der Brustkorb leicht hebt.
- Ausatmen: Beim Ausatmen achten Sie darauf, dass die gesamte Luft ausströmt, um genug Raum für frische Luft zu schaffen. Die Hände bleiben dabei passiv, sie liegen einfach auf der Brust und fühlen das Heben und Senken der Brust.

▼

4.3 · Langfristige Wirkung

> **⏻ Übung.** (Forts.)
>
> 2. Brustatmung
> – Einatmen: Atmen Sie normal aus. Legen Sie die Hände beiderseits des
>   Brustbeins auf die unteren Rippen, so dass sich die Fingerspitzen fast be-
>   rühren. Beim Einatmen fühlen Sie, wie sich die Rippen weit nach außen
>   dehnen und die Hände voneinander entfernen.
> – Ausatmen: Beim Ausatmen nähern sich die Fingerspitzen wieder an.
>
> 3. Bauchatmung
> – Einatmen: Legen Sie jetzt die Hände in die Höhe des Nabels auf den
>   Bauch. Atmen Sie zunächst aus. Beim Einatmen hebt sich der Bauch und
>   damit senkt sich das Zwerchfell, und die unteren Lungenlappen füllen
>   sich mit Luft. Die Hände werden dadurch nach oben gedrückt.
> – Ausatmen: Beim Ausatmen kehrt das Zwerchfell in seine kuppelförmige
>   Position zurück. Der Bauch wird flach, und die Hände kommen in ihre
>   Ausgangslage zurück.

Musik zur Entspannung

Entspannungsverfahren 4

Mit Musik kann man Entspannungsverfahren untermalen, man kann
Musik aber auch alleine zur Entspannung einsetzen. Als sehr angenehm
wird von vielen folgenden Kombination empfunden:

- Entspannungsverfahren, zum Beispiel progressive Muskelentspannung, durchführen,
- zum Abschluss und Ausklang Entspannungsmusik auflegen.

Geeignet sind ruhige Musikstücke mit gleichbleibender Geschwindigkeit. Es sind Stücke mit 60 bis 70 Takten pro Minute, die Musikrich-
tung spielt keine Rolle. Gehen Sie in ein Musikgeschäft, meist gibt es
eine Sparte Entspannungsmusik. Probieren Sie aus, was Ihnen gefällt.
Die Musik muss Sie emotional ansprechen.

4.3.7 Lebensstil

Nach Decker (1999) verursacht ein ungesunder Lebensstil rund 50 Prozent der Todesfälle in westlichen Industrieländern wie Deutschland. Neben den bereits erwähnten Bereichen Tabak und Alkohol sind auch Bewegung, Ernährung und Schlaf besonders relevant.

In der Menschheitsgeschichte war Leben mit körperlicher Anstrengung verbunden. Von den Jägern und Sammlern über die Ackerbau-
er und Viehzüchter bis zu den Industriearbeitern des 19. Jahrhunderts
musste der überwiegende Teil der Menschen körperlich hart für den Le-
bensunterhalt arbeiten. Unser Organismus ist auf körperliche Aktivität
eingestellt; je weniger man sich sportlich betätigt, desto größer ist das Risiko einer koronaren Herzkrankheit. Körperlich nicht aktive Menschen

Risikofaktor
Bewegungsmangel

haben ein bis 8,5fach erhöhtes Erkrankungsrisiko (Gehring & Klein, 2002). Der Mensch ist keine Maschine. Bei einem Auto verlängert Schonung die Lebensdauer, bei einem Menschen nicht: Nur wer sich kontinuierlich belastet und seinen Organismus regelmäßig fordert, bleibt gesund und leistungsfähig. Ausreichende und ausgeglichene körperliche Aktivität ist eine zentrale Vorraussetzung für Gesundheit. Allerdings kann man gesundheitliches Fehlverhalten wie Rauchen durch Sport nicht ausgleichen. Rauchen ist und bleibt ungesund. Rauchen und Bewegungsmangel in Kombination ist noch ungesunder.

Bewegen hilft

Die Bewegungsarmut unserer Lebensweise lässt den Organismus erschlaffen. Wie viel und welcher Sport für eine Person geeignet ist, muss man individuell entscheiden. Für einen normalgewichtigen Gesunden ist Körpertraining mindestens ein-, besser dreimal die Woche förderlich für Gesundheit, Fitness und Wohlbefinden. Sport verbessert die physische und psychische Stressresistenz, denn körperliche Anstrengung verbraucht durch Stressreaktionen bereitgestellte Nährstoffe. Stoffwechselprodukte werden schneller abgebaut, Adrenalin und Noradrenalin sowie Fettsäuren werden verbraucht. Überflüssiges Fett wird abgebaut. Durch den Trainingseffekt nimmt die Belastbarkeit zu, und die Gesamtverfassung verbessert sich (Wagner-Link, 1996).

Fitness steigern

Fitnessprogramme sind besonders geeignet, die Stressresistenz zu verbessern. Sie sollten allerdings nicht zu Unlustgefühlen führen, beispielsweise, dass man sie als lästige Pflicht empfindet oder immer erst den »inneren Schweinehund« überwinden muss, um sie zu absolvieren. Je nach Neigung ist es dann sinnvoller, zweimal die Woche mit Spaß Squash zu spielen, als sich mit schlechter Laune in einem Fitnesscenter oder auf dem Heimtrainer im eigenen Keller zu quälen. Ein regelmäßiges Ausdauertraining führt zu einer Verbesserung der Herz-Kreislauf-Leistung, der Blutversorgung des Herzens, verbesserten Blutfettwerten, Verbesserung des Zuckerstoffwechsels, Senkung eines überhöhten Blutdrucks und zum Abbau von Übergewicht. Sport hilft nicht, wenn Stressmuster von Beruf oder Familie in den Sport hineingetragen werden. Einstellungen wie: »Den muss ich im Tennis fertig machen« oder »Ich darf mir beim Fußball keine Blöße geben«, bauen Stress auf, nicht ab. Bevor Sie mit der Wiederaufnahme von Sport beginnen, sollten Sie folgende Hinweise bedenken (Gehring & Klein, 2002):

- Ziele sollen sein: Freude und Entspannung, soziale Kontakte aufbauen, gesunde Sportarten ausüben. Dabei wirkt regelmäßige Bewegung stimmungsaufhellend. Selbst wer müde aufbricht, kehrt meist zufrieden zurück.
- Sportliche Aktivitäten werden in fünf Hauptbeanspruchungsformen unterteilt: Ausdauer, Kraft, Beweglichkeit, Koordination, Schnelligkeit. Den stärksten Effekt auf das Herz-Kreislauf-System haben Ausdauerbelastungen.

4.3 · Langfristige Wirkung

- Gut geeignete Aktivitäten sind: Spazieren gehen, Wandern und mit Einschränkungen Bergwandern, Laufen, Rad fahren, Skilanglauf, Gymnastik, Golf, Tanzen. Weniger geeignet sind Alpinski, Surfen, Squash. Generell ist es sinnvoll, möglichst viele Muskelgruppen zu beanspruchen. Skilanglauf ist insofern geeigneter als Rad fahren, bei dem Arme und Oberkörper nur wenig belastet werden.

Für das Wandern spricht beispielsweise, dass es eine kontinuierliche Belastung mit niedriger oder mittlerer Intensität ist. Gerade für untrainierte, übergewichtige und ältere Menschen ist Wandern der ideale Einstiegssport. Vor allem sollten Sie es nicht übertreiben. Gerade A-Typen sind versucht, sich nach Jahren der Sportabstinenz mit voller Energie auf eine Sportart zu stürzen. Beim Laufen sollten Sie sich problemlos mit einem Partner unterhalten können. Bei körperlich Untrainierten soll der Trainingspulsschlag während der Bewegung den Wert »170 minus Lebensalter« nicht übersteigen, wenn Sie trainierter sind, gilt die Faustregel »180 minus Lebensalter«. Der Maximalpuls sollte nicht höher als »220 minus Lebensalter« liegen. Der Puls eines 50-Jährigen sollte somit keinesfalls 170 übersteigen. Achten Sie auf Warnsignale Ihres Körpers, weniger und regelmäßig ist sinnvoller als viel und geballt. Häufige Muskelverspannungen nach der sportlichen Betätigung sind ein Warnsignal von Veränderungen des Bewegungsapparates. Sie gehen den anatomischen Veränderungen oft um Jahre voraus. Viele ernsthafte orthopädische und neurologische Erkrankungen lassen sich vermeiden, wenn man Muskelverspannungen rechtzeitig erkennt und behandelt (BZgA, 1999). Suchen Sie in solchen Fällen rechtzeitig Ihren Hausarzt oder einen Facharzt für Orthopädie auf.

Maß halten

Neben regelmäßigem Sport hat eine ausgewogene Ernährung einen starken Einfluss auf das Allgemeinbefinden. Neben der Zusammensetzung der Nahrungsmittel ist vor allem wichtig: Essen Sie nur so viel, wie Ihr Körper braucht. Fettreiche Nahrungsmittel mit hoher Energiedichte und wenig Ballaststoffen führen zu immer höherer Kalorienzufuhr. Generell kann man zur Gewichtsabnahme mehr Lebensmittel vom Acker und weniger aus dem Stall empfehlen. Bei ausreichend Ballaststoffen tritt ein Sättigungsgefühl bei geringer Kalorienaufnahme ein. Sehr wichtig zur Kalorienbremse sind die Getränke. So enthalten ein Liter Bier/Cola/Limonade/Saft zwischen 450 und 500 Kalorien, ein Liter Wasser keine Kalorie. Nun zu den Tipps im Detail (BZgA, 1999; Gehring & Klein, 2002):

Ernährung

Faustregeln

- Mehr Ballaststoffe. Pro 100 Gramm enthalten Weizen 10 Gramm, Weizenmehl (Typ 405) 3 Gramm, Weizenspeisekleie 49 und Vollkornreis 4 Gramm Ballaststoffe. Kartoffeln enthalten 2 Gramm, Möhren 3, Weißkohl 3, Grüne Erbsen 5, weiße Bohnen 7,5, Äpfel 2,3, Weintrauben 1,6 und Sultaninen 5,4 Gramm Ballaststoffe.

- Weniger tierische Fette. Tierische Fette enthalten vor allem lang-kettige gesättigte Fettsäuren, die zu einer Erhöhung des schädlichen Cholesterins führen und die Blutgerinnung erhöhen. Pflanzliche Fette enthalten hingegen kein Cholesterin, die ungesättigten Fett-säuren, zum Beispiel im Oliven- oder Sonnenblumenöl, begünsti-gen vielmehr den Cholesterinabbau. Von der Gesamtenergiemen-ge sollten Sie nicht mehr als 30 Prozent in Form von Fett zuführen. Sinnvoll ist die Begrenzung des Verzehrs nicht sichtbarer Fette, die in Wurst, Käse, Kuchen, Süßwaren enthalten sind.
- Mehr Getreideprodukte, Vollkornbrot, Kartoffeln, Gemüse, Reis, Mineralwasser, Tee. Weniger Wein, Bier, Cola, Limonaden, Fette, Öle, Butter, Torten, Süßigkeiten.
- Möglichst frische und einfache Zubereitung von Speisen. Frisches Gemüse statt Dosengemüse, frische statt getrocknete Kräuter.
- Hinsichtlich Alkohol gilt die Faustregel (Gehring & Klein, 2002): für Frauen maximal ein Achtel Wein oder ein kleines Bier oder ein Schnaps oder Drink. Für Männer maximal ein Viertel Wein oder ein halber Liter Bier oder zwei Schnäpse oder Drinks pro Tag.
- Die Mittelmeerkost. Die klassische Mittelmeerkost ist kalorienarm, der Fettanteil beträgt nicht mehr als 30 Prozent und setzt sich über-wiegend aus mehrfach ungesättigten Fetten wie in Nüssen, Sonnen-blumenöl, Distelöl, einfach ungesättigten Fetten vor allem in Oli-venöl und einem deutlich höheren Anteil an Omega-3-Fettsäuren vor allem in Rapsöl und in Salzwasserfisch zusammen. Dazu ge-hören ferner täglich frisches Obst, reichlich Brot, Wurzelgemüse, grünes Gemüse und Fisch. Wegen der positiven Wirkung von Ome-ga-3-Fettsäuren sollte der Speiseplan regelmäßig Fischmahlzeiten (Seefisch) enthalten.
- Ausreichend Flüssigkeit zu sich nehmen in Form von Wasser oder Tee, solange es kein Schwarztee ist. Man rechnet 0,02 Liter pro Kilo-gramm Körpergewicht. Das heißt für eine Frau mit 60 Kilogramm Gewicht 1,2 Liter. Das Trinken von Wasser und Tee entsäuert, ver-bessert die Fließgeschwindigkeit des Blutes, entlastet die Nieren und beugt Verstopfung vor (Stollreiter et al., 2000).

Wie ein gelegentliches Glas Rotwein nicht schadet, kann man auch hin und wieder Schokolade oder andere Süßigkeiten essen. Viele Menschen ernähren sich jedoch überwiegend ungesund, und hier beginnt das Pro-blem. Schädlich ist der regelmäßige Schokoriegel in der Kaffeepause, nicht ein Stück Kuchen am Sonntag.

Body Mass Index

Wie hoch ist das richtige Gewicht? Gut geeignet ist der Body Mass In-dex (= BMI). Ihr BMI errechnet sich wie folgt: Körpergewicht ./. Körper-größe^2. Bei einem Wert von unter 18 ist man untergewichtig, ab einem Wert von über 26 übergewichtig. Wenn eine Person 1,85 cm groß ist und

4.3 · Langfristige Wirkung

80 Kilogramm wiegt, dann liegt der BMI bei 80 ./. (1,85 x 1,85) = 23,4 und damit noch im Normbereich.

Schlaf ist ein Urbedürfnis des Menschen. Schlafen ist so wichtig wie Wasser und Nahrung. Im Schlaf spart der Körper Energie, weil er bei niedriger Körpertemperatur den Stoffwechsel drosselt. Zugleich nutzt das Gehirn den Ruhezustand, um die über den Tag aufgenommenen Informationen zu speichern. Schlaflosigkeit führt zu Konzentrationsstörungen und zu schlechter Laune. Einen verbindlichen Wert für den Idealschlaf gibt es nicht, die Schwankungen von Mensch zu Mensch sind erheblich. Müdigkeit ist ein biologisches Signal und zeigt, dass man schlafen sollte – so wie Durst zur Wasseraufnahme führen sollte. Wer

Schlaf

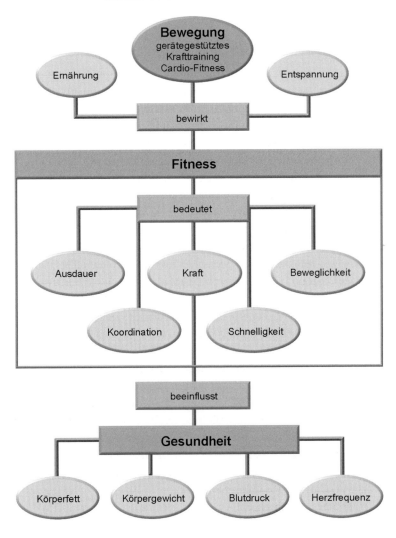

◘ Abb. 13 »Wirkmechanismus Lebensstil«

einschläft, kaum dass sein Kopf das Kissen berührt hat, leidet vermutlich unter einem Schlafdefizit. Normal wäre eine Zeitspanne von rund 15 Minuten bis zum Einschlafen.

Chronisch unausgeschlafene Menschen weisen Defizite in der Gedächtnisleistung, beim Lernen, beim logischen Schließen, beim Rechnen, bei komplexen sprachlichen Anforderungen und in der Entscheidungsfähigkeit auf. Schon die Reduktion der Schlafdauer auf fünf Stunden für nur zwei Tage vermindert die Leistungsfähigkeit beträchtlich (Atkinson et al., 2001).

Kurze Schlafpausen von bis zu 20 Minuten sind tagsüber besser als Schlafpausen von 30 oder 40 Minuten. Wieder gut sind Pausen von 90 Minuten. Alles dazwischen führt zum Aufwachen aus der Tiefschlafphase, man ist nicht sofort wach und taumelt mehr oder weniger mechanisch herum.

4.4 Extremstress

Entwicklung

Extremstress wurde zunächst im Zusammenhang mit Kriegs- und Kampferfahrungen erforscht. Seit den achtziger Jahren des 20. Jahrhunderts werden Extrembelastungen, deren Konsequenzen sowie deren Bewältigungen umfassender auch im Zivilbereich erforscht. Häufig spricht man bei Ereignissen, die extremen Stress auslösen, von traumatischem Stress. Traumatischer Stress kann vorliegen, wenn man mit dem Tod, einer schweren Verletzung oder einer körperlichen Bedrohung konfrontiert ist. Die Bedrohung kann sich auch gegen nahe stehende Personen richten, man kann auch als persönlich nicht direkt betroffener Zeuge traumatischen Stress erleben.

Auch die endgültige Aufgabe eines wichtigen Lebensziels oder der Verlust eines nahe stehenden Menschen können extremen Stress auslösen. Nachfolgend wird im Schwerpunkt auf die Folgen von traumatischem Stress eingegangen. Über die bereits vorgestellten Stressfolgen hinaus kann traumatischer Stress zu dauerhaften psychischen Störungen führen.

traumatische Belastung

Eine traumatische Belastung liegt vor, wenn ein Lebensereignis unerwünscht, sehr negativ, schwer oder gar nicht kontrollierbar ist und die individuellen Bewältigungsmöglichkeiten überfordert. Neben Kriegstraumata können auch Naturkatastrophen, technische Katastrophen wie Bahn- oder Flugunfälle, Gewaltverbrechen oder lebensbedrohende Unfälle traumatischen Stress verursachen. Die Betroffenen reagieren sehr unterschiedlich auf Extremstress, im ungünstigen Fall kommt es zum Bruch des psychischen Schutzsystems der Betroffenen. Folgende Situationsaspekte wirken besonders stressinduzierend und erhöhen damit das Risiko von Dauerfolgen (Hannich, 2004):

- Hohe Stressorenintensität
- Unvorhersehbarkeit / Plötzlichkeit des Ereignisses

4.4 · Extremstress

- Unausweichlichkeit des Ereignisses
- Auftreten des Ereignisses aufgrund äußerer Einwirkung

Zunächst wirken die Überlebenden meist sprachlos und benommen. **Reaktionen**
Sie stehen unter Schock und scheinen sich ihrer Verletzungen oder der
Gefahr nicht bewusst zu sein. So wandern beispielsweise Überlebende nach Erdbeben durch Gebäude, die kurz vor dem Einsturz stehen.
Nach Abklingen der Schockphase sind Überlebende noch immer passiv
und nehmen auch einfache Aufgaben nicht in Angriff, können aber ge-
gebenen Anweisungen schon folgen. Beispielsweise liegt es dem Verge-
waltigungsopfer noch am Tag nach der Tat fern, sich um Essen zu kümmern. Ruft aber eine Freundin an und besteht auf einem gemeinsamen
Restaurantbesuch, erfolgt häufig eine Einwilligung. Im dritten Stadium
werden die Betroffenen ängstlich und besorgt, haben Konzentrations-
schwierigkeiten und teilen den Ablauf der Katastrophe immer wieder
mit (Atkinson et al., 2001).

Typische Erstreaktionen nach traumatischem Stress sind (Gschwend,
2002; Lasogga & Frommberger, 2004):

- Weinen, Schreien, Lachen: Die Betroffenen sind überflutet vom Ge-
  schehenen; sie schreien, weinen, klagen laut oder reden viel und
  ausbruchsartig.
- Aggressionen: Dies kann verbal oder auch körperlich geäußert werden, beispielsweise durch Um-Sich-Schlagen.
- Angst und Unruhe: Ängste sind oft und über einen längeren Zeitraum das vorherrschende Gefühl nach Traumatisierungen.
- Innerer Rückzug: Die Betroffenen wirken wie erstarrt oder auch
  teilnahmslos und depressiv.
- Ruhe und Gelassenheit: Die Betroffenen funktionieren und wirken
  beinahe gelassen. Das schließt nicht aus, dass die Traumatisierung
  Spuren hinterlassen hat.
- Orientierungslosigkeit, Verwirrung und Desorganisation: Die Betroffenen sind psychisch noch nicht wieder in der Alltagsrealität an-
  gekommen.

Während viele Menschen solche Ereignisse verarbeiten und allmählich **psychische Störungen**
in ihr Selbstkonzept integrieren können, entwickelt ein Teil der Betroffenen längerfristig anhaltende psychische Störungen, besonders Depressionen sowie Angststörungen, vor allem akute oder posttraumatische
Belastungsstörungen (Lasogga & Frommberger, 2004).

Nachfolgend wird besonderes Gewicht auf die Darstellung der post- **posttraumatische**
traumatischen Belastungsstörung gelegt. Im Vergleich zur akuten Be- **Belastungsstörung**
lastungsstörung handelt es sich um die schwerere Störung. Akute Belastungsstörungen dauern bis maximal vier Wochen, nach vier Wochen
Dauer spricht man von einer posttraumatischen Belastungsstörung (Saß
et al., 2003). Die Kriterien einer akuten Belastungsstörung sind in vie-

len Aspekten denen einer posttraumatischen Belastungsstörung ähnlich, so dass die Symptomdauer ein zentrales Unterscheidungsmerkmal zwischen diesen beiden Formen von Belastungsstörungen ist.

Die Diagnose posttraumatische Belastungsstörung wurde 1980 als eigenständiges Krankheitsbild von der Amerikanischen Psychiatrischen Gesellschaft in ihre Klassifikation psychischer Störungen aufgenommen. Posttraumatische Belastungsstörungen zählen zu den häufigen psychischen Störungen (Teegen, 2000) und sind wie akute Belastungsstörungen die Folge eines belastenden Ereignisses, das außerhalb der üblichen menschlichen Erfahrung liegt.

Auslöser

Nach Ehlers (1999) ist davon auszugehen, dass die Mehrheit der Bevölkerung in ihrem Leben einem traumatischen Erlebnis ausgesetzt ist. Ob ein solches Erlebnis eine posttraumatische Belastungsstörung auslöst, hängt auch von der Art des Ereignisses ab. So ist bei Vergewaltigungen bei 65 Prozent der Männer und bei 46 Prozent der Frauen von einer Störung auszugehen. Ebenfalls zu hohen Krankheitsraten führen Kampfeinsatz im Krieg, Kindesmisshandlung und sexueller Missbrauch, Folter. Hingegen führen Unfälle, Beobachten von Tod oder Verletzungen sowie Naturkatastrophen mit einem Lebenszeitrisiko von unter 10 Prozent eher selten zu einer posttraumatischen Belastungsstörung. Auch nach Maercker und Barth (2004) ist das Risiko für die Entwicklung einer posttraumatischen Belastungsstörung nach Vergewaltigungen und sexuellem Missbrauch besonders hoch. In westlichen Industrieländern wie Deutschland sind vor allem der plötzliche Tod eines geliebten Menschen und Verkehrsunfälle bedeutende Auslöser von posttraumatischen Belastungsstörungen, bei Frauen ist das Lebenszeitrisiko mit 10 bis 12 Prozent doppelt so hoch wie bei Männern mit 5 bis 6 Prozent (Ehlers, 1999; Teegen, 2000).

Erschütterung des Vertrauens

Durch Menschen verursachte Traumata wie sexuelle und körperliche Übergriffe oder Terroranschläge führen mit höherer Wahrscheinlichkeit zu einer posttraumatischen Belastungsstörung als natürliche Katastrophen. Weshalb? Solche Traumata erschüttern den prinzipiellen Glauben an das Gute auf der Welt und im Menschen. Der Verlust dieser Grundüberzeugung begünstigt das Auftreten einer posttraumatischen Belastungsstörung. Ferner treffen durch Menschen verursachte Katastrophen häufiger einzelne Menschen als große Menschengruppen. Alleiniges Leid scheint ebenfalls das Erkrankungsrisiko zu erhöhen.

Hauptsymptome

Posttraumatische Belastungsstörungen kann man mit drei Hauptsymptomen charakterisieren (Perez et al., 1998; Atkinson et al., 2001; Maercker & Barth, 2004):

- Vermeidung und emotionale Erstarrung: Gedanken- und Gefühlsvermeidung hinsichtlich des erlebten Traumas, Benommenheitsgefühl gegenüber der Umwelt, Entfremdung von anderen Personen und Desinteresse an früher gerne ausgeübten Aktivitäten.

- Intrusionen/Wiederdurchleben, beispielsweise wird das Trauma in Gedanken und Träumen immer wieder erlebt. Es kann zu blitzlichtartigen Erinnerungen und zu Alpträumen kommen.
- Übererregung, die sich zeigen kann in der Unfähigkeit, sich zu entspannen, in Schlaf-, Gedächtnis und Konzentrationsstörungen, Überempfindlichkeiten oder Schreckhaftigkeit.

Posttraumatische Belastungsstörungen entwickeln sich in der Mehrzahl der Fälle direkt nach dem Trauma, ein verzögerter Beginn findet sich nur bei 10 bis 15 Prozent der Betroffenen. Im ersten Jahr nach dem traumatischen Erlebnis verschwinden bei etwas mehr als der Hälfte der Betroffenen die Symptome wieder, bei rund einem Drittel der traumatisierten Personen ist hingegen mit einem chronischen Verlauf zu rechnen. Das Chronifizierungsrisiko ist dabei umso größer, je schwerer die anfänglichen Symptome sind (Ehlers, 1999).

Verlauf

Das Risiko, eine posttraumatische Belastungsstörung zu entwickeln ist umso höher (Teegen, 2000),

Risikofaktoren

- wenn ein Ereignis ohne Vorwarnung eintritt, das Trauma mit Lebensgefahr, schweren Verletzungen, extremem Kontrollverlust sowie personaler Gewalt verbunden ist.
- wenn schon vor dem Ereignis eine Beeinträchtigung durch Depression, Angststörung oder geringe Bewältigungsfähigkeit bestand.
- wenn soziale Unterstützung fehlt oder als negativ erlebt wird, eine Stigmatisierung des Opfers oder eine Reviktimisierung durch die Medien, Justiz oder durch das Gesundheitswesen erfolgt.

Sofern eine posttraumatische Belastungsstörung eingetreten ist, gibt es Faktoren, die zur Chronifizierung der Symptome beitragen können (Maercker & Barth, 2004):

Aufrechterhaltung

- Vermeidender Bewältigungsstil: Gedankenunterdrückung und Gefühlsvermeidung, nicht über das Ereignis sprechen wollen, ständiges Grübeln, extremer Ärger und extreme Wut.
- Dysfunktionelle kognitive Veränderungen, wie beispielsweise die Verstärkung von Kognitionen wie » Die Welt ist ungerecht«, »Man kann niemandem trauen« oder »Mir wird es nie wieder gut gehen«.
- Unangemessene Schuldgefühle, die in der Regel dazu dienen, die Kontrollillusion bezüglich der Traumaverursachung aufrechtzuerhalten. Wenn man denkt, »Hätte ich mich anders verhalten, wäre alles gut gegangen«, erzeugt man die Illusion, man hätte Einfluss auf die Situation gehabt.

Posttraumatische Belastungsstörungen gehen häufig mit Genussmittelmissbrauch, Gewalt und zwischenmenschlichen Problemen einher. Nach Saß et al. (2003) besteht beim Vorliegen einer posttraumatischen Belas-

Komorbidität

tungsstörung ein erhöhtes Risiko für andere psychische Störungen wie beispielsweise Soziale Phobie, Depression und Suchtmittelmissbrauch.

Sofern man an einer Belastungsstörung erkrankt ist, sollte man sich Hilfe bei einem Psychotherapeuten suchen, siehe hierzu den Adressteil am Ende des Buches. In unmittelbarer zeitlicher Nähe zu einem potenziell traumatisierenden Ereignis, also noch bevor man weiß, ob ein Betroffener erkranken wird, werden häufig so genannte Debriefings angeboten. Dabei handelt es sich um zwei bis drei strukturierte Gesprächsrunden, in denen über das traumatische Ereignis gesprochen wird. Debriefings werden häufig subjektiv als hilfreich erlebt, schützen aber nicht zwingend vor der Entwicklung einer Belastungsstörung. Der Nutzen von Debriefings ist umstritten.

Hochstresssituationen

Neben Extremstresssituationen mit Traumawirkung sind auch Hochstresssituationen einen kurzen Blick wert. In Hochbelastungssituationen, wie beispielsweise einem drohenden Bankrott oder einer Auslandsverwendung unter sehr ungünstigen sozialen oder klimatischen Bedingungen, ist das Einhalten einer persönlichen Routine der zentrale stabilisierende Faktor. Der Unkontrollierbarkeit der Situation wird eine individuell beeinflussbare Struktur entgegengesetzt:

Gegenmaßnahmen

- Schaffen und Einhalten von Tagesrhythmik und Tagesritualen. Man muss sich eine klare Struktur geben.
- Einhalten von Essens- und Schlafzeiten.
- Klare Gestaltung des Arbeitsumfelds. Klare Informationswege, Unterstellungen und Zuständigkeiten. Zusätzlicher Kontrollverlust durch schlechte Organisation ist zu vermeiden.
- Innere Disziplin aufrechterhalten. Dazu gehört es, auf Kleidung und Hygiene zu achten. Sich nicht »gehen zu lassen« sowie auf körperliche Fitness zu achten.

Solche Strukturen sichern die kognitive Leistungsfähigkeit. Entlang der selbstgeschaffenen Strukturen kann man sich orientieren und Ruhe finden. Denn unter emotionalem Einfluss und unter Zeitdruck denkt der Mensch schlecht. Gerade in Hochbelastungssituationen führt das regelmäßig zu überschießendem Verhalten, das seinerseits die Situation verschärfen und den Stress erhöhen kann.

Mobbing – ein extremer sozialer Stressor

5.1	**Was ist Mobbing?**	– 119
5.2	**Wie zeigt sich Mobbing?**	– 124
5.3	**Wie verläuft Mobbing?**	– 130
5.4	**Mobbingursachen**	**– 134**
5.4.1	Mobbingtäter	– 134
5.4.2	Mobbingopfer	– 138
5.4.3	Arbeitsorganisation und betriebliche Situation	– 140
5.5	**Mobbingfolgen**	**– 140**
5.5.1	Individuelle Folgen	– 141
5.5.2	Organisatorische Folgen	– 144
5.5.3	Gesellschaftliche Folgen	– 145
5.6	**Was kann man gegen Mobbing tun?**	**– 145**
5.6.1	Individualebene	– 145
5.6.2	Organisationsebene	– 150
5.6.3	Gesellschaftsebene	– 151

Stressor Mobbing

Wie passt das Thema Mobbing zu »Stress am Arbeitsplatz«? Mobbing ist ein extremer sozialer Stressor am Arbeitsplatz (Knorz & Zapf, 1996; Zuschlag, 2001; Esser, 2003). So besteht nach Willingsdorfer, Schaper und Sonntag (2002) ein hoher Zusammenhang zwischen sozialen Stressoren und Mobbing. Wegen der Alltagsrelevanz von Mobbing wird auf diesen Spezialfall vertieft eingegangen. So schreibt beispielsweise Premper (2002), dass gut ein Viertel der Patienten in psychosomatischen Kliniken von Problemen am Arbeitsplatz berichtet. Ohne direkt danach befragt zu werden, gaben gut 10 Prozent der Patienten an, gemobbt zu werden.

Übersicht

Typische Mobbinghandlungen, der typische Mobbingablauf, Mobbingfolgen und Hilfen gegen Mobbing werden nachfolgend geschildert. Mobbing kann – wie andere Stressoren auch – eine Kettenreaktion auslösen: Mobbing erzeugt Stress. Unter Stress verändert sich das Verhalten, das wiederum kann Irritationen bei Kollegen und damit erneute Mobbinghandlungen hervorrufen. Daraus kann ein neuer sozialer Stressor entstehen. Der Teufelskreis ist angestoßen.

zwischen Hysterie und Bagatellisierung

Bekannt wurde der Begriff Mobbing durch Veröffentlichungen von Leymann (1993), der das Phänomen von Schikanen am Arbeitsplatz systematisch untersuchte. Sein Konzept wurde in einer Vielzahl populärwissenschaftlicher Veröffentlichungen aufgegriffen, jedoch meist unscharf verwendet. Die öffentliche Diskussion um das Thema Mobbing ist stark polarisiert. Auf der einen Seite finden sich dramatische Schilderungen über Mobbingopfer und über die gesellschaftliche Verbreitung von Mobbing. Hier einige Beispiele:

- Münchner Merkur vom 17. Februar 1999: Die 22-Jährige hatte sich mit ihrer Dienstwaffe erschossen. Vor ihrem Selbstmord hatte sie über Mobbing und sexuelle Belästigung durch ihren Vorgesetzten geklagt. Die Badische Zeitung berichtet am 28. Dezember 2002, dass Bayern in einem außergerichtlichen Vergleich 12.000 Euro Schmerzensgeld zuzüglich Anwaltskosten an die Eltern des Mobbingopfers bezahlt hat.
- Münchner Merkur vom 12. März 1999: Kollegen sollen einer Sekretärin beim Sondereinsatzkommando (SEK) Südbayern mit Säure ein Ohr verätzt haben. Die Täter ... sollen den Telefonhörer der 32-Jährigen mit einem stark ätzenden Gift beschmiert haben. Als sie den Hörer ahnungslos ans Ohr hielt, verätzte sie sich so schwer, dass sie zur ambulanten Behandlung ins Krankenhaus musste. ... Schon seit längerem gebe es Unstimmigkeiten mit den Kollegen, unter denen sie zu leiden habe.
- Die Welt vom 7. Juli 2003: Steven Horkulak, früher Chef des Handels mit Zinsderivaten beim Wertpapierhaus Cantor Fitzgerald, klagte gegen seinen ehemaligen Arbeitgeber. Der 39-jährige war 1997 eingestellt worden und verdiente umgerechnet rund 1,09 Millionen Euro pro Jahr (750.000 Pfund). Irgendwann konnte Herr Horkulak das Herumbrüllen, die Flüche und Beleidigungen seines

Chefs Lee Amaitis nicht mehr ertragen. So soll der 53-jährige Amaitis asiatische Geschäftspartner intern als »schlitzäugige gelbe Fucks« bezeichnet haben. Amaitis gab vor Gericht zu, dass er ein direkter Typ sei, stritt aber ab, dass er Herrn Horkulak schlechter behandelt habe als andere. Auch sei er nie gewalttätig geworden. Stattdessen versuchte er den Richter zu überzeugen, dass die Macho-Kultur ein Teil des Lebens in der City sei. Brüllen und Schreien hätten schließlich schon immer zum Börsenhandel gehört. Wie die Süddeutsche Zeitung vom 1. August 2003 berichtet, hat das britische Gericht Herrn Horkulak rund eine Million Pfund Schadensersatz zugesprochen, weil er von seinem Chef tyrannisiert worden sei. Das Wertpapierhaus kündigte Berufung an.

— Die Welt vom 27. April 2004: Monatelang ist die 25-jährige Vanessa K. nach eigenem Bekunden von ihrem Arbeitskollegen sexuell belästigt worden. Als beide an einem Samstag allein im Büro waren, soll der 29-jährige sogar versucht haben, sie zum Oralsex zu zwingen. Nachdem Sie den Fall anzeigte, grenzten sie die Kollegen aus, dann verlor sie ihren Job. Nun muss sich Andreas H. vor dem Amtsgericht wegen Vergewaltigung verantworten. Der Angeklagte bestreitet die Tat und sieht sich seinerseits als Mobbingopfer. Der Firmenchef habe Vanessa K., mit der er freundschaftlich verbandelt sei, den vermeintlichen sexuellen Übergriff dazu benutzt, um ihn loszuwerden.

— Die Welt vom 15. Juli 2006: Das frühere Vorstandsmitglied Eckard Cordes hatte während seiner Zeit bei Daimler-Chrysler über Jahre den Manager Jürgen K. gemobbt und zielgerichtet, schwerwiegend und schuldhaft dessen Persönlichkeitsrechte verletzt. Das Landesarbeitsgericht (LAG) Baden-Württemberg verurteilte Daimler-Chrysler zu Zahlung eines Schmerzensgeldes von 25.000 Euro. Das Urteil ist noch nicht rechtskräftig.

Auf der anderen Seite stehen die Skeptiker, die schlichtweg die Existenz des Phänomens bestreiten und die so genannten Mobbingopfer für nicht tauglich zum Austragen von Konflikten am Arbeitsplatz halten. Individuelle und psychische Probleme sehen die Skeptiker nicht als Folge von Ausgrenzung am Arbeitsplatz, sondern als deren Ursache (Premper, 2002). In diesem Spannungsbogen bewegt sich die öffentliche Diskussion zum Thema Mobbing.

5.1 Was ist Mobbing?

Definition

Der Begriff leitet sich aus dem englischen »to mob« ab, was so viel heißt wie bedrängen, anpöbeln, attackieren, angreifen (Neuberger, 1999; Esser, 2003). Der Ursprung des Wortes liegt wahrscheinlich in der Bezeichnung »mobile vulgus«. Übersetzt heißt das »aufgewiegelte Volksmenge, Pöbel« (Premper, 2002). Im alltäglichen Sprachgebrauch wird der Begriff »Mobbing« ähnlich inflationär gebraucht wie der Begriff »Stress« (Esser & Wollmerath, 2005). Man spricht umgangssprachlich schon bei einzelnen Streitereien oder Beleidigungen von Mobbing. Das verwässert den Begriff und verniedlicht das Problem. Hier wird Mobbing in Anlehnung an Meschkutat, Stackelbeck und Langenhoff (2002) folgendermaßen definiert: Unter Mobbing ist zu verstehen, dass jemand am Arbeitsplatz häufig und über einen längeren Zeitraum schikaniert, drangsaliert oder benachteiligt und ausgegrenzt wird.

Mobbing-Voraussetzung

Zunächst handelt es sich bei Mobbing um eine Situation in einem festen sozialen Rahmen: Mobbing geschieht im Arbeitsleben. Die Arbeitskollegen kann man sich nicht aussuchen. Eine Arbeitsgruppe ist fast immer eine Zwangsgemeinschaft. Man arbeitet nicht zusammen, weil man sich mag, sondern weil man eine bestimmte Aufgaben lösen soll. Wer sich in dieser Zwangsgemeinschaft nicht wohl fühlt, kann nicht einfach gehen. Mobbing tritt nur selten in freiwilligen Zusammenschlüssen wie Sportvereinen oder Freizeitclubs auf, ganz einfach deshalb, weil derjenige, der sich nicht akzeptiert fühlt, sich einen anderen Verein oder ein anderes Hobby suchen kann. Die festen Rahmenbedingungen des Arbeitslebens sind daher eine Voraussetzung für Mobbing.

Abgrenzung zu Konflikten

Im Laufe eines Arbeitstags begegnen sich Kollegen häufig, und es wird viel kommuniziert – überwiegend fachlich, aber auch privat. In jedem Arbeitsfeld gibt es konfliktbelastete Kommunikation. Stellen Sie sich vor, Herr Heller ist im Stress und faucht seine Kollegin an: »Können Sie nicht die Tür zumachen, oder haben Sie bei sich zu Hause Säcke vor den Türen.« Konfliktbelastete Kommunikation kann aber auch ohne Worte geschehen. Wenn Herr Heller der Kollegin den Gruß verweigert oder demonstrativ über ihren Kopf hinwegredet, als sei sie Luft, ist die Kommunikation ebenfalls konfliktbelastet. Aber ist das schon Mobbing? Dazu müsste die konfliktbelastete Kommunikation systematisch und über längere Zeit andauern. Wenn Herr Heller seine Kollegin Frau Müller schon seit einer Woche nicht mehr grüßt, ist es mehr als ein normaler Streit. Wenn das seit Monaten so geht, wird Frau Müller stark darunter leiden. Wenn nicht nur Herr Heller, sondern die ganze Arbeitsgruppe aufhört, Frau Müller zu grüßen, entsteht enormer psychischer Druck. Spätestens dann liegt Mobbing vor.

Kein Mobbing sind Situationen wie die folgenden (Esser & Wolmerath, 2005):

— Konflikte und Feindseligkeiten zwischen Gruppen, beispielsweise Abteilung A gegen Abteilung B
— Desinteresse und Antipathie gegen eine Person, sofern diese nicht in feindseliger Art geäußert werden
— unhöfliches Verhalten wie beispielsweise Verweigerung des Grußes

5.1 · Was ist Mobbing?

Nach Ansicht von Esser und Wolmerath (2005) ist Mobbing eine besondere Art und Weise (feindselige Ausgrenzung), um Konflikte auszutragen. D.h. nicht jeder Konflikt und nicht jede Art und Weise der Konfliktaustragung sind Mobbing. Esser und Wolmerath (2005) formulieren das so: Bei Mobbing bleibt das Grundproblem im Hintergrund, statt dessen wird die angegriffene Person als Problem in den Vordergrund gerückt.

Konkret kann man sich Mobbing beispielsweise so vorstellen: Gespräche verstummen, wenn der Betroffene ins Zimmer kommt, die Türe wird vor der Nase geschlossen, Arbeitsabläufe werden so unzureichend erklärt, dass es Probleme geben muss, oder die Arbeit wird ganz entzogen. Menschen sollen ausgestochen werden durch Falschinformationen, Denunziationen, Bloßstellen, sexuelle Belästigung oder Rufmord. Mobbing ist der bekannte Begriff für Dinge, die es schon lange gibt: Ignorieren, Einschüchtern, Bloßstellen, Intrigen spinnen (Schröter, 2000).

Mobbing ist durch die prozesshafte Verzwickung von Einzelelementen gekennzeichnet. Das ist nicht der Fall, wenn ein Mitarbeiter ein einziges Mal von seinem Vorgesetzten ungerecht behandelt wird. Ein Geschehensprozess liegt hingegen vor, wenn ein Mitarbeiter immer wieder ungerecht behandelt wird (Esser & Wolmerath, 2005).

Ein Fallbeispiel, modifiziert nach einem Informationspapier des **Beispiel** DGB: Herr Beeger, 45 Jahre, war alkoholabhängig. Nach einer erfolgreichen Entziehungskur möchte er beruflich neu anfangen. Er bewirbt sich auf eine interne Stellenausschreibung seines Arbeitgebers in einer anderen Stadt. Die Bewerbung ist erfolgreich, und Herr Beeger tritt seine neue Stelle als Sachbearbeiter einer Vertriebsabteilung an. Die Abteilung besteht aus 20 Kollegen sowie einem Abteilungsleiter. Herr Beeger wird freundlich aufgenommen. Der Abteilungsleiter weist ihm ein Büro zu, das er mit einer Kollegin teilt. In der Abteilung ist es üblich, jede sich bietende Gelegenheit für einen kleinen Sektumtrunk zu nutzen. Wenn jemand in den Urlaub geht, gibt er etwas aus, ebenso nach der Rückkehr. Das Gleiche gilt für Geburtstage und sonstige Gelegenheiten. Herr Beeger darf jedoch als »trockener Alkoholiker« nichts Alkoholisches trinken. Da die Anlässe meistens am Feierabend oder am Freitagmittag stattfinden, fällt es anfänglich nicht auf, dass Herr Beeger nicht dabei ist und »immer einen wichtigen Termin« hat.

Als die ersten drei Monate in der neuen Abteilung vorbei sind, gibt man ihm durch die Blume zu verstehen, dass es an der Zeit sei, seinen Einstand zu geben. So bringt Herr Beeger Kaffee und Kuchen mit. Der Kuchen wird von allen gelobt. Nur den Sekt vermissen die Kollegen. Einige witzeln, dass Herr Beeger wohl Antialkoholiker sei. Er reagiert darauf nicht. Fortan verändert sich die Stimmung. Weil er auf die Anspielungen zu seiner Alkoholabstinenz nicht reagiert, tuscheln die Kollegen. Sein Verhalten wird als arrogant gewertet. Dazu passt auch rückblickend, dass er bei jedem feuchtfröhlichen Umtrunk eine Ausrede hatte. Er wird nicht mehr gefragt, ob er an den Feiern teilnimmt. Wenn für ein Geburtstagsgeschenk gesammelt wird, lassen ihn die Kollegen bewusst aus.

Herr Beeger wird verschlossener. Seine Arbeit führt er sorgfältig aus. Seit seinem Alkoholentzug raucht er etwa zehn Zigaretten am Tag. Seine Kollegin, mit der er sich den Raum teilt, störte es früher nicht, wenn er am offenen Fenster rauchte. Allmählich steigert sich sein Zigarettenkonsum auf vierzig Zigaretten am Tag. Ohne mit Herrn Beeger zu sprechen, beantragt die Kollegin die Versetzung in einen anderen Raum. Als Grund nennt sie das rücksichtslose Rauchverhalten. Nun sitzt Herr Beeger alleine in seinem Büro. Fragen zu Vorgängen, die er bearbeitet, erfolgen nur noch schriftlich über die Postmappe. Gespräche auf den Gängen, in der Teeküche oder den Büros verstummen, wenn er auftaucht. Mehrmals fragt er, was denn los sei. Nachdem er nie eine richtige Antwort erhält, schweigt er. Der Abteilungsleiter merkt, dass etwas nicht stimmt. Allerdings fragt er nur die Kollegen nach den Gründen. Sie erzählen, dass Herr Beeger ein Eigenbrötler sei, der sich wohl auch für etwas Besseres halte. Das Rauchen und der psychische Druck schwächen das Immunsystem des Herrn Beeger. Immer wieder wird er einige Tage krankgeschrieben, weil er erkältet ist oder starken Husten hat. Seine Arbeit wird von den Kollegen nicht übernommen. Jedes Mal, wenn er an seinen Arbeitsplatz zurückkehrt, quillt sein Eingangsfach über. Anstatt ein Gespräch mit dem Abteilungsleiter oder dem Betriebsrat zu führen, leidet Herr Beeger still vor sich hin. In dem Maße, wie seine Verbitterung wächst, sinkt seine Arbeitsleistung. Schließlich spitzt sich die Lage zu. Aufgrund fehlerhafter Bearbeitungen beschwert sich der Außendienst. Dies bringt ihm eine schriftliche Abmahnung ein.

Die Ausgrenzung durch die Kollegen, die Arbeitsüberlastung, der körperliche Raubbau durch Nikotin und Koffein und nun die Abmahnung sind für Körper und Psyche zu viel. Herr Beeger erleidet einen Kreislaufkollaps am Arbeitsplatz. Die ärztliche Diagnose ergibt ein stressbedingtes Erschöpfungssyndrom.

zentrale Mobbing-Elemente

Man kann die wesentlichen Elemente des Mobbings aus dem Fallbeispiel ableiten: Je nach psychischer Stabilität und Selbstbewusstsein des Betroffenen zeichnet sich mehr oder weniger rasch ein Leistungsabfall ab. Die betroffene Person verbraucht den größten Teil ihrer Energie, um sich im sozialen Gefüge des Teams oder der Abteilung zu behaupten und ihren sozialen Status aufrechtzuerhalten. Soziale Isolation, Fehlen positiver und geballte negative Rückmeldungen sowie vorenthaltene Informationen machen die betroffene Person ziel- und orientierungslos und damit auch handlungsunfähig. Geplagt von Selbstzweifeln und Angst kämpft sie um den Erhalt der eigenen Würde und verhält sich zunehmend unsicher. Das Selbstbild wird destabilisiert. Psychosomatische Stresssymptome wie Durchfall, Migräne, Nasennebenhöhlenerkrankungen und Ähnliches entwickeln sich zu chronischen Krankheitsbildern.

Neben solchen Einzelbeispielen sind vor allem systematische Daten hilfreich für die weitere Diskussion. Mit dem Mobbing-Report (Meschkutat et al., 2002) liegt eine repräsentative Datenerhebung für die Bundesrepublik Deutschland vor. Von Ende 2000 bis Anfang 2001 wurden rund 4.400 Personen zu Basisdaten befragt, in die vertiefende Studie gingen rund 1.300 Personen ein. Danach wurden 2,7 Prozent zum Zeitpunkt der Befragung gemobbt, 11,3 Prozent gaben an, schon einmal in ihrem Leben gemobbt worden zu sein. Die aktuelle Mobbingquote beträgt bei der erwerbstätigen Bevölkerung 2,7 Prozent. Bei einer Gesamtbeschäftigtenzahl von rund 38 Millionen (Destatis, 2004) entspricht das einer absoluten Zahl von rund 1 Million Menschen. Rechnet man die Lebensmobbingquote von 11,3 Prozent der erwerbsfähigen Bevölkerung um, so wird jede neunte Person im erwerbsfähigen Alter mindestens einmal im Verlauf ihrer Erwerbstätigkeit gemobbt. Zur aktuellen Mobbingsituation im Einzelnen (Meschkutat et al., 2002):

systematische Daten

Risiko nach Berufsgruppen

- Das Mobbingrisiko von Frauen liegt um 75 Prozent höher als das von Männern.
- Einem leicht erhöhten Mobbingrisiko ist die Altersgruppe der 55-jährigen und älteren Mitarbeiter ausgesetzt. Am stärksten betroffen sind jedoch die unter 25-Jährigen.
- Zur leichteren Vergleichbarkeit von Berufsgruppen wird ein Mobbing-Risiko-Faktor eingeführt, der den Anteil der Mobbingfälle aus einer Berufsgruppe in Relation zu dem Anteil der Beschäftigten in der Berufsgruppe stellt. Der Faktor ist der Multiplikator im Verhältnis zum durchschnittlichen Mobbingrisiko.
  - Verlagskaufleute tragen mit 4,3 das größte Mobbingrisiko. Ein großes Risiko tragen mit 2,9 auch administrativ tätige Personen und mit 2,8 soziale Berufe wie Sozialarbeiter, Sozial- und Heilpädagogen, Erzieher, Alten- und Kinderpfleger. Immer noch doppelt so hoch wie der Durchschnitt ist das Risiko für Verkaufspersonal (2,0) sowie Bank- und Versicherungsangestellte (2,0). Techniker tragen ein 1,8faches Risiko. Die übrigen Gesundheitsdienstberufe haben einen Mobbing-Risiko-Faktor von 1,6. Es folgen Rechnungskaufleute und Informatiker mit 1,5 sowie Büroberufe und kaufmännische Angestellte mit 1,3.
  - Im mittleren Bereich liegen (0,8–1,2) Metallverarbeitungsberufe, Werkzeug- und Formenbauberufe, Elektroberufe, Berufe in der Textilherstellung, Maschinen- und Anlagenführer, Ingenieure, Berufe des Wasser- und Luftverkehrs, Lehrer, geistes- und naturwissenschaftliche Berufe.
  - Unterdurchschnittliche Mobbingrisiken haben Groß- und Einzelhandelskaufleute (0,5), Reinigungs- und Entsorgungsberufe

(0,5), Berufe des Landverkehrs (0,3) sowie landwirtschaftliche Berufe (0,1).

- Ein extrem geringes Mobbingrisiko (0,0) haben tierwirtschaftliche Berufe, Gartenbauberufe, Forst- und Jagdberufe, Berufe in der Glasherstellung und -bearbeitung, Papierherstellungs- und -verarbeitungsberufe, Gießereiberufe, Berufe in der Lederherstellung, technische Zeichner, Sicherheitsberufe.

▬ Von den Arbeitern werden 3,3 Prozent, von Angestellten 2,9 und von Beamten 1,5 Prozent gemobbt. Ein besonders hohes Mobbingrisiko tragen Auszubildende mit 4,4 Prozent.

Resümee

Es gibt keine Personengruppe und keinen Beruf, die vollständig von Mobbing verschont bleiben. Allerdings bestehen durchaus Risikokonstellationen. So ist die junge Sozialarbeiterin einem vielfach höheren Mobbingrisiko ausgesetzt als der männliche 45- bis 55-jährige Angestellte in der Landwirtschaft (Meschkutat et al., 2002).

5.2 Wie zeigt sich Mobbing?

Mobbing-Handlungstypen

Leymann (1993) arbeitete fünf Handlungstypen für Mobbing mit insgesamt 45 Mobbinghandlungen auf individueller Ebene heraus. Diese von Leymann vorgeschlagene Liste wird immer wieder wegen Unvollständigkeit, Redundanzen und logischen Inkonsistenzen kritisiert. Diese Kritik ist aber prinzipiell gegen jegliche Art von Liste vorzubringen. Auf der Basis von Leymanns Systematik hat Zuschlag (2001) eine detailliertere Liste erstellt; ebenso Esser und Wolmerath (2005), die eine Liste mit 100 Mobbinghandlungen vorlegen (❑ Fragebogen 9). Auch mit dieser Liste ist keine überschneidungsfreie Einteilung erreicht worden. So ist Mobbing auf längere Sicht oft gesundheitsgefährdend, dennoch müssen die einzelnen Mobbinghandlungen nicht direkt auf die Gesundheit von Betroffenen zielen (Esser & Wolmerath, 2005). Eine einzelne Mobbinghandlung ist noch kein Mobbing. Hinzukommen muss ein bestimmtes Maß an Zielgerichtetheit und Vorsatz. Hauptzielrichtung von Mobbing sind Angriffe gegen eine Person und deren soziales Gefüge, beispielsweise Anerkennung und Ansehen (Esser und Wolmerath, 2005). Nach Meschkutat et al. (2002) sind folgende Handlungen besonders häufig (❑ Abb. 14).

Hitliste Mobbing

Am häufigsten ist das Verbreiten von Unwahrheiten und Gerüchten, womit das persönliche und fachliche Ansehen der betroffenen Person infrage gestellt wird. Zum Beispiel wird unterstellt, psychisch krank oder alkoholabhängig zu sein. Die Verursacher von Gerüchten lassen sich nur schwer identifizieren; damit haben die Betroffenen es sehr schwer, sich zu wehren.

5.2 · Wie zeigt sich Mobbing?

▣ Fragebogen 9. Mobbing (in Anlehnung an Esser & Wollmarath, 2005)

Angriffe gegen die Arbeitsleitung und das Leistungsvermögen

- Sabotage: Beschädigung, Diebstahl, Manipulation von Arbeitsmitteln ☐
- Unterschlagung von Arbeitsergebnissen (z.B. Unterlagen, Dateien sind »weg«) ☐
- Manipulation von Arbeitsergebnissen (z.B. gezielt Fehler einfügen) ☐
- Erzeugen von Störungen (z.B. unsinnige Telefonate, Unterbrechungen) ☐
- Vorenthalten und/oder Fälschen von arbeitsrelevanten Informationen ☐
- Gezielte Unterdrückung von Informationen über Besprechungen, (End-)Terminen ☐
- Anordnung von sinnlosen Tätigkeiten (z.B. ausgemusterte Ordner sortieren) ☐
- Anordnung, keine Tätigkeit während der Arbeitszeit auszuüben ☐
- Anordnung von systematisch überfordernden Tätigkeiten ☐
- Zuweisung von objektiv zu viel Arbeit ☐
- Willkürlich auf liegengebliebener Arbeit (z.B. wegen Urlaub, Betriebsratstätigkeit) sitzen lassen ☐
- Ungünstige Lage des Arbeitsplatzes (z.B. zu laut, Störungen, ungeschützt, exponiert) ☐
- Anordnung von systematisch unterfordernden Tätigkeiten ☐
- Anordnungen so gestalten, dass unvermeidliche Fehler gemacht werden ☐
- Manipulierte Arbeitszuweisung (z.B. nur unbeliebteste, schlechteste, schmutzigste) ☐
- Kappen üblicher Informationskanäle (z.B. kein Telefon, kein Fax, keine E-Mail) ☐
- Blockade von gemeinsamer Tätigkeit ☐
- Verweigerung von Hilfe, Unterstützung, Rat (obwohl es möglich wäre) ☐
- Überraschendes Zurückziehen von verbindlich zugesagter Unterstützung ☐
- Geistiger Diebstahl, Aneignung von Arbeitsergebnissen ☐
- Beschneidung der Zuständigkeit ☐
- Dienst nach Vorschrift ☐
- Entscheidungen oder Kompetenzen werden permanent angezweifelt ☐
- Anweisungen werden (offen oder verdeckt) nicht ausgeführt oder sabotiert ☐
- Anweisungen werden wortwörtlich ausgeführt (offensichtliche Fehler einbezogen) ☐
- Willkürlich erzeugter Zeitdruck ☐
- Überraschungsangriffe (z.B. plötzliche Änderungen der Arbeitsaufträge, Termine) ☐

Angriffe gegen den Bestand des Beschäftigungsverhältnisses

- Behaupten von Fehlverhalten (z.B. Urlaubsantrag »verschwindet«) ☐
- Fehler und negative Vorfälle werden Betroffenem in die Schuhe geschoben ☐
- Willkürliche Abmahnungen ☐
- Willkürliche Umsetzung oder Versetzung (sowie Versuche dazu) ☐

▼

◨ Fragebogen 9. (Forts.)

- Willkürliche Kündigung(en) (d.h. die Gründe werden »an den Haaren« herbeigezogen ☐
- Manipulation der Arbeitszeiterfassung ☐
- Strafbare Handlungen werden unterstellt (z.B. Diebesgut wird untergeschoben) ☐
- Berufliche Qualifikation wird ständig in Frage gestellt ☐
- Willkürliches Zurückhalten von Entgelt (z.B. Urlaubsgeld, Spesen) ☐
- Absichtlich schlechte berufliche Beurteilung; Behauptung von Schlechtleistungen ☐
- Betrieblich übliche Beförderungen, angestrebte Position werden blockiert ☐
- Fort- und Weiterbildungsvorhaben werden gezielt behindert ☐

Destruktive Kritik

- Demütigende, unsachliche, überzogene, gnadenlose Kritik ☐
- Aufbauschen einzelner Vorfälle oder Fehler ☐
- Generalisierung von Fehlern; pauschale Kritik ☐
- Kritik von Fehlern, die durch Anweisungen des Mobbers provoziert wurden ☐
- Ständige (harsche) Kritik oder Entmutigung ☐
- Unterdrückung von Verbesserungsvorschlägen und –bemühungen ☐
- Ausbremsen der Motivation (z.B. »Das schaffen Sie nie!«) ☐
- Dauerkontrolle mit dem Ziel der Zermürbung ☐

Angriffe gegen die soziale Integration am Arbeitsplatz

- Räumliche Isolation (z.B. abgelegener Arbeitsplatz) ☐
- Unterdrückung von Meinungsäußerungen des Betroffenen (z.B. »Mund verbieten«) ☐
- Gespräche hinter dem Rücken (z.B. Tuscheln, Tratschen) ☐
- Anspielungen, zweideutige Bemerkungen ☐
- Engagement des Betroffenen wird als getarnter Egoismus diffamiert ☐
- Mögliche Bündnispartner des Betroffenen werden eingeschüchtert ☐
- Mögliche Bündnispartner des Betroffenen werden versetzt ☐
- Ausschließen aus der Alltagskommunikation (»Wie Luft behandeln«) ☐
- Ausschließen aus informellen/geselligen Treffen (»Tür-Zu-Methode«) ☐
- Ausschließen aus üblichen gegenseitigen Freundlichkeiten im Kollegenkreis (z.B. Brötchen oder Süßigkeiten mitbringen, Kaffee kochen, Blumen gießen) ☐
- Demonstratives Schweigen im Beisein des Betroffenen ☐
- Ignorieren von Fragen, Gesprächswünschen, Hilfeersuchen, Kooperationsangeboten ☐
- Demonstrativ aus dem Weg gehen, nicht an einem Tisch sitzen, nicht in einem Raum aufhalten ☐

Angriffe gegen das soziale Ansehen im Beruf

- Gezielte Verleumdung, Rufmord ☐
- Gerüchte verbreiten oder gezielt weiterleiten ☐

▼

5.2 · Wie zeigt sich Mobbing?

> ☐ **Fragebogen 9. (Forts.)**
>
> - Dem Betroffenen wider besseren Wissens Böswilligkeit/Fahrlässigkeit unterstellen ☐
> - Provokation, um die emotionale Reaktion auszuschlachten ☐
> - Beleidigung und Demütigung im Beisein Dritter ☐
> - Lächerlich machen (z.B. verbal, mit Mimik, mit Gestik, durch Karikatur) ☐
> - Unglaubwürdig machen, blamieren, bloßstellen ☐
> - Gezielte negative Sonderbehandlung (d.h. nur der Mobbingbetroffene wird so behandelt) ☐
> - Demonstrative scheinbar positive Sonderbehandlung (z.B. »Tot-Loben«) ☐
> - Psychische Erkrankung unterstellen ☐
> - Beschwerden durch Dritte erfinden (z.B. gefälschte Briefe, Anrufe, E-Mails) ☐
> - (Fingierte) Schreiben des oder an den Betroffenen werden öffentlich gemacht ☐
>
> **Angriffe gegen das Selbstwertgefühl**
> - Demütigung, Erniedrigung, Blamage, Häme, Abwertung (verbal und/oder nonverbal) ☐
> - Unterdrückung durch verbale Dominanz (z.B. Anschreien) ☐
> - Ruppige Redeweise mit dem Betroffenen ☐
> - Menschliche Qualifikation (»Charakter«) wird bestritten ☐
> - Unterstellung böser Absichten, Dummheit, Unehrenhaftigkeit ☐
> - Verunsicherung, Kränkung, Beleidigung, Schmähung ☐
> - Gezieltes Attackieren und Ausnutzen von persönlichen Unsicherheiten ☐
> - Persönliche Schwächen werden publik gemacht ☐
> - Aufbauschen von Fehlern und Unzulänglichkeiten (z.B. negative Sonderrolle, Ungerechtigkeiten) ☐
> - Übertriebene Kontrolle, berufliche Entmündigung ☐
>
> **Angst, Schreck und Ekel erzeugen**
> - Angst und Schrecken erzeugen (z.B. Einsperren des Betroffenen, Spinne in den Schreibtisch legen, tote Tiere im Büro ablegen, elektrischen Kurzschluss herbeiführen) ☐
> - Ekel erzeugen (z.B. Stinkbomben, verdorbene Lebensmittel im Büro verstecken) ☐
> - Einschüchtern, Bedrohen, Nötigen (z.B. Drohen mit dem Arbeitsplatzverlust, körperliche Gewaltandrohung) ☐
> - Anordnung, zum Arzt zu gehen, um die psychische Gesundheit prüfen zu lassen ☐
>
> **Angriffe gegen die Privatsphäre**
> - (Nächtlicher) Telefonterror ☐
> - Ständige Anrufe oder Besuche zur Kontrolle ☐
> - Bedrängende Aufforderungen, aus dem Urlaub und/oder aus der krankheitsbedingten Arbeitsunfähigkeit zurück zu kommen ☐
> - Schlechtmachen des Betroffenen bei Familienangehörigen, Freunden etc. ☐
>
> ▼

◘ Fragebogen 9. (Forts.)

- Familienangehörige ängstigen, angreifen, belästigen ☐
- Sachbeschädigung an privaten oder beruflich genutzten Gegen-
  ständen, Kleidung etc. ☐
- Gezielte Zuweisung schlechter Urlaubstermine ☐
- Kurzfristige Zurücknahme zugesagten Urlaubs oder Freizeitausgleichs ☐
- Unterschlagung von Anträgen (z.B. wegen Urlaub, Bildung) ☐
- Ständiges Abwerten privater Vorlieben, Interessen und Tätigkeiten ☐
- Ständiges Abwerten religiöser, politischer, weltanschaulicher
  Überzeugungen ☐

Angriffe gegen die Gesundheit und körperliche Unversehrtheit
- Offene körperliche Übergriffe, Gewaltanwendung ☐
- Als Zufall oder Missgeschick getarnte Verletzungen beifügen ☐
- Gezielte Anordnung von gesundheitsschädlichen Tätigkeiten ☐
- Sabotage von Sicherheitsmaßnahmen; Verschwinden lassen von
  Schutzmitteln ☐
- Sexuelle Belästigung
- Heimliche Verabreichung von Medikamenten und/oder Suchtmitteln
  (z.B. Alkohol bei einem abstinenten Alkoholiker) ☐
- Ungenießbarmachung oder Verunreinigung von Lebensmitteln ☐
- Herbeiführen von gesundheitlichen Beeinträchtigungen (z.B. Zugluft,
  Kälte, Hitze, Lautstärke, Vibration, Tabakqualm, Sprays) ☐
- Ausnutzen von gesundheitlichen Handikaps und Krankheiten gegen
  Betroffene ☐
- Betroffenen zum Suizid auffordern ☐

Versagen von Hilfe
- Ignorieren von Mobbingsituationen (z.B. Wegschauen, Weggehen) ☐
- Verharmlosen, Lächerlichmachen von Beschwerden ☐
- Vorwürfe, Schuldzuweisung gegenüber dem Betroffenen ☐
- Dulden von Mobbingvorgängen ☐
- Unterlassene Hilfeleistung ☐

zielgruppenspezifisches Mobbing

Differenziert nach Geschlecht, Alter, beruflichem Status und Tätig-keitsniveau sind merkmalstypische Mobbinghandlungen zu beobachten (Meschkutat et al., 2002). Angriffe gegen Frauen spielen sich überwiegend im sozialen, weniger im arbeitsbezogenen Kontext ab. Bei Männern ist es umgekehrt, sie sind häufiger von Mobbing betroffen, das im fachlichen Kontext stattfindet, und weniger von feindseligen Handlungen, die auf der Ebene der sozialen Beziehungen angesiedelt sind. Jüngere Beschäftigte werden überwiegend fachlich diskreditiert, ältere dadurch, dass ihnen Arbeit entzogen wird. Arbeiter werden am häufigsten durch Gerüchte, Unwahrheiten, Sticheleien, Hänseleien und Beleidigungen gemobbt, am seltensten werden sie bei der Arbeit behindert. Bei den Beamten ist es genau umgekehrt. Gerüchte etc. sind sel-

5.2 · Wie zeigt sich Mobbing?

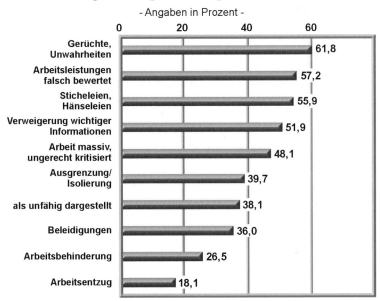

◨ Abb. 14 »Mobbinghandlungen« (nach Meschkutat et al., 2002)

ten, aber Arbeitsentzug findet häufig statt. Personen, deren Tätigkeit auf unterem Niveau angesiedelt ist, leiden am meisten unter Gerüchten etc. Personen, deren Tätigkeit auf hohem Niveau angesiedelt ist, fühlen sich häufig durch Verweigerung wichtiger Informationen gemobbt.

Nach Zapf (1999) kann man Mobbinghandlungen in folgende fünf Strategien zusammenfassen:

fünf Mobbingstrategien

- Mobbing als organisatorische Maßnahme, die schwerpunktmäßig die Arbeitsaufgaben und den Entzug von Entscheidungskompetenz betrifft.
- Soziale Isolierung: Man spricht nicht mehr mit den Betroffenen und lässt sich nicht mehr ansprechen. Man meidet die betroffene Person und grenzt sie aus.
- Angriff auf die Person und ihre Privatsphäre: Man macht die Person lächerlich und reißt Witze über deren Privatleben.
- Verbale Drohungen oder verbale Aggressionen wie Anschreien, Kritisieren und Demütigen vor anderen Mitarbeitern.
- Androhung und Ausübung körperlicher Gewalt.

Besonders aufgrund der Erfahrungen von Mobbingberatungsstellen wurde der Begriff Mobbing über die gerade vorgestellte individuelle Perspektive hinaus erweitert:

Begriffserweiterung

- Mobbing auf dynamischer Ebene
  - Gruppe sucht Sündenbock für Leistungsabfall

- Gruppe zeigt Einstellungen oder Werte, die zur sozialen Isolation von Teammitgliedern führen
- Gruppe handelt als Initiator, Richter und Vollstrecker
- Mobbing auf organisatorischer Ebene
  - Betriebliche Konflikte werden mit Macht gelöst
  - Mobbing wird als Disziplinierungsmittel eingesetzt
  - Systematische Rechtsverletzungen durch Führungskräfte

Opferfixierung

Die Weitung des Blicks ist wichtig, weil man sich aus der Verengung auf das Opfer löst. Auch ohne das konkrete Mobbingopfer gäbe es Konflikte, sie müssten jedoch in anderer Weise bearbeitet werden oder es gäbe statt diesem ein anderes Opfer.

5.3 Wie verläuft Mobbing?

5-Phasen-Modell

Mobbing wird immer wieder als Phasenverlauf beschrieben. Sehr differenziert ist das nachfolgend vorgestellte 5-Phasen-Modell (Schild & Heeren, 2001; Mittelstaedt, 1998; Meschkutat et al., 2002). Andere Phasenmodelle werden beispielsweise von Esser & Wollmerath (2005) sowie von Brinkmann (2002) vorgeschlagen.

Phase 1

Konflikte, einzelne Vorfälle

Konflikte sind normale Vorgänge an jedem Arbeitsplatz. Im Hinblick auf den Mobbingverlauf ist entscheidend, wie man mit einem Konflikt umgeht. Oft werden Konflikte nach kurzer Zeit beigelegt, zum Beispiel entschuldigt man sich für eine beleidigende Äußerung. Problematisch wird ein Konflikt, der unbearbeitet bleibt und unterschwellig wirkt. Leicht entwickelt sich eine aggressive, gereizte Stimmung unter den Mitarbeitern. Dadurch erhöht sich die Wahrscheinlichkeit, dass der Konflikt eskaliert und in Mobbing umschlägt. Das Verhalten der Betroffenen ist gekennzeichnet von Irritiertheit, Reizbarkeit und einseitigem Argumentieren für den eigenen Standpunkt. Im Vordergrund steht noch das Bemühen um eine rationale Konfliktlösung, untergründig spielen aber schon Verunsicherung, Verärgerung und Angst eine Rolle.

Phase 2

Zunehmender Selbstverteidigungszwang als unterschwellige Mobbingvoraussetzung

Die Sachauseinandersetzung tritt in den Hintergrund, der Konflikt wird personifiziert. Die eigene Machtposition wird als ernstlich und dauerhaft bedroht erlebt. Die Verunsicherung der Beteiligten ist bereits stark. Die Bereitschaft, soziale Normen zur Absicherung der eigenen Position zu umgehen, wächst. Man versucht, den Gegner zu unkontrollierten Reaktionen zu provozieren, um dessen Gesichtsverlust voranzutreiben. Ein erheblicher Teil der Arbeitszeit wird zur Konfliktaustragung genutzt. Nun

5.3 · Wie verläuft Mobbing?

stellen sich bei dem Betroffenen erste Stresssymptome ein, die im weiteren Verlauf stärker werden. Diese zweite Phase muss nicht zwingend durchlaufen werden, mitunter geht Phase eins direkt in Phase drei über.

Eskalation

Phase 3

Mit der gemobbten Person will niemand mehr zusammenarbeiten. Sie wird nicht mehr akzeptiert und respektiert. Dadurch wird sie unsicher, macht Fehler, fällt auf. Ihr schlechtes Befinden, das erst durch Mobbing entstanden ist, dient zur Rechtfertigung weiterer Ausgrenzungen. Der reguläre Arbeitsablauf wird gestört, so dass die Organisation die gemobbte Person zunehmend als lästig empfindet. Der gemobbten Person wird nahe gelegt, zu kündigen oder sich einen anderen Arbeitsplatz in der Organisation zu suchen. Der Gesamtzustand des Mobbingopfers, hervorgerufen unter anderem durch die soziale Isolation und die Zurückweisungen, verschlechtert sich bis hin zu schweren Erkrankungen. Die zu Beginn eventuell noch gleich starken Konfliktparteien haben sich inzwischen als »Täter« und »Opfer« verfestigt. Die Emotionen der Beteiligten wirken von außen betrachtet irrational.

In dieser Phase müssen sich die »offiziellen Stellen« der Sache annehmen, weil der Arbeitsablauf gestört ist. Die Intervention der Vorgesetzten richtet sich häufig nicht auf eine konstruktive Beilegung der angespannten Situation, sondern auf das Opfer, das als Störer wahrgenommen wird. Die Situation des Betroffenen wird schlechter, vor allem wird die oft vorhandene Hoffung auf eine »gerechte« Behandlung durch Vorgesetzte enttäuscht, und das Ohnmachtsgefühl wächst. Durch den offiziellen Charakter sinken die Chancen, die Situation durch eine Versetzung ohne großes Aufsehen zu entschärfen. Die Gerüchteküche brodelt, und ein unvoreingenommener Neustart wird durch vorauseilende Negativinformationen vereitelt.

Ärztliche und psychologische Fehldiagnosen

Phase 4

Der Gesundheitszustand hat sich so verschlechtert, dass spätestens jetzt Kontakt zu Ärzten oder Psychologen aufgenommen wird. Aus Sicht des Betroffenen kann es mitunter zu Fehldiagnosen kommen, die als ungerecht empfunden werden. Mitunter erkennen Ärzte und Psychologen nicht, dass die Arbeitsbedingungen die Hauptursache für Krankheiten und seelische Störungen sind. Die Folge können personenzentrierte Diagnosen wie »Wechseljahrdepression« oder »Psychovegetatives Erschöpfungssyndrom« sein. Durch die öffentliche Diskussion des Begriffs und die Arbeit der Mobbingberatungsstellen hat sich die Situation in den letzten Jahren allerdings erheblich verbessert. In vielen Städten kennen die Mobbingberatungsstellen Ärzte und Psychologen, die sich zu dem Thema qualifiziert haben und kompetent behandeln.

Phase 5

Endstation

Die Betroffenen werden aufs Abstellgleis geschoben. Viele verbleiben zwar in der Organisation, werden aber ausgegrenzt, erhalten sinnlose oder unterfordernde Arbeitsaufträge und werden räumlich und sozial isoliert. Am Ende schließt man die Betroffenen aus der Arbeitswelt aus, indem man sie langfristig krankschreibt, frühverrentet oder ihnen kündigt. Im Extremfall versuchen die gemobbten Personen, die Konflikte am Arbeitsplatz mit Gewalt zu lösen, oder begehen Selbstmord.

Stigmatisierung

Das Kernproblem des Mobbings ist die soziale Isolation und die Stigmatisierung des Opfers. Selbst wenn zunächst nur eine Person mobbt, ändert sich durch die Angriffe auch die Reaktion des Umfelds. Leymann hat festgestellt, dass die Mobbergruppe im Verlauf wächst. Auch ursprünglich neutrale Personen schlagen sich auf die Seite des Mobbers. Eine weitere Gruppe sind die so genannten Möglichmacher (Leymann, 1993), die sich zwar nicht beteiligen, die das Mobben aber registrieren und sich vom Opfer zurückziehen, eventuell aus Angst, selbst gemobbt zu werden. Damit ist der Weg in die soziale Isolation beschritten. Gerüchte führen zur Parteinahme auch bisher unvoreingenommener Mitarbeiter. Hinzu kommt, dass der Betroffene auf die Angriffe reagiert. Oft denkt er noch in Kategorien von Schuld und Wiedergutmachung, während das Umfeld schon längst mit der Isolierung begonnen hat. Das verständliche Bestehen auf Wiedergutmachung wird oft als Halsstarrigkeit gedeutet und führt tiefer in die Isolation. Auch reagiert der Betroffene zunehmend mit Misstrauen und Unfreundlichkeit. Daraufhin distanzieren sich auch anfänglich neutrale Personen. Die fehlende soziale Unterstützung verschlechtert das Bewältigungsvermögen des Betroffenen drastisch. Verhaltensweisen, die eigentlich der Entspannung der Situation dienen sollen, werden von den Mobbern umgedeutet, zum Beispiel als unterwürfiges oder arrogantes Verhalten, so dass sich neue Ansatzpunkte für Mobbinghandlungen ergeben. Leymann (1993) trifft es auf den Punkt: »Was der Betroffene auch immer unternimmt, um sich zu retten, es sind die anderen, die einseitig darüber urteilen, ob er wieder aufgenommen wird oder nicht.«

Teufelskreis

Das Verteidigungsverhalten wird falsch interpretiert. Anstatt das Verhalten in Beziehung zur sozialen Situation, das heißt zu den Angriffen, zu setzen, unterstellt man, das Verhalten sei in der Persönlichkeit begründet: Mutmaßungen über die Persönlichkeit und Charaktermängel bahnen den Weg zur Stigmatisierung. Je verzweifelter sich das Opfer wehrt, desto enger zieht sich die Schlinge. Leymann (1995) geht davon aus, dass 5 bis 10 Prozent der Mobbingopfer an schweren psychischen Störungen erkranken. Was mit Unwohlsein, Kopfschmerzen, Magenproblemen, Niedergeschlagenheit und Antriebslosigkeit beginnt, kann in Depressionen, Substanzmissbrauch oder -abhängigkeit enden.

Mobbingverlauf

In ◘ Übersicht 7 wird der Mobbingverlauf in knapper Form dargestellt. Die Zeitangaben sind lediglich Anhaltswerte zur Groborientierung.

5.3 · Wie verläuft Mobbing?

▣ Übersicht 7. Mobbingverlauf (Leymann, 1993; Zuschlag, 2001)

Stressoren aus der Arbeitswelt	Krankheitssymptome beim Mobbingopfer	Reaktionen des Mobbingopfers
Vorphase: eventuell latente Konflikte	keine Krankheitssymptome	keine Reaktionen
1. Phase Konflikte entstehen/ werden bewusst	stressinduzierte psychosomatische Reaktionen, zum Beispiel Schlafstörungen, Magen-/ Darmstörungen, leichte depressive Verstimmung	Versuch einer rationalen Konfliktbewältigung
2. Phase erste Mobbingattacken und gezielte Konflikteskalationen	Verstärkung der in Phase 1 aufgetretenen Symptome	rationale Argumentation und gegebenenfalls aggressive Abwehrreaktionen
3. Phase nach ca. 6 Monaten weitere Konflikteskalation und Stigmatisierung des Opfers	Behandlungsbedürftigkeit aufgrund psychosomatischer Beschwerden	teils hilflose und teils aggressive Abwehrreaktionen
4. Phase circa 12 Monate nach Beginn Einschreiten des Arbeitgebers, disziplinarische und arbeitsrechtliche Maßnahmen	psychosomatische Symptomatik verschlimmert sich und breitet sich aus, Ausweitung zum »generellen Angstzustand«	Gegenattacken zur Vermeidung des wirtschaftlichen Ruins und des sozialen Abstiegs, Existenzangst und Verzweiflung, Aufsuchen von Psychologen, Rechtsanwälten und Fachärzten
5. Phase Kündigung, Prozesse	Verfestigung der psychosomatischen Beschwerden und kompensatorische Flucht in die Krankheit	Konfrontation mit dem Ausscheiden aus dem Arbeitsleben und Isolation in der Gesellschaft

Im Einzelfall kann Mobbing rascher oder auch langsamer verlaufen. Es ist nicht zwingend, dass jeder Betroffene alle Phasen durchlebt, es können Phasen übersprungen, der Mobbingprozess kann unterbrochen oder gestoppt werden. Nach Meschkutat et al. (2002) erleben rund 60 Prozent der Gemobbten alle Eskalationsstufen, auch gravierende Folgen wie arbeitsrechtliche Schritte oder Krankschreibungen.

Nach Meschkutat et al. (2002) wird von den gemobbten Personen jeder vierte Betroffene täglich und jeder dritte Betroffene mehrmals wöchentlich gemobbt. Der Zeitraum, in dem die Gemobbten von feindseliger Handlung betroffen waren, beträgt im Durchschnitt der abgeschlossenen Fälle 16,4 Monate. Am häufigsten dauert ein Mobbingprozess rund 12 Monate. In den meisten Mobbingfällen waren drei bis fünf Personen feindselig aktiv. Allerdings geben knapp drei Viertel der Be-

Mobbing-Statistik

troffenen an, dass Mobbing am Anfang nur von einer Person ausging und sich im Laufe des Prozesses weitere Personen anschlossen.

5.4 Mobbingursachen

multiple Ursachen

Für die Entstehung von Mobbing kann man nur selten einen einzelnen Auslöser verantwortlich machen. Die Persönlichkeiten der Beteiligten spielen ebenso eine Rolle wie das Organisationsklima, der Führungsstil der Vorgesetzten und konjunkturelle Rahmenbedingungen. Die Angst vor Arbeitsplatzverlust verbunden mit schlechten Wechselchancen hält Betroffene länger an ihrem Arbeitsplatz, als dies bei günstigeren Bedingungen der Fall wäre. Unter günstigen Rahmenbedingungen kann ein Konflikt oft noch gelöst werden, unter ungünstigen Bedingungen kann ein und derselbe Grundkonflikt zu Mobbing eskalieren (Meschkutat et al., 2002).

Die Frage nach Mobbingursachen kann man so formulieren (Premper, 2002; Zuschlag, 2001): Weshalb mobbt dieser Mobbingtäter gerade dieses Mobbingopfer mit genau dieser Mobbingmethode zu diesem Zeitpunkt? Zur Beantwortung dieser Frage kann man in drei Bereichen nach Ursachen suchen:

- Ursachen im Mobbingtäter
- Ursachen im Mobbingopfer
- Ursachen in der Arbeitsorganisation und in der betrieblichen Situation

5.4.1 Mobbingtäter

Veränderungsdruck

In den westlichen Industrienationen vollzieht sich ein nachhaltiger Wandel. Die Globalisierung schürt Existenzängste und verunsichert. Als Richtschnur des Erfolgs dienen persönliches Fortkommen und Eigennutz. Mitarbeiter wollen einerseits mitreden und mitentscheiden, andererseits ist mitunter ihre Bereitschaft gesunken, Verantwortung und Konsequenzen (mit) zu tragen. Dies schafft neue Probleme, vor allem auch dann, wenn die Entscheidungsbefugnisse und Informationswege unklar sind. Viele Vorgesetzte fühlen sich verunsichert (Schuh & Ambrosy, 2001). Wann sollen Führungskräfte ihre Führungsaufgabe wahrnehmen und auch unbequeme Entschlüsse fällen, und bei welchen Entscheidungen ist eine Mitsprache der Mitarbeiter geboten? Sobald ein Machtvakuum entsteht, kann dies ausgenutzt werden, und das kann der Anfang von Grenzüberschreitungen, Machtmissbrauch und Mobbing sein. Mögliche Folgen: Übergriffe von Mitarbeitern gegen Vorgesetze, von Vorgesetzten gegen Mitarbeiter oder von Mitarbeitern untereinander.

In einigen Fällen geht Mobbing direkt vom Vorgesetzten aus. Leider ist es mitunter Firmenpolitik, Zwietracht unter den Mitarbeitern zu säen und Personen, die eine eigene Meinung haben, zu ducken. Gerade wenn Entlassungen anstehen, dulden manche Unternehmen Mobbing unter den Mitarbeitern oder fördern es sogar. Mobbing ist aus Sicht solcher Unternehmen billiger als ein Sozialplan. Mögliche Ursachen für Übergriffe eines Vorgesetzten gegen Mitarbeiter sind (Zuschlag, 2001; Esser & Wollmerath, 2005):

Mobbing von oben

- Angst der Vorgesetzten
  - vor Autoritätsverlust und Machteinbuße im Unternehmen
  - dass unzureichend angetriebene Mitarbeiter faulenzen
  - vor Intrigen der Mitarbeiter
  - dass Mitarbeiter sie aus ihrer Position verdrängen
  - vor Imageverlust bei Mitarbeitern und eigenen Vorgesetzten
- Disziplinierung von Mitarbeitern
- Antipathie
- Sich am Ärger und an der Wut anderer erfreuen (Sadismus)
- Revanchereaktionen/Racheaktionen auf von Mitarbeitern verursachte Probleme oder verursachten Ärger
- Mangelnde soziale Kompetenz, so dass die Vorgesetzten ihre Rolle nicht sachgerecht ausfüllen können

Mobbing von oben ist aber nur ein Teil des Problems. In der Untersuchung von Meschkutat et al. (2002) wurde auch gefragt, von wem die Mobbinghandlungen ausgehen. Dabei waren die Angreifer:

Mobbingtäter

- zu 38 Prozent nur der Vorgesetzte,
- zu 13 Prozent Vorgesetzte und Kollegen,
- zu 22 Prozent nur ein Kollege,
- zu 20 Prozent Gruppen von Kollegen und
- zu 2 Prozent nur Mitarbeiter.

In der Hälfte aller Fälle sind Vorgesetzte am Mobbing beteiligt. Auch in anderen Stichproben aus dem deutschen Raum waren die Vorgesetzten jeweils zu über 50 Prozent am Mobbing beteiligt. Unter den mobbenden Vorgesetzten ist der Anteil direkter Vorgesetzter doppelt so hoch wie der Anteil indirekter Vorgesetzter. Allerdings sind auch in mehr als der Hälfte der Fälle Kollegen am Mobbing beteiligt. Hingegen hat Mobbing von unten Seltenheitswert mit Ausnahme bei Beamten mit 11 Prozent im Vergleich zum Durchschnitt von 2 Prozent. Je niedriger die hierarchische Position ist, desto höher ist die Wahrscheinlichkeit von Kollegenmobbing, je höher die hierarchische Position ist, desto höher ist die Wahrscheinlichkeit von Vorgesetztenmobbing. Die Attacken von Vorgesetzten konzentrieren sich auf die Arbeitsebene, die der Kollegen stärker auf die soziale Ebene. Männer sind etwas stärker vom Vorgesetztenmobbing, Frauen etwas stärker vom Kollegenmobbing betroffen (Meschkutat et al., 2002). Dabei ist jedoch zu beachten, dass mehr Männer in Führungspositionen arbeiten als Frauen und dass in höheren hierarchischen Positionen das Risiko von Vorgesetzenmobbing erhöht ist.

Männer treten häufiger als Mobber (59 Prozent) in Erscheinung als Frauen (41 Prozent). Dabei gilt, dass Männer in 80 Prozent der Fälle und Frauen in 43 Prozent der Fälle von einem Mann gemobbt werden. Tendenziell wird damit eher gleichgeschlechtlich gemobbt. Mit dem Lebensalter steigt das Risiko, vom Vorgesetzten gemobbt zu werden, kontinuierlich an. Da mit zunehmendem Lebensalter tendenziell ein hierarchischer Aufstieg verbunden ist, kann man Konfundierungen von Alter mit der hierarchischen Position nicht ausschließen. Das Risiko, von gleichaltrigen oder älteren Personen gemobbt zu werden, ist relativ hoch. Zugespitzt formulieren Meschkutat et al. (2002): Ein typischer Mobber ist ein männlicher Vorgesetzter zwischen 35 und 54 Jahren, der langjährig im Betrieb beschäftigt ist.

Mobbing von Kollegen

Mögliche Ursachen für Übergriffe von Kollegen (Zuschlag, 2001):
- Wichtige Informationen werden vorenthalten, um durch den Informationsvorsprung den eigenen Arbeitsplatz zu sichern.
- Ärgerliche Reaktionen gegen »Drückeberger«, deren Arbeit mit erledigt werden muss.
- Eine Gruppe versucht, ein Mitglied zur Anpassung an die von der Mehrheit aufgestellten Forderungen zu zwingen.
- Eine persönliche Feindschaft (oder auch Unzufriedenheit mit der eigenen Arbeitsplatzsituation).
- Man lässt seine Spottlust oder seinen Unwillen an sozial schwächeren Mitgliedern aus, zum Beispiel an Behinderten.
- Man wählt jemanden aufgrund seiner Andersartigkeit als Opfer aus (Geschlecht, Rasse, Glaubenszugehörigkeit, Gewohnheiten etc.).

Fürsorgepflicht

Wenn Mobbing zwischen Kollegen entsteht, ist der Vorgesetzte gefragt. Er hat nicht nur die Weisungsbefugnis, sondern auch eine Fürsorgepflicht für alle seine Mitarbeiter. Ein guter Vorgesetzter wird meist merken, wenn einzelne Kollegen gemobbt werden, und er wird rechtzeitig eingreifen. Je früher er eingreift, umso besser sind seine Chancen, den Mobbingprozess im Ansatz zu stoppen.

Mobbing von unten

Mobbing von unten nach oben ist zwar selten, aber es kommt vor. Mögliche Ursachen für Übergriffe gegen Vorgesetzte:
- Die Belegschaft begehrt gegen einen unerwünschten (neuen) Vorgesetzten auf.
- Ein Vorgesetzter wird aufgrund seines kränkenden, ungerechten oder autoritären Auftretens oder aufgrund anderer »Unzulänglichkeiten« angegriffen.
- Man bringt eine Führungskraft in Misskredit, um dann selbst den Posten übernehmen zu können.

Stucke (2002) zeigt, dass hoch narzisstische Personen mit geringer Selbst-konzeptklarheit die meisten Tätererfahrungen mit Mobbing haben. Hoch narzisstische Personen zeichnen sich durch eine Selbstüberschätzung aus. Ein überhöhter Selbstwert liegt vor, wenn der subjektive Selbstwert die realen Fähigkeiten einer Person übersteigt. Von geringer Selbstkon-zeptklarheit spricht man, wenn das Selbstwertgefühl zeitlichen und si-tuativen Schwankungen unterliegt und unsicher ist. Wenn ein überzo-gen positives Selbstbild infrage gestellt wird, resultiert daraus aggressives Verhalten gegenüber der Bedrohung. So wird die eigene Überlegenheit demonstriert und das verletzte Selbstbild wieder hergestellt. Aggression ist demnach eine Folge der Diskrepanz zwischen positiver Selbst- und negativer Fremdbewertung (Stucke, 2002). Die Diskrepanz ist bei Per-sonen mit überhöhtem, aber instabilem Selbstbild besonders groß. Tat-sächlich zeigen narzisstische Personen nach Misserfolg mehr Ärger (Stu-cke & Sporer, 2002).

Merkmale von Mobbingtätern

Zusammenfassend kann man sagen, dass es im Wesentlichen vier Motivgruppen bei Mobbingtätern gibt (Zapf, 1999):

Motive von Mobbingtätern

- Mikropolitisches Mobbing, um einen missliebigen Mitarbeiter an den Rand oder aus der Organisation zu drängen, so genannte »inof-fizielle Personalarbeit«.
- Mobbing als Strategie zur Selbstwertstabilisierung. Basis ist das Ge-fühl des Bedrohtwerdens in einem selbstwertrelevanten Bereich. Angst davor, in irgendeiner Hinsicht unterlegen oder nicht aner-kannt zu sein, ferner Angst vor Autoritätsverlust und Machteinbu-ße. Angst davor, von anderen nicht ausreichend informiert oder für unfähig gehalten zu werden, was in die Furcht münden kann, aus der eigenen Position verdrängt zu werden.
- Mobbing als Strategie zur Statussicherung. Der Täter hat ein starkes Bedürfnis nach Anerkennung, Bewunderung und Machtausübung. Mängel und Fehler werden anderen zugeschrieben, und diese wer-den zum Sündenbock gemacht. Häufig liegen ein Hang zum Per-fektionismus, mangelnde Empathie und geringe Delegationsfähig-keit vor. Dass andere den Eindruck gewinnen könnten, man sei sei-nen Aufgaben nicht gewachsen, oder das Geschick und die Fähig-keit reichten nicht zur sachgerechten Anleitung, Kontrolle und Füh-rung der zugeordneten Mitarbeiter aus, wird als Bedrohung für den Status wahrgenommen.
- Nichtbewusstes Mobbing. Ungenügend wahrgenommene Konflikte führen zu aufgestautem Ärger. Es kommt zu kränkenden und schä-digenden Handlungen, deren Wirkungen sich der Täter nicht be-wusst sein muss.

5.4.2 Mobbingopfer

Selektion

Es kann vorkommen, dass Merkmale einer Person den Mobbingprozess auslösen. Das heißt nicht automatisch, dass der vom Mobbing Betroffene »selbst schuld« ist. Für die Entstehung der Mobbingsituation kann es ausreichen, dass eine Person in einer bestimmten Gruppe aufgrund ihrer Persönlichkeit, ihres Geschlechts, ihrer Hautfarbe, ihrer kulturellen oder nationalen Identität in eine sozial herausgehobene Stellung geraten ist. Die gleiche Person kann in einer anderen Gruppe vollkommen akzeptiert und sehr beliebt sein. In Schweden ist festgestellt worden, dass Frauen in typischen Männerberufen, aber auch Männer in typischen Frauenberufen häufig von Mobbing betroffen sind. Mobbing trifft oft sozial Schwächere; zum Beispiel allein erziehende Mütter oder Behinderte.

Opferfaktoren

Die Frage, inwieweit Mobbingopfer die Mobbinghandlungen mit verursachen, wird sehr kontrovers diskutiert. Teilweise wird bereits die Diskussion dieser Frage als Verunglimpfung der Opfer gesehen. Hier geht es jedoch nicht um die Verschiebung der Verantwortung vom »Täter« zum »Opfer«, sondern um die Frage, welche Eigenschaften und Merkmale die Wahrscheinlichkeit erhöhen, Mobbingopfer zu werden. Nach Rammsayer, Stahl und Schmiga (2006) sowie Premper (2002) und Zuschlag (2001) sind folgende Faktoren relevant:

- Leistungsprobleme: Die erforderlichen Kenntnisse oder Fähigkeiten fehlen. Es liegt eine geringe Anstrengungsbereitschaft oder eine hohe Fehlerquote vor.
- In der Persönlichkeit begründete Probleme: Geringe soziale Kompetenz, niedriges Selbstwertgefühl, starke Stimmungsschwankungen, Neigung zur Depressivität, geringe Selbstwirksamkeitserwartung, Neigung, sich leicht angegriffen und gekränkt zu fühlen, starke Unsicherheit. Das kann dazu führen, dass diese Menschen sich unsicher verhalten, aufkommende Konflikte zu spät wahrnehmen und wenn sie Konflikte wahrnehmen, diese eher vermeiden.
- Soziale Anpassungsprobleme: Betreffender gibt sich arrogant, greift in Kompetenzen anderer ein oder bringt moralische oder leistungsmäßige Überlegenheit zum Ausdruck und stellt sich so ungewollt ins Abseits. Oder er sondert sich ab, diffamiert andere und zeigt sich starr und rigide in seinen Haltungen. Er verstößt gegen die betriebliche Ordnung, enthält anderen wichtige Informationen vor oder zeigt einen Minimalismus auf Kosten anderer.
- Auffälligkeit der äußeren Erscheinung: zu groß, klein, dick, dünn, buckelig, mit fehlenden Gliedmaßen, affektierter Gang, auffällig modern oder auffällig altmodisch gekleidet.
- Behinderung oder Krankheiten wie Epilepsie, Hautausschlag, Tics, Alkohol- oder Medikamentenabhängigkeit, penetranter Körper- oder Mundgeruch.

— Individuelle Stressverarbeitungsstrategien und grundlegende Persönlichkeitsmerkmale.

Die Durchsicht der Liste zeigt, dass Mobbingopfer in manchen Punkten konkreten Anlass für Ablehnung geben können. Statt angemessen mit einem solchen Konflikt umzugehen, kann es in der Folge zu Mobbing kommen.

Meschkutat et al. (2002) haben Mobbingopfer befragt, warum sie aus ihrer Sicht gemobbt wurden. Trotz der Problematik von Ursachenvermutungen zur eigenen Person – häufig wird die Situation stärker beachtet als eigene Anteile – geben die Ergebnisse Hinweise auf mögliche Ursachen. Rund 60 Prozent der Betroffenen vermuten, dass sie gemobbt werden, weil sie unerwünschte Kritik geäußert haben, gefolgt von 58 Prozent, die vermuten, dass sie als Konkurrenz empfunden werden. Alle anderen Motive folgen mit erheblichem Abstand. So gaben 37 Prozent an, sie seien wegen ihrer starken Leistungsfähigkeit und 23 Prozent wegen angeblich zu schwacher Leistung gemobbt worden. Rund 40 Prozent sehen Spannungen zwischen Vorgesetzten und Betroffenen als Ursache an. Dabei vermuten Frauen mit 18 Prozent dreimal so häufig wie Männer, dass ihre Geschlechtszugehörigkeit von zentraler Bedeutung für das Mobbing sei. Ähnlich ist die Verteilung hinsichtlich des vermuteten Motivs Aussehen, das 12 Prozent der Frauen als Ursache vermuten. Bei den unter 25-Jährigen spielen Spannungen mit dem Vorgesetzen sehr viel seltener eine Rolle als bei allen anderen Altersgruppen. Überdurchschnittlich häufig geben sie an, ihr Arbeitsstil, ihre unzureichende Leistungsfähigkeit und ihre erst kurze Anwesenheit in der Organisation spielten eine Rolle. Auffällig sind auch die Häufungen bei Lebensstil, Geschlecht, Aussehen und Nationalität. Gegen die häufig unterstellte Vermutung, ältere Mitarbeiter seien weniger leistungsfähig, spricht, dass die über 55-Jährigen unterdurchschnittlich häufig angeben, wegen unzureichender Leistung gemobbt worden zu sein.

Opferperspektive

Mehr als die Hälfte der Befragten war häufiger als einmal von Mobbing betroffen. Zunächst ließe das auf Ursachen bei der betroffenen Person schließen. Allerdings zieht Mobbing individuelle Folgen nach sich, die auf die Persönlichkeit des Betroffenen wirken. Zudem entwickelt eine Reihe von Personen aus dem betrieblichen Umfeld ein Misstrauen gegen die gemobbte Person. Bei einem Wechsel innerhalb der Organisation eilt der Ruf häufig schon voraus (Meschkutat et al., 2002). Letztlich muss derzeit offen bleiben, ob es persönliche Ursachen bei den gemobbten Personen gibt, oder ob Mobbingprozesse zu systematischen Veränderungen im Verhalten und der Persönlichkeit führen, die das Risiko eines erneuten Mobbings steigen lassen.

offene Fragen

5.4.3 Arbeitsorganisation und betriebliche Situation

Nährboden für Mobbing

Oft resultieren Spannungen aus problematischen Rahmenbedingungen. Fehler und Defizite in der Arbeitsorganisation, Gestaltung der Arbeitsinhalte und -abläufe sowie im Führungsverhalten begünstigen die Entstehung von Mobbing. Faktoren, die zur Verunsicherung oder zu einem erhöhten Druck oder einer Bedrohung führen, begünstigen Mobbing: neue Mitglieder in Arbeitsgruppen, Umorganisation, Arbeitsplatzabbau, hoher Leistungsdruck, ungünstige Arbeitszeitregelungen, stark konkurrenzorientiertes Klima, Angst vor Arbeitsplatzverlust. Die Bedeutung des Faktors Arbeitsklima bestätigen Meschkutat et al. (2002), wonach 65 Prozent der Betroffenen angaben, zum Zeitpunkt des Mobbings sei das Arbeitsklima schlecht gewesen. Gut 60 Prozent gaben an, eine Gesprächsbereitschaft des Vorgesetzten sei nicht vorhanden gewesen. Mit 55 Prozent folgen Termindruck, Stress und Hektik als prägende Faktoren des Arbeitsalltags. Gleich häufig gab es Unklarheiten in der Arbeitsorganisation und unklare Zuständigkeiten. Umstrukturierungen lagen bei 37 Prozent der Betroffenen vor. Aktuelle Reorganisationsmaßnahmen erhöhen das Mobbingrisiko.

schlechte Arbeitsorganisation

In Organisationen mit offener Informationspolitik findet sich Mobbing selten. Wenn Mitarbeiter merken, dass ihr Vorgesetzter sie ernst nimmt, Wert auf ihre Meinung legt und Konflikte angeht, statt sie zu ignorieren, ist dem Psychoterror der Boden entzogen. Häufig entzündet sich der Konflikt, aus dem dann später ein Mobbingprozess wird, an arbeitsorganisatorischen Mängeln. Typische Mängel in der Arbeitsorganisation, die als Auslöser für Mobbing wirken können, sind zum Beispiel

- unbesetzte Stellen oder zu wenige Stellen,
- hoher Zeitdruck,
- starre Hierarchie mit unsinnigen Anweisungen,
- hohe Verantwortung bei geringem Handlungsspielraum,
- geringe Bewertung der Tätigkeit.

Mobbingrisiko

Leymann (1996) geht davon aus, dass jede vierte Person einmal im Laufe ihres Arbeitslebens gemobbt wird.

5.5 Mobbingfolgen

Übersicht

Die Folgen des Mobbings hängen von der Dauer und Intensität des Mobbingprozesses und von den persönlichen Bewältigungsmöglichkeiten ab. Im Extremfall führt Mobbing zur Beeinträchtigung der beruflichen und privaten Situation sowie der Gesundheit. Dabei fällt auf, dass bei Selbsteinschätzungen die Zahl der Mobbingopfer geringer als bei Fremdeinschätzungen ist. Das heißt, es ist unwahrscheinlich, dass sich jemand fälschlicherweise als Opfer bezeichnet. Eher ist zu erwarten, dass man seinen Opferstatus vertuscht (Zapf, 1999). In den meisten Studien überwiegt der Anteil der Frauen. Mit der nahe liegenden Interpretation, dass Frauen häufiger Mobbingopfer werden, sollte man vorsichtig umgehen. So ist aus der Stressforschung bekannt, dass Frauen eher bereit sind, über ihre Probleme zu reden und Hilfe in Anspruch zu nehmen als Männer. Neben den individuellen Folgen werden auch betriebswirtschaftliche und gesellschaftliche Folgen betrachtet.

5.5.1 Individuelle Folgen

Herr Gertz hat seine Funktion verloren, seine Arbeitskraft und seine Kompetenzen sind überflüssig geworden. Dieser Verlust und die daraus folgende Degradierung lösen bei ihm Angst und Wut aus. Durch die Versetzung wird er aus dem vertrauten sozialen Gefüge gerissen, er wird von Informationen abgeschnitten, und die berufliche und persönliche Orientierung geht verloren. Seine Angst lähmt ihn. Wie eine Self-fulfilling-prophecy gestaltet sich sein beruflicher Alltag zunehmend schwierig. Das Bedürfnis, einen guten Eindruck zu machen, stellt sich den Kollegen so übertrieben dar, dass er als Rückmeldung Skepsis erntet. Die Angst davor, etwas falsch zu machen, führt zu Fehlleistungen und verschärft die Situation, bis es auch physisch zur Krise kommt. Der Körper reagiert auf den Dauerstress: Herr Gertz erleidet einen Herzanfall und meldet sich krank. In diesem Teufelskreis aus Angst vor Versagen und – scheinbarer – Bestätigung seiner schlimmsten Befürchtungen werden in einem schleichenden Prozess das berufliche Selbstwertgefühl und das damit verbundene Selbstbewusstsein stetig unterhöhlt. Im Verlauf der Ereignisse fallen schließlich von den Mitarbeitern Äußerungen wie: »Ist ja kein Wunder, dass keiner was mit ihm zu tun haben will. Er benimmt sich einfach sonderbar.« Herr Gertz ist auffällig geworden, obwohl er alles dafür tut, unbemerkt zu bleiben, um Kritik und Kontrollen zu umgehen. Zusätzlich geraten selbst einfache Anforderungen am Arbeitsplatz zu unüberwindlichen Hindernissen. Das Verhalten wird immer unsicherer, und das ehemals intakte Selbstbild des sachlich und fachlich kompetenten Mitarbeiters wird brüchig und fällt in sich zusammen.

Beispiel

Das Beispiel zeigt: Mobbing verschlechtert die psychische Befindlichkeit (Knorz & Zapf, 1996). Nach Meschkutat et al. (2002) hat Mobbing folgende Auswirkungen auf das Arbeits- und Leistungsverhalten (● Tabelle 3):

psychische Belastung → Stress

Rund zwei Drittel der Betroffenen werden durch Mobbing demotiviert und reagieren mit erhöhtem Misstrauen, Nervosität und Verunsicherung. Bei über 50 Prozent führt das Mobbing zu Konzentrationsmängeln sowie Leistungs- und Denkblockaden, zu Angstzuständen, Selbstzweifeln und Rückzug. In einem Viertel der Fälle entwickelten die Betroffenen Schuldgefühle. Nur bei 1,3 Prozent kam es zu keinen Auswir-

Demotivation

◪ Tabelle 3. Auswirkungen auf das Arbeits- und Leistungsverhalten (nach Meschkutat et al., 2002)

Auswirkung	in Prozent
Ich war demotiviert	72
Ich entwickelte starkes Misstrauen	68
Ich wurde nervös	61
Ich war verunsichert	60
Ich habe mich zurückgezogen	59
Ich fühlte mich ohnmächtig	58
Ich habe innerlich gekündigt	57
Es kam zu Leistungs- und Denkblockaden	57
Ich zweifelte an meinen Fähigkeiten	54
Ich wurde ängstlich – hatte Angstzustände	53
Ich war unkonzentriert bei der Arbeit	52
Ich wurde gereizt/aggressiv	41
Es traten vermehrt Fehler auf	34
Ich fühlte mich schuldig/verantwortlich	25
Es kam zu keinen Auswirkungen	1

kungen. Insgesamt leidet die Leistungsfähigkeit der Betroffenen erheblich. Eine solche Leistungsverschlechterung kann wiederum neue Ansatzpunkte für Mobbing liefern.

Krankheit

In rund 44 Prozent der Fälle erkrankten die Betroffenen letztlich, davon die Hälfte länger als sechs Wochen. Lediglich 13 Prozent gaben an, dass Mobbing bei ihnen zu keinen gesundheitlichen Schäden geführt hätte. Kudielka und Kern (2004) fanden erste Belege für den Zusammenhang zwischen Mobbing und der Konzentration des Stresshormons Kortisol. Rund ein Drittel der Gemobbten nahm therapeutische Hilfe in Anspruch. Das Spektrum der Krankheitsbilder ist breit: Von typischen Stresssymptomen wie Schlafstörungen, Kopfschmerzen und Migräneanfällen über Atemnot, Lähmungserscheinungen und Neurodermitis bis zu Depressionen, Erkrankungen des Magen-Darm-Bereichs und Herz-Kreislauf- und Krebserkrankungen (Meschkutat et al., 2002). Erwartungsgemäß sind die Mobbingfolgen besonders massiv, wenn die Attacken täglich auftreten. Bei täglichem Mobbing erkranken über 50 Prozent der Betroffenen, bei Mobbing mehrmals im Monat 30 Prozent. Mit zunehmender Dauer des Mobbingprozesses steigt die Anzahl der Mobbingfolgen. Die Daten von Meschkutat et al. (2002) belegen, dass Mobbing die berufliche Integrität der Betroffenen infrage stellt und deren persönliche und soziale Sicherheit gefährdet. Problematisch ist, dass bei Mobbing entstehende persönliche Folgen als nachträgliche Begründung für den Mobbingprozess herangezogen werden können.

Jeder dritte Betroffene gibt an, dass es zu einer freiwilligen Versetzung innerhalb der Organisation kam, über 20 Prozent kündigten selbst, rund 15 Prozent wurden vom Arbeitgeber gekündigt. Frauen reagieren deutlich häufiger als Männer mit Krankheit, freiwilliger Versetzung oder Kündigung. Ob man daraus schließen kann, dass Frauen weniger belastbar sind, ist fraglich. Möglicherweise stehen Männer noch immer häufiger in der Rolle des Familienernährers, so dass die Aufgabe des Arbeitsplatzes für sie keine Alternative darstellt. Auch das tradierte männliche Ideal des Belastbaren und Durchsetzungsstarken kann dazu führen, in der Mobbingsituation zu verbleiben (Meschkutat et al., 2002).

Arbeitsplatzverlust

Man geht davon aus, dass Mobbingfolgen vor dem Hintergrund stresstheoretischer Modelle erklärbar sind (Premper, 2002). Wobei Mobbing erheblich über das hinausgeht, was man in allgemeinen arbeitspsychologischen Untersuchungen an Stressoren findet. Nach Fischer und Riedesser (1999) sind depressive Stimmungen und obsessives Verhalten die häufigsten Symptome infolge von Mobbing. Die Obsession zeigt sich vor allem in der Tendenz, sich gedanklich fortwährend mit den belastenden Ereignissen zu beschäftigen sowie die eigene Mobbinggeschichte den Angehörigen und Freunden immer wieder zu erzählen, bis diese genervt sind und abweisend reagieren. So nimmt die soziale Unterstützung ab, was depressive Gefühle und Gefühle der Hilflosigkeit verstärkt. Folgen des Mobbings für das Familienleben und die Freizeitaktivitäten sind (Zuschlag, 2001):

Freizeit und Familie

- Das Mobbingopfer kommt missgelaunt nach Hause, reagiert überempfindlich, gereizt und aggressiv schon bei kleinen Anlässen.
- Das Mobbingopfer ist depressiv, verzweifelt und antriebslos und kann sich weder zu Familienunternehmungen noch zu irgendwelchen Freizeitaktivitäten aufraffen.
- Das Mobbingopfer verängstigt die Familienmitglieder durch die Schilderung der täglich von ihm am Arbeitsplatz erduldeten Mobbingattacken und durch den drohenden Arbeitsplatzverlust einschließlich der Folgen für die Familie wie Hausverkauf, Ausgabeneinschränkung, Umzug.
- Das Mobbingopfer sucht wegen zahlreicher Krankheitssymptome einen Facharzt auf, benötigt dafür und für die Behandlungen viel Zeit und Geld, das dann der Familie fehlt.
- Das Mobbingopfer wird arbeitsunfähig, muss krank zu Hause bleiben, geht der Familie auf die Nerven und fällt ihr zur Last.
- Die depressive Stimmung, die Gereiztheit und Antriebslosigkeit führen zu Eheproblemen (zum Beispiel keine sexuellen Aktivitäten mehr, ständiger Streit, Pflegebedürftigkeit).

- Soziale oder ehrenamtliche Aktivitäten außer Haus gibt das Mobbingopfer auf, weil es sich dafür zu schwach oder krank fühlt oder weil es sich mit den Freunden (zum Beispiel im Sportverein) verkracht hat.

5.5.2 Organisatorische Folgen

Betroffene gehen

Meschkutat et al. (2002) fragten nach dem Hauptgrund für die Beendigung von Mobbing. In mehr als der Hälfte der Fälle konnte das Mobbing erst durch Kündigung oder Auflösung des Arbeitsvertrags beendet werden. Eine vergleichsweise hohe Anzahl nannte auch Versetzung als Grund. Alle anderen Gründe wie Krankheit, Arbeits- oder Erwerbsunfähigkeit, rechtliche Schritte, Aussprache, Betriebsrat waren vergleichsweise selten. Das heißt, Mobbingprozesse werden in der Regel bis zum Ende durchgezogen und erst dadurch beendet, dass die Betroffenen gehen. Weichere Interventionen wie Aussprachen haben hauptsächlich in frühen Stadien des Mobbings eine Chance, den Prozess zu beenden.

betriebliche Kosten

Mobbing wirkt sich sowohl wirtschaftlich negativ auf den betroffenen Betrieb aus als auch zerstörerisch auf das innerbetriebliche Klima. Die durch Mobbing verursachten betriebswirtschaftlichen und gesellschaftlichen Kosten sind zweifellos beträchtlich. Allein für einen Betrieb ergeben sich Kosten durch (Zuschlag, 2001):

- verminderte Arbeitsproduktivität bei Mobbingtätern und -opfern,
- höhere Fehlzeiten wegen Krankheit,
- höhere Fluktuation, Kündigungen und Versetzungen,
- arbeitsorganisatorische Probleme wie beispielsweise ungenügende Informationsweitergabe,
- Verschlechterung des Betriebsklimas (Verweigerungshaltung; Dienst nach Vorschrift),
- arbeitsrechtliche Verfahren.

Exakte Kostenrechnungen gibt es bislang noch nicht. Nach Premper (2002) kann man davon ausgehen, dass den Unternehmen Kosten in Höhe von 15.000 bis 50.000 Euro pro Jahr und gemobbter Person entstehen. Für die Kosten von Fehlzeiten liegen genauere Daten vor, so dass die Größenordnung dieser Schätzung plausibel wird (Resch, 1997).

volkswirtschaftliche Kosten

Neben den betrieblichen Kosten entstehen auch der Gesellschaft hohe Kosten durch Heilbehandlungen, Rehabilitationskuren, Dauerarbeitslosigkeit oder Frühverrentung. Neben den individuellen verursacht Mobbing auch betriebliche und volkswirtschaftliche Schäden.

5.5.3 Gesellschaftliche Folgen

Strukturwandel ist das Zauberwort unserer Zeit. Dennoch bleibt der Mechanismus von Innovationen für die meisten Betroffenen sehr abstrakt. Wesentlich konkreter sind demgegenüber die täglichen Meldungen über wegrationalisierte Arbeitsplätze. Die allgemeine Ziel- und Orientierungslosigkeit nicht nur einzelner Gesellschaftsmitglieder, sondern ganzer Organisationen oder Wirtschaftszweige ist gleichzeitig Ursache und Symptom der zunehmenden Auflösung von moralischen Vorstellungen in Bezug auf solidarisches und soziales Verhalten – dies bildet einen Nährboden für Mobbingaktionen aller Art. Leistungsverdichtung, Termindruck und die Notwendigkeit der Selbstorganisation von Arbeitsabläufen prägen die Anforderungen der Arbeitswelt. Die Erhöhung individueller Entscheidungs- und Handlungsspielräume sind dabei a priori keine negativen Bedingungen, sondern können die Arbeitszufriedenheit und die Selbstwirksamkeitserwartung auch stärken.

Veränderungsdruck

Im Zuge des härter werdenden Konkurrenzkampfes wird Mobbing auch zu einem wirtschaftlichen Kostenfaktor: Die schleichende Zerstörung der funktionalen Arbeitsbeziehungen an der Basis zieht eine übergreifende Gefährdung des rentablen, produktiven Standorts Deutschland nach sich. Steigende Kosten im Gesundheits- und Sozialversorgungssystem belasten die Beitragszahler und die öffentlichen Haushalte von Bund, Ländern und Gemeinden. Nicht zuletzt steht die Qualität deutscher Produktion auf dem Spiel.

Produktivitätsverlust

Nach Hartmann (1995) ist von einem gesamtwirtschaftlichen Schaden in Höhe von 15 bis 50 Milliarden Euro in Deutschland auszugehen. Dazu gehören neben den betrieblichen Kosten auch höhere Renten- und Krankenbeiträge wegen Frühverrentung und steigenden Behandlungskosten, partnerschaftliche und familiäre Probleme infolge psychischer und körperlicher Beschwerden und daraus resultierende Behandlungskosten.

Gesamtschaden

5.6 Was kann man gegen Mobbing tun?

Hier werden individuelle, organisatorische und gesellschaftliche Handlungsmöglichkeiten aufgezeigt.

Übersicht

5.6.1 Individualebene

Nach Knorz und Zapf (1996) sind drei Aspekte für den erfolgreichen Umgang mit Mobbing wichtig:

drei Aspekte

- Betroffene sollten frühzeitig Grenzen ziehen und konsequent aus dem Mobbingprozess aussteigen.
- Eine persönliche Stabilisierung ist notwendig.

> ▬ Mobbing lässt sich nur dann dauerhaft abstellen, wenn die Form der Zusammenarbeit oder die Interaktion von Mobbern und Gemobbten sich grundsätzlich ändern.

Das Durchstehen von Mobbing erleichtern eine gute persönliche Konfliktfähigkeit, sozialer und beruflicher Rückhalt, eine hohe Konfliktkompetenz der Organisation und externe Unterstützung (Esser & Wolmerath, 2005).

unklare Datenlage

Eine Grenzziehung (Knorz & Zapf, 1996) muss allerdings rechtzeitig und angemessen sein. Die weit verbreitete Ansicht, dass man keinesfalls die andere Wange hinhalten sollte, und wer sich nicht wehre, werde zum chronischen Opfer, ist empirisch nicht bestätigt. Zwar liest man häufig Empfehlungen wie die von Schröter (2000):

▬ Werden Sie aktiv, sobald Sie merken, dass sich etwas gegen Sie zusammenbraut. Warten Sie nicht, bis die Attacken gegen Sie alltäglich werden.

▬ Wenn Sie wissen, wer die Angriffe gegen Sie anzettelt, stellen Sie die Person zur Rede.

▬ Unterstellt man Ihnen Fehler, oder verbreitet man Gerüchte über Sie, stellen Sie das sofort richtig.

▬ Suchen Sie sich eine unabhängige Vertrauensperson, beispielsweise ein Betriebs- oder Personalratsmitglied.

vermeiden oder konfrontieren?

Die empirischen Befunde (Knorz & Zapf, 1996) sprechen eher dafür, dass das Vermeiden jeglicher Eskalation zu einer Besserung der Situation führt. Die häufigste Strategie besteht in der Kontaktaufnahme/Aussprache mit der Gegenseite (75 Prozent), gut ein Drittel machte dem Mobber Lösungsvorschläge, rund 6 Prozent mobben zurück. In den meisten Fällen waren diese Versuche nicht erfolgreich, über 80 Prozent gaben an, dass ihre Klärungsversuche unterdrückt oder blockiert worden seien (Meschkutat et al., 2002). Auch diese Daten belegen, dass eine direkte Gegenwehr nur selten erfolgreich ist. Nahe liegender ist die möglichst frühe Suche nach Unterstützung – bei Kollegen, Vorgesetzten oder Mitgliedern der Interessenvertretungen. Oft reicht dies nicht aus, und die Betroffenen suchen Unterstützung außerhalb des Betriebs. ◘ Tabelle 4 zeigt, welche Instanzen um Hilfe gebeten wurden und inwieweit die Betroffenen dies als Hilfe erlebten.

Ansprechpartner für Mobbingopfer

Eine zentrale Rolle spielen Familie sowie Freundes- und Bekanntenkreis. Die Familienmitglieder werden fast zwangsläufig (76 Prozent) in den Mobbingprozess hineingezogen. Auch der Hausarzt wurde häufig einbezogen (52 Prozent), gefolgt von Psychologen (39 Prozent). In Relation zu allen anderen Bereichen wird die Unterstützung von Psychologen am häufigsten als hilfreich erlebt (Meschkutat et al., 2002). Besonders der Vergleich mit den Hausärzten zeigt, dass Mobbingbetroffenen oft eher psychologisch (57 Prozent) als medizinisch (41 Prozent) gehol-

5.6 · Was kann man gegen Mobbing tun?

☐ **Tabelle 4.** Ansprechpersonen der Betroffenen außerhalb des Betriebs (nach Meschkutat et al., 2002)

Unterstützung gesucht ...	Gesamt (in Prozent)	Konnten helfen (Prozentsatz)
beim Partner oder der Familie	76	54
bei Freunden oder Bekannten	59	41
beim Hausarzt	52	41
beim Psychologen/Therapeuten	39	57
bei der Gewerkschaft	32	39
beim Rechtsanwalt	31	47
bei einer Mobbingberatungsstelle	15	45
bei einer Selbsthilfegruppe	8	57
bei einer Lebens-/Krisenberatungsstelle	3	47
bei sonstigen Stellen/Personen	12	47

fen werden kann. Allerdings gab ein Drittel an, dass keine der um Hilfe ersuchten Personen/Institutionen helfen konnte. Ob keine Hilfe geleistet wurde, oder ob diese subjektiv als nicht hilfreich wahrgenommen wurde, bleibt offen.

Hilfreich kann das Führen eines Mobbingtagebuchs sein. Ein solches Tagebuch sollte jeder Betroffene führen. Dieses regelmäßig und detailliert zu führen, macht Arbeit und erfordert Disziplin. Allerdings erfüllt es wichtige Funktionen:

Mobbingtagebuch

- Es dient der Beweissicherung.
- Alle Vorkommnisse werden aufgelistet.
- Zusammenhänge können ersichtlich werden.
- Richter, Rechtsanwälte, Berater, Ärzte, Unternehmen etc. können schwarz auf weiß nachlesen, was sich wie zugetragen hat.

Am sinnvollsten ist ein dicker Kalender mit viel Platz für jeden Tag. Das Tagebuch sollte (arbeits-)täglich geführt werden und folgende Punkte enthalten:

- Datum und Uhrzeit.
- Was genau ist passiert? Die Handlungen exakt beschreiben.
- Wer hat welche Handlung begangen?
- Wer war anwesend und hat die Situation eventuell mitbekommen (die möglichen Zeugen)?
- Gab es körperliche/gesundheitliche Reaktionen als Folge? Vermerken, in welchem zeitlichen Abstand zu der Situation diese aufgetreten sind.

An Tagen, an denen nichts passiert ist, dies auch so notieren: »Heute nichts passiert.« Vermerken Sie außerdem, wann Sie warum der Arbeit ferngeblieben sind (Urlaub, freier Tag, krankgeschrieben etc.). Wenn Sie aufgrund des Mobbings einen Arztbesuch hatten, weil sich bei Ihnen infolgedessen gesundheitliche Beschwerden eingestellt haben, notieren Sie dies ebenfalls (beim Arzt [Name] wegen Schlafstörungen, Herzrasen, Schwindelgefühle etc.). Schreiben Sie auf, wenn die Mobber im Urlaub sind. So werden »Lücken« in der zeitlichen Abfolge erklärbar. Auch zu Hause können Sie belästigt werden. Betroffene werden häufig angerufen, zum Beispiel wenn sie krank sind, und werden am Telefon unter Druck gesetzt. Vergessen Sie nicht, diese Situationen mit aufzuführen.

Langzeitfolgen

Häufig findet man als Langzeitfolge eine tatsächliche oder, wo dies nicht möglich ist, eine innere Kündigung. Eine innere Kündigung entwickelt sich, wenn das Opfer keine Chance sieht, sich gegen das Mobbing zur Wehr zu setzen, und resigniert Notlösungen als Überlebensstrategien entwickelt. Die Konsequenzen sind:

- Resignation mit Verlust der Leistungsmotivation und geringer Lust, sich für das Unternehmen weiterhin einzusetzen.
- Dienst nach Vorschrift mit dem Ziel, Kräfte zu sparen.
- Bei unzureichender Auslastung Selbstbeschäftigung mit Aktivitäten, die den Arbeitgeber Geld kosten und ihm wenig oder nichts einbringen, dafür dem Mobbingopfer ein gewisses Maß an Selbstwertgefühl erhalten.
- Flucht in die Krankheit – gegebenenfalls mit der Absicht oder Folge, vorzeitig in den Ruhestand zu treten.

Mobbing ist ein schleichender Prozess

Mobbingattacken gegen Kollegen werden nur selten von wirklich bösartigen Menschen geführt. Viel häufiger entwickelt sich ein schleichender Mobbingprozess, in dem sich die »Täter« nur wenig Gedanken über die Auswirkungen ihres Handelns machen. Neben den Personen, die sich bewusst Mobbinghandlungen ausdenken, die also den Betroffenen gezielt schaden wollen, gibt es auch noch eine Vielzahl von Beteiligten, die Mobbing überhaupt erst möglich machen. Es sind Personen, die aus Unbedachtheit oder Nachlässigkeit am Mobbing teilnehmen oder dem Mobbing zusehen, ohne einzuschreiten. Mobbing kann nur deshalb auftreten, weil es geduldet wird. Wenn es gelingt, eine gemeinsame moralische Grenzlinie zu ziehen, die Mobbinghandlungen in der Organisation als inakzeptabel erscheinen lässt, dann wird Mobbing viel seltener auftreten. Wohlgemerkt geht es nicht darum, »Konflikte zu verbieten«. Konflikte sind notwendig und auch durch Verbote nicht zu verhindern. Aus ungelösten Konflikten kann jedoch nur dann Mobbing entstehen, wenn sich niemand mehr aktiv um den Konflikt kümmert und er unbeachtet wuchern darf. Mobbing kann durch ein mutiges Auftreten von Kollegen und Vorgesetzten, die klar ihre Meinung sagen, verhindert werden.

5.6 · Was kann man gegen Mobbing tun?

Je nach Mobbingstadium empfiehlt sich eine andere Strategie: Gegenmaßnahmen

Reaktion in frühen Phasen
- Dokumentation des eigenen Vorgehens und des Vorgehens des Widersachers
- Sammlung aller schriftlichen Unterlagen
- Vertrauensperson suchen und sie über alle Vorgänge informieren

danach:
- Den Widersacher direkt ansprechen
- Den Vorgesetzten einschalten
- Den eventuell vorhandenen Berater/festgelegten Ansprechpartner kontaktieren

Möglichkeiten in der mittleren Phase
Eine Schlichtung auf persönlicher Ebene erscheint unmöglich. Der Betroffene hat nur noch sehr eingeschränkte Handlungsmöglichkeiten, zum Beispiel:
- Beschwerde beim Betriebsrat/Personalrat
- Eingabe bei der Personalabteilung

Hilfestellung in späteren Phasen
Der Mobbingprozess ist unaufhaltbar geworden. Ansprechpartner innerhalb der Firma zeigen wenig oder kein Verständnis, und Interventionsversuche Dritter (zum Beispiel Personalrat) sind ergebnislos geblieben. Dann:
- Rechtsberatung aufsuchen
- Psychologische/ärztliche Hilfe suchen
- Selbsthilfegruppen aufsuchen
- Rehabilitation und neue Lebensplanung

Bevor Personalrat, Personalabteilung oder der psychosoziale Dienst aktiv werden, sollten sie sehr genau beurteilen, um welche Art von Konflikt oder Mobbingprozess es sich handelt. Vorschnelles Reagieren zugunsten des vermeintlichen Opfers kann viel Schaden anrichten, wenn sich später herausstellt, dass der Sachverhalt viel komplizierter ist als angenommen. Tipps zum Gesprächsverhalten: Beurteilung der Lage
- Hören Sie sich die Geschichte mit Anteilnahme an, aber vermeiden Sie es, Partei zu ergreifen.
- Versuchen Sie zuerst, Maßnahmen zu finden, die der Betroffene allein durchführen kann. Sichern Sie ihm dabei Unterstützung zu, ohne seine Position zu übernehmen, beispielsweise so: »Ich kann nicht beurteilen, was wirklich passiert ist, aber ich werde Sie dabei unterstützen, wenn Sie eine Klärung herbeiführen wollen.«

Kapitel 5 · Mobbing – ein extremer sozialer Stressor

- Bevor Sie selbst handeln, erbitten Sie sich Bedenkzeit. Nutzen Sie diese Zeit, um den zugrunde liegenden Konflikt gründlich zu analysieren und um verschiedene Sichtweisen kennen zu lernen:
  - Worum geht es in dem Konflikt?
  - Wie ist der Verlauf des Konflikts?
  - Welche Parteien sind beteiligt?
  - Welche Machtpositionen haben die Beteiligten?
  - Welche Beziehungen haben sie untereinander?
  - Welche Grundeinstellung zum Konflikt haben die Parteien?
  - Wird der Konflikt für lösbar gehalten?
  - Droht der Konflikt sich auszuweiten oder ist er begrenzbar?

Rund 11 Prozent der von Meschkutat et al. (2002) Befragten gaben an, dass der Mobber im Betrieb versetzt wurde, circa 8 Prozent wurde aufgrund des Mobbings gekündigt. Allerdings gaben rund 60 Prozent der Befragten an, dass das Mobbing keine Folgen für den Mobber nach sich zog.

5.6.2 Organisationsebene

Gegenmaßnahmen

Ideal ist es, Mobbing bereits im Vorfeld den Nährboden zu entziehen. Als Ansatzpunkte kommen in Betracht (Premper, 2002; Meschkutat et al., 2002):

- Arbeitsorganisation: Für größere Handlungs- und Entscheidungsspielräume der einzelnen Mitarbeiter sorgen, betriebliche Entscheidungsprozesse transparent machen sowie generell die Informationspolitik verbessern und die Zuständigkeit klar regeln.
- Aufklärung und Schulung: 68 Prozent der Betroffenen sprechen sich dafür aus, Führungskräfte und Beschäftigte zum Thema Mobbing zu schulen. Präventiv wirkt auch ein demokratischer Führungsstil. Ein Betriebsklima, das gegenseitige Unterstützung schätzt, in dem Intrigen als unsozial und unerwünscht gelten, macht Mobbing schwierig. Regelmäßige gemeinsame Besprechungen in Arbeitsgruppen können dem Aufstauen und Verschleppen von Konflikten entgegenstehen.
- Konfliktbeauftragter: Bei größeren Organisationen besteht die Möglichkeit, eine Anlaufstelle zur Konfliktregelung beziehungsweise für Mobbingbetroffene einzurichten. Idealerweise ist der Konfliktbeauftragte weder der Leitung noch der Arbeitnehmervertretung verpflichtet. Gegebenenfalls kann er Kontakt zu Psychologen, Ärzten, Rechtsanwälten vermitteln. 45 Prozent der Betroffenen schlagen die Einrichtung eines Mobbingbeauftragten vor.
- Betriebsvereinbarung: In vielen größeren Organisationen wurden Betriebsvereinbarungen zur Mobbingprävention und zum Umgang mit Mobbing geschlossen. Ausgehend von einer Mobbingdefinition wird ein Verhaltenskodex für die Mitarbeiter festgelegt. Ferner wird

5.6 · Was kann man gegen Mobbing tun?

festgelegt, wie im Falle von Verstößen gegen den Verhaltenskodex zu verfahren ist. Rund die Hälfte der Betroffenen schlägt den Abschluss einer Betriebs-/Dienstvereinbarung zum Thema Mobbing vor. Im Anhang finden Sie eine Mustervereinbarung gegen Mobbing. Detaillierte Vorschläge hierzu bieten Esser und Wollmerath (2005).

Ein schlechtes Organisationsklima ist ein Hauptfaktor für Mobbing. Nach Resch (1997) gibt es eine Reihe von Anzeichen für ein schlechtes Klima:

Anzeichen für schlechtes Klima

- häufige Beschwerden einzelner Mitarbeiter
- Nachlassen gemeinsamer sozialer Aktivitäten wie Geburtstagsfeiern, Betriebsausflüge
- Lieblosigkeit im Umgang mit gemeinsam genutzten Einrichtungen
- Nach-außen-Tragen von Problemen zwischen Personen oder innerhalb der Abteilung
- Hochkochen von Gerüchten, vor allem über einzelne Personen, ohne dass die Betreffenden direkt angesprochen werden

Letztlich gibt es jedoch noch keine verlässlichen Daten zur Wirksamkeit unternehmensbezogener Handlungsempfehlungen (Willingstorfer et al., 2002), so dass es letztlich dem Willen und der Überzeugung der Beteiligten überlassen bleibt, eine solche Vereinbarung abzuschließen.

unklare Datenlage

Zur Organisationsebene gehören auch Handlungsmöglichkeiten von Betriebs- oder Personalräten. Esser und Wolmerath (2005) schlagen folgende Präventionsmaßnahmen vor:

- Allgemeine Aufklärung der Mitarbeiter (Information)
- Informationen aus der Belegschaft sammeln, d.h. ein offenes Ohr haben
- Informationen über Mobbing allgemein und über die Lage vor Ort den Entscheidungsträgern geben
- Organisationsstrukturen gegen Mobbing schaffen, beispielsweise Anti-Mobbing-Programm, Qualitätszirkel, Betriebsklima, Konfliktkommission oder eine betriebliche Anlaufstelle für Mobbingbetroffene einrichten.

5.6.3 Gesellschaftsebene

Von den Betroffenen schlagen rund drei Viertel die Einrichtung von Mobbingberatungsstellen vor, 60 Prozent plädieren für die Verabschiedung eines Anti-Mobbing-Gesetzes. Die Durchführung von Anti-Mobbing-Kampagnen erscheint rund 40 Prozent der Betroffenen sinnvoll, spezielle Mobbingkliniken werden von 28 Prozent vorgeschlagen (Meschkutat et al., 2002). Neben Rechtssicherheit ist den Betroffenen auch eine Sensibilisierung für das Thema wichtig.

Vorschläge von Mobbingopfern

andere Vorschläge

Bei der Schaffung von Hilfsmöglichkeiten für Mobbingopfer ist nach Zuschlag (2001) daran zu denken:

- Beratungsstellen speziell für Mobbingfragen einzurichten.
- Rechtsberatung. Wichtig bei möglichen arbeits- oder dienstrechtlichen Sanktionen gegenüber Mobbing, das zugleich strafrechtliche relevante Handlungen enthält. Siehe hierzu auch Esser und Wollmerath (2005).
- Ärztliche Beratung und Behandlung. Erste Anlaufstelle ist häufig der Hausarzt, das heißt, hier muss an der Fortbildung der Hausärzte angesetzt werden. Problematisch sind Fehldiagnosen und Fehlbehandlungen.
- Psychologische Beratung und psychotherapeutische Behandlung.

Das Burn-out-Syndrom

6.1   Was ist Burn-out?   – 155

6.2   Was ist Burn-out nicht?   – 161

6.3   Was sind die Folgen von Burn-out?   – 164

6.4   Wie entsteht Burn-out?   – 164

6.5   Wer sind die Betroffenen von Burn-out?   – 168

6.6   Burn-out in bürokratischen Organisationen   – 169

6.7   Gegenmaßnahmen – Wer kann was tun?   – 171

Beispiel	Er hat etwas Besonderes – der Polizeidienst in der Kölner Innenstadt. Nirgends sonst in Nordrhein-Westfalen müssen so viele Beamte in einem so kleinen Einsatzgebiet derart viele Einsätze fahren. Und nirgends sonst in der Kölner Ordnungsbehörde scheint die Stimmung so schlecht zu sein wie im Wach- und Wechseldienst der Stadtpolizei. Das zumindest legt die Studie von Wiendieck, Kattenbach und Wiendieck (2002) nahe. Die Untersuchung war 1999 in Auftrag gegeben worden, um die Befindlichkeiten in den vier Kölner Innenstadtwachen auszuloten. Die Ereignisse auf der Wache Eigelstein – sechs Beamte sollen im Mai 2002 den 31-jährigen Stefan N. misshandelt haben – lenkten das Interesse der Öffentlichkeit auf die Studie, die 2002 im Kölner Polizeipräsidium vorgestellt wurde.
Nässe, Kälte, Angst	Als äußerst belastend empfinden die Stadtpolizisten die häufigen Beschimpfungen, Bedrohungen und Angriffe durch die Bürger. Fast alle Beamten beklagen eine zunehmende Aggressionsbereitschaft in der Gesellschaft. »Nässe, Kälte, Angst«, so schildern viele Beamte ihren Berufsalltag. Fast die Hälfte der Befragten beklagt die geringen Einflussmöglichkeiten und glaubt, mit ihrer Arbeit nicht viel bewirken zu können. Viele Beamte sind wegen ihrer Erlebnisse im Beruf gleichgültiger gegenüber anderen Menschen geworden. 17 Prozent der Innenstadtpolizisten schleppen sich mehr oder weniger antriebslos zum Dienst – sie fühlen sich ausgebrannt. Bei Desillusionierung, wie sie bei den befragten Polizeibeamten vorliegt, kann man die Schuld sich selbst oder der Umwelt zuschreiben. Wer die Ursache bei sich sucht, wird eher depressiv-ängstlich reagieren. Wer die Ursache bei anderen sucht, wird eher aggressiv reagieren (Burisch, 2006). Hier findet man das Angst-Aggressions-Grundmuster der Stressreaktion wieder.
emotionale Überforderung	Der Beruf kann dazu beitragen, dass sich die Persönlichkeit eines Menschen im Verlauf des Lebens ändert. So sagte ein amerikanischer Polizeibeamter sinngemäß: Man verändert sich, wenn man Polizist wird, man wird hart und zynisch. Man muss so werden, um in diesem Job zu überleben. Und manchmal, ohne dass man es sich überlegt, verhält man sich die ganze Zeit so, sogar gegenüber der eigenen Frau und den Kindern (Maslach & Jackson, 1979).
Risiko Beruf	Neben physischen Belastungen am Arbeitsplatz, wie zum Beispiel Schichtdienst, wirken auch psychische Belastungen auf Berufsgruppen, die sehr viel Zeit in engen zwischenmenschlichen Beziehungen mit anderen Menschen verbringen und dabei häufig Konflikte, Frustrationen und Stress erleben. Neben diesen Risikogruppen kann der generell steigende Veränderungsdruck in der Arbeitswelt mittlerweile in allen Berufszweigen zur Überforderung führen. Zielke und Leidig (2003) weisen zu Recht auf die Stressorenwirkung von Veränderungen in der Arbeitswelt und auf mögliche Gesundheitsfolgen hin. Inzwischen wurde Burn-out bei vielen Berufsgruppen beschrieben. Der Begriff hat sich aus dem ursprünglich engen Feld psychosozialer Berufe gelöst und wurde

bei vielen Berufsgruppen, wie beispielsweise Anwälten, Bestattern, Stewardessen, Fluglotsen, Journalisten und Verwaltungsbeamten und selbst bis in den privaten Bereich hinein (Ehepartner, Eltern) beschrieben. Von Dienstleistungsberufen als Risikoberufen für Burn-out spricht man daher heute nicht mehr (Demerouti, 1999). Die ursprüngliche Vermutung, dass Burn-out speziell bei Personen mit emotionalem Kontakt zu Patienten oder Klienten zu finden sei, wurde daher folgerichtig weitgehend fallen gelassen (Schaufeli & Enzmann, 1998; Kernen, 1999; Maslach, Schaufeli & Leiter, 2001; Zapf, 2002).

6.1 Was ist Burn-out?

In der englischen Umgangssprache bedeutet Burn-out so viel wie: Man ist so erschöpft, dass man nichts mehr tun oder geben kann (engl.: to burn out = ausbrennen). Der amerikanische Psychoanalytiker Freudenberger (1974) führte den Begriff »Burn-out« in die Psychologie ein. Er stellte bei hochmotivierten Sozialarbeitern in alternativen Organisationen fest, dass sie auffällig oft etwa ein Jahr nach Arbeitsaufnahme psychisch geradezu zusammenbrechen.

Definition

Inzwischen hat Burn-out eine beachtliche Verbreitung bis in den alltäglichen Sprachgebrauch hinein gefunden. Das breite Interesse daran könnte auch damit zusammenhängen, dass Burn-out im Gegensatz zu Störungen wie Depression weniger negativ besetzt ist (Demerouti, 1999). Für viele Menschen ist es leichter zu ertragen, an Burn-out zu leiden als möglicherweise an den Symptomen einer Depression.

Popularität

Wegen der zunehmenden Verbreitung des Begriffs Burn-out und aufgrund der Überlappung mit dem Begriff Stress sind eine Erörterung und Abgrenzung der Begriffe an dieser Stelle erforderlich. Da man mit einem Burn-out-Syndrom klinischen Störungen wie beispielsweise einer Depression oder einer Neurasthenie sehr nahe kommen kann, erscheint es bereits beim Verdacht auf Burn-out geboten, sich professioneller psychotherapeutischer Hilfen zu bedienen (Weber & Jaekel-Reinhard, 2000; siehe hierzu den Adressenteil am Ende des Buches). Nach Auffassung von Schaufeli und Enzmann (1998) ist die Diagnose einer Neurasthenie nach dem international gültigen Diagnosesystem ICD 10 (= International Classification of Disease) diejenige formale Klassifikation, die Burn-out am besten kennzeichnet, zumindest wenn die Neurasthenie berufs- oder arbeitsbezogen ist. Neurasthenie geht mit der Klage über vermehrte Müdigkeit nach geistigen Anstrengungen einher, häufig verbunden mit abnehmender Arbeitsleistung oder Effektivität bei der Bewältigung täglicher Aufgaben. Bei einer anderen Form von Neurasthenie liegt der Schwerpunkt auf Gefühlen körperlicher Schwäche und Erschöpfung nach nur geringer Anstrengung, begleitet von muskulären und ande-

Gefährlichkeit

ren Schmerzen. Bei beiden Formen stellen sich begleitend Reizbarkeit, Freudlosigkeit, Depression und Angstgefühle ein.

Stressbezug

Das Adaptionssyndrom (▶ Kapitel 3.2.1), Resultat von chronischem Stress, entspricht in vielem den beobachtbaren körperlichen Anzeichen von Burn-out. Damit können zumindest diese Burn-out-Symptome mit den Ergebnissen der Stressforschung erklärt werden. Wie beim Stress ist auch beim Burn-out festzustellen, dass verschiedene Menschen unter gleichen äußeren Umständen unterschiedlich reagieren. Das bedeutet, dass auch für die Entstehung von Burn-out das subjektive Erleben eine zentrale Rolle spielt. Demeroutis' (1999) Studie zeigt, dass über das subjektive Erleben hinaus auch die objektiven Arbeitsbedingungen Burn-out beeinflussen.

Erlebt ein Mensch seine Umwelt zu oft oder zu intensiv als bedrohlich oder werden wichtige Bedürfnisse dauerhaft nicht befriedigt, entsteht Dauerstress. Das Scheitern der Versuche, solchen Dauerstress zu bewältigen, kann zu Burn-out führen (Burisch, 2006). Eine allgemein anerkannte Definition von Burn-out gibt es nicht, nachfolgend werden die wichtigsten Ansätze vorgestellt.

unrealistische Erwartungen

Freudenberger und North (2002) definieren Burn-out als einen Zustand, der sich langsam über einen Zeitraum von andauerndem Stress und Energieeinsatz entwickelt und der schließlich Motivationen, Einstellungen und Verhalten beeinträchtigt. Freudenberger vertritt einen intrapersonalen Ansatz, nach dem Burn-out überwiegend durch eine narzisstische Helferpersönlichkeit entsteht. Solche Personen haben zu hohe Belohnungserwartungen, die im Alltag enttäuscht werden (Lauck, 2003). Die Ursache für Burn-out sowie Ansatzpunkte zur Abhilfe liegen bei den betroffenen Personen selbst, da Burn-out als Folge unrealistischer Erwartungen verstanden wird.

emotionaler Stress

Aronson, Pines und Kafry (1983) verstehen unter Ausbrennen einen seelischen Zustand, der häufig bei Menschen auftritt, die mit anderen Menschen arbeiten und die in ihren Beziehungen zu ihren Klienten, Vorgesetzten oder Kollegen die Gebenden sind. Somit wäre Burn-out eine Erschöpfung durch chronischen emotionalen Stress. Das Ausbrennen tritt weniger als Folge vereinzelter traumatischer Ereignisse auf, sondern als schleichende Auszehrung. Dieser Ansatz ist prozessorientiert und interindividuell, da er an den Interaktionen mit anderen Personen ansetzt. Kernursachen sind nach Aronson et al. (1983) sowie nach Pines und Aronson (1988) Überbelastung, Autonomiemangel und Mangel an Belohnungen. Mangelnde Autonomie wird besonders dann als belastend erlebt, wenn sie durch häufige Vorschriftenänderung sowie kurzfristige und schlecht geplante organisatorische Umstellungen verursacht ist. Ungünstig wirken auch unklare Ziele, fehlende Zeitsouveränität und ungenügende Kommunikation, alles typische Probleme von Großorganisationen. Mangel an Belohnungen bezieht sich nicht speziell auf die Bezahlung, sondern mehr auf die mangelnde soziale Anerkennung von Leistung. Jüngere Personen sind wegen des Realitätsschocks nach Eintritt in eine Organisation besonders von Burn-out gefährdet. Nach Pines (1993) findet sich Desillusionierung, die ihrerseits zu Burn-out führen kann, häufiger bei Menschen, die hoch motiviert sind.

Maslach, die bekannteste Burn-out-Forscherin, betont ebenfalls die von Aronson et al. (1983) angesprochene Erschöpfung, geht aber in ihrer Begriffsbestimmung weiter. Für sie ist Burn-out ein Syndrom aus drei Subdimensionen

- emotionaler Erschöpfung / rascher Ermüdung,
- Depersonalisierung / Gleichgültigkeit im sozialen Kontakt und
- reduzierte persönliche Leistungsfähigkeit im Beruf / Unzufriedenheit mit der eigenen Leistung,

drei Subdimensionen

das bei Personen auftreten kann, die bis an die Grenze ihrer Leistungsfähigkeit mit Menschen arbeiten (Maslach & Leiter, 2001).

Emotionale Erschöpfung heißt, durch den Kontakt zu anderen emotional überfordert und ausgelaugt zu sein sowie die Fähigkeit zur Regeneration verloren zu haben. Depersonalisierung meint eine gefühllose, zynische und gleichgültige Reaktionsweise sowie die Kontaktvermeidung gegenüber denen, die Empfänger einer Hilfsleistung sind. Die reduzierte persönliche Leistungsfähigkeit und Erfüllung bezieht sich auf die Neigung, sich in der Arbeit nicht als kompetent und erfolgreich zu erleben. Das schließt eine negative Selbsteinschätzung ein (Maslach, 1985). Auch dieser Ansatz ist interindividuell, da die Hauptursache für Burn-out in den Interaktionen zwischen an Burn-out leidenden Personen und anderen Menschen liegt. Besonders gefährlich sind die Konzentration auf Probleme, das Fehlen positiver Rückmeldungen, das Ausmaß an emotionalem Stress sowie die wahrgenommene (Un-)Wahrscheinlichkeit von Veränderungen. Verschärfend kommen nach Maslach die organisatorischen Bedingungen hinzu, unter denen die Interaktionen stattfinden, da Organisationen Ziele, Ressourcen und Einschränkungen festlegen. Hierzu gehören geringe Tätigkeitsspielräume, quantitative Arbeitsüberlastung, ein schlechtes Organisationsklima sowie konfliktbehaftete Beziehungen zwischen Führungskräften und Mitarbeitern (Lauck, 2003). Die Studie von Bakker, Demerouti und Verbeke (2004) stützt die Vermutung einer differentiellen Wirkung. So wirken Berufsanforderungen wie Arbeitsdruck speziell auf die Erschöpfungskomponente von Burn-out. Hingegen wirken fehlende Berufsresourcen wie Autonomie und soziale Unterstützung speziell auf die Depersonalisierungskomponente von Burn-out.

In neueren Veröffentlichungen, beispielsweise in Maslach et al. (2001), definiert Maslach Burn-out ausdrücklich als Reaktion auf chronische emotionale und zwischenmenschliche Stressoren am Arbeitsplatz; dies gilt besonders für die Dimension Erschöpfung. Der Ansatz von Maslach dominiert die Forschung wegen des von ihr (mit)entwickelten Messins-

Erweiterung auf alle Berufe

truments, dem Maslach Burnout Inventory (MBI; Maslach & Jackson, 1981; Maslach, Jackson & Leiter, 1996). Das MBI besteht in seiner neuesten für Berufstätige allgemein konstruierten Version (MBI-GS) aus den drei Skalen Erschöpfung, Zynismus (alt: Depersonalisierung) und berufliche Wirksamkeit (alt: reduzierte berufliche Leistungsfähigkeit). Die Dimension Zynismus ersetzt die Dimension Depersonalisierung und erfasst eine gleichgültige und distanzierte Einstellung zur Arbeit. Damit wird die ursprünglich auf die Empfänger von Dienstleistungen, wie beispielsweise Patienten, bezogene Dimension Depersonalisierung auf alle Berufe erweitert (Demerouti, 1999).

Reihenfolge

Es wird kontrovers diskutiert, ob diese drei Subdimensionen in einer bestimmten Reihenfolge auftreten und wenn ja, in welcher. Burnout beginnt nach Auffassung von Maslach mit Erschöpfung, es folgen die Depersonalisierung und reduzierte persönliche Leistungsfähigkeit. Erschöpfung führt zu negativen Gefühlen, auf die man mit Depersonalisierung reagiert. Diese Auffassung wird durch die Untersuchung von Lee und Ashforth (1993) unterstützt. Wegen der als Distanzierung von anderen erlebten Depersonalisierung erreichen Burn-out-Betroffene andere Menschen schlechter, was ihnen den Eindruck vermittelt, nicht mehr leistungsfähig zu sein. Hier ist zu berücksichtigen, dass Burn-out zunächst bei psychosozialen Berufen erforscht wurde und eine überzogene Distanzierung in diesen Berufsfeldern tatsächlich zu schlechteren Leistungen führt.

Reihenfolgevarianten

Demerouti (1999) gibt zu bedenken, dass reduzierte Leistungsfähigkeit eine Folge von Erschöpfung und Depersonalisierung sein könnte. Damit wäre die reduzierte Leistungsfähigkeit kein Symptom von Burnout, sondern dessen Folge. Insofern wären nur die beiden Dimensionen Erschöpfung und Distanzierung (Depersonalisierung) Subdimensionen von Burn-out. Anderer Ansicht ist Enzmann (1996), nach dem gerade die reduzierte Leistungsfähigkeit besonders eng mit Burn-out verbunden ist. Demerouti (1999) konnte zeigen, dass belastende Arbeitsbedingungen zu Erschöpfung, uninteressante oder mangelhaft belohnte Arbeit zu Depersonalisierung führen. Enzmann (1996) hingegen fand in seiner Untersuchung keine direkten Wirkungen der Burn-out-Dimensionen untereinander, so dass derzeit offen bleiben muss, ob und in welcher Reihenfolge die Burn-out-Dimensionen aufeinander wirken. Gäbe es bei der Entstehung von Burn-out eine garantierte Reihenfolge der Subdimensionen, hätte man einen guten Anhaltspunkt dafür, wie weit Burn-out im konkreten Fall fortgeschritten ist.

Stress und Hilflosigkeit

Cherniss (1980a) definiert Burn-out unter Bezug auf das transaktionale Stressmodell von Lazarus und Launier (1981) als einen Prozess, nicht über Symptome. Die Burn-out-Wahrscheinlichkeit steige mit der Stärke und Dauerhaftigkeit von Stress sowie mit der Hilflosigkeit der betroffenen Person, unbefriedigende Situationen zu ändern. Burn-out ist

6.1 · Was ist Burn-out?

nach Cherniss eine spezifische Reaktion auf Stress, die zu Einstellungsänderungen führt:

- herabgesetzte Zielvorstellungen
- stärkere Gleichgültigkeit
- emotionale Distanzierung
- Idealismusverlust
- Arbeitsentfremdung
- hohes Selbstinteresse.

Am Anfang des Burn-out-Prozesses steht ein Ungleichgewicht von Anforderungen der Arbeitssituation und den Möglichkeiten des Einzelnen,
diese Anforderungen zu erfüllen. Anforderungen können von außen
oder von der Person selbst gestellt werden. Burn-out als dauerhafte Einstellungsänderung entsteht nach Cherniss bei defensiven Bewältigungsmechanismen und im Schwerpunkt bei folgenden Stressquellen:

Ungleichgewicht

- Kompetenzängste
- Probleme mit unmotivierten oder unfähigen Klienten
- bürokratische Hindernisse und Monotonie
- mangelnde kollegiale Unterstützung.

Das Fehlen kollegialer Unterstützung wirkt zweifach. Zum einen wirkt
schlechtes Klima als Stressor, zum anderen fehlt die bei Stress besonders
wichtige Entlastung durch kollegiale Unterstützung (Lauck, 2003).

Aus den dargestellten Definitionen lässt sich entnehmen, dass Burn-
out einen Zustand von Frustration und Erschöpfung bezeichnet, infolge dessen Betroffene keine Kraft und Motivation mehr haben, ihre Arbeit in der bisher durchgeführten Intensität fortzusetzen (Buchka & Hackenberg, 1987; für weitere Definitionen siehe Weber & Jaekel-Reinhard,
2000; Shirom, 2003; Rösing, 2003; Burisch, 2006).

Zusammenfassung
Definitionen

Nach Demerouti (1999) lassen sich bei allen Unterschieden zwischen
verschiedenen Burn-out-Definitionen folgende Gemeinsamkeiten feststellen:

- Hohe Motivation zu Berufsbeginn.
- Frustration, weil Erwartungen und Ziele nicht erreicht werden.
  Daraus resultiert Enttäuschung. Im Falle von Burn-out wird die
  Enttäuschung durch Depersonalisierung verarbeitet.
- Ungünstige Arbeitsumgebung, das heisst zu hohe oder wider-
  sprüchliche Anforderungen bei nicht ausreichenden Ressourcen.
- Ineffektive Bewältigungsstile des Betroffenen.
- Burn-out ist ein Prozess, der sich nach einer langen und erfolglosen
  Auseinandersetzung einer Person mit ihrer Arbeit ergibt.

Die in Anlehnung an Buchka und Hackenberg (1987) erstellte Merkmal-
liste (◘ Übersicht 8) wurde, auch um den Begriff Burn-out nicht ufer-
los werden zu lassen, nach dem zentralen Merkmal Erschöpfung (Lei-

Symptome

Übersicht 8. Hauptmerkmal Erschöpfung

Kategorie 1: Körperliche Erschöpfung

- Energiemangel
- chronische Müdigkeit
- Schwäche
- Unfallträchtigkeit
- Verspannungen der Hals- und Schultermuskulatur
- Rückenschmerzen
- Veränderung der Essgewohnheiten
- Veränderung des Körpergewichts

- erhöhte Anfälligkeit für Erkältungen und Virusinfektionen
- Schlafstörungen
- Albträume
- erhöhte Einnahme von Medikamenten oder Alkohol, um die körperliche Erschöpfung aufzufangen

Kategorie 2: Emotionale Erschöpfung

- Niedergeschlagenheit
- Hilflosigkeit
- Hoffnungslosigkeit
- unbeherrschtes Weinen
- Versagen der Kontrollmechanismen gegenüber Emotionen
- Ernüchterung

- emotionales Ausgehöhltsein
- Reizbarkeit
- Leere und Verzweiflung
- Vereinsamung
- Entmutigung
- Lustlosigkeit

Kategorie 3: Geistige Erschöpfung

- negative Einstellung zum Selbst
- negative Einstellung zur Arbeit
- negative Einstellung zum Leben, Überdruss
- Aufbau einer entwertenden Einstellung gegenüber anderen (Zynismus, Verachtung, Aggressivität)

- Verlust der Selbstachtung
- Gefühl der Unzulänglichkeit
- Gefühl der Minderwertigkeit
- Verlust der Kontaktbereitschaft gegenüber Klienten und Kollegen

---

ter, 1989; Maslach, Schaufeli & Leiter, 2001) und den drei Unterkategorien körperliche, emotionale und geistige Erschöpfung (Aronson et al., 1983) strukturiert.

Bündelung und Stärke der einzelnen Merkmale können individuell wie situativ bei den Betroffenen unterschiedlich ausfallen (Buchka & Hackenberg, 1987; Aronson et al., 1983).

Burn-out-Symptomatik

Burisch (2006) bildet sieben Kategorien, nach denen er die Vielzahl berichteter Symptome von Burn-out sortiert:
- Warnsymptome wie überhöhter Energieeinsatz und Erschöpfung in der Anfangsphase
- reduziertes Engagement
- emotionale Reaktionen wie Depression oder Aggression
- Abbau der kognitiven Leistungsfähigkeit, der Motivation, der Kreativität und verstärktes Schwarz-Weiß-Denken
- Verflachung des emotionalen, des sozialen und des geistigen Lebens

— psychosomatische Reaktionen
— Verzweiflung bis hin zu Selbstmordabsichten

Andere Symptomklassifikationen sind möglich und werden auch vorgeschlagen, beispielsweise von Schaufeli und Enzmann (1998). Alle Klassifikationen, auch die hier vorgestellten, sind angreifbar. Obwohl solche Klassifikationen nur vorläufig sind, gewinnt man mit ihrer Hilfe einen Einblick in das Phänomen Burn-out. Die beiden vorgestellten Ansätze zeigen, dass man unterschiedlich, beispielsweise begrifflich eng an
einem Hauptbegriff orientiert wie Aronson et al. (1983), oder auch brei-
ter orientiert wie Burisch (2006) vorgehen kann.

6.2 Was ist Burn-out nicht?

Der Begriff »Innere Kündigung« hat seinen Ursprung nicht wie Burn-
out in der Psychologie, sondern in der Managementlehre, einer ange-
wandten Disziplin an der Nahtstelle zwischen Betriebswirtschaftslehre
und Organisationspsychologie. Im Zentrum einer inneren Kündigung
steht der bewusste Verzicht auf Engagement und Initiative in einer und
für eine Organisation. Dabei distanziert sich die betroffene Person innerlich vom Organisationsgeschehen und verhält sich passiv (Höhn,
1983). Häufig markiert eine innere Kündigung das Ende eines langwie-
rigen Prozesses, bei dem enttäuschte Erwartungen an die Arbeitssituation eine zentrale Rolle spielen (Brinkmann & Stapf, 2005).

> Innere Kündigung

Nach Löhnert (1990) handelt es sich bei einer inneren Kündigung
um ein Verhalten, das seinen Anfang im Verlust von Situationskontrol-
le nimmt und das sich in der fehlenden Bereitschaft zeigt, sich über einen kleinen, als kontrollierbar erlebten Bereich hinaus zu engagieren.
Statt formal juristisch zu kündigen, kündigen die Betroffenen innerlich,
beispielsweise wenn sie Angst haben vor Veränderung, vor Verlust eines
sicheren Arbeitsplatzes, vor Einkommens- oder Ansehensverlust, aber
auch wenn sie beispielsweise aufgrund hoher Arbeitslosigkeit keine re-
alistische Alternative haben. Die innere Kündigung soll vor drohenden
Hilflosigkeits- und Ohnmachtgefühlen schützen (Brinkmann & Stapf,
2005).

> fehlende Situationskontrolle

Mögliche Auslöser einer inneren Kündigung können sein (Brinkmann & Stapf, 2005):

> Auslöser

— fehlende Vorbildfunktion der Geschäftsleitung und der leitenden
  Führungskräfte,
— starre und bürokratische Organisations- und Führungsstrukturen,
— autoritäres Führungsverständnis mit Geringschätzung oder Bevor-
  mundung von Mitarbeitern,
— starre und unzweckmäßige Arbeitsabläufe,
— fehlende Möglichkeiten, sich einzubringen und etwas zu ändern,

— unbefriedigende Arbeitsbedingungen,
— gegenseitiges Misstrauen in der Belegschaft.

Merkmale

Merkmale einer inneren Kündigung können nach Brinkmann und Stapf (2005) sein:
— abnehmende Bereitschaft, auch gegen eine Mehrheit mit der eigenen Meinung Stellung zu nehmen,
— nachlassende Bereitschaft, sich mit Vorgesetzten, Kollegen und Mitarbeitern auseinander zu setzen,
— zunehmendes »Ja«-Sagen, was mitunter von autoritären Vorgesetzten sogar als bessere Anpassung begrüßt wird,
— Vorschläge und Kritik an Missständen werden seltener,
— mangelndes Interesse an Betriebsfeiern und anderen nicht offiziellen Treffen mit Kollegen,
— Hinnahme von Eingriffen in den eigenen Zuständigkeitsbereich.

psychologischer Vertrag

Bei einer inneren Kündigung ist der psychologische Vertrag – das sind unausgesprochene, aber als verbindlich erlebte gegenseitige Erwartungen von Arbeitnehmer und Arbeitgeber – gebrochen. Elemente eines psychologischen Vertrags können aus Sicht der Arbeitnehmer sein (Brinkmann & Stapf, 2005):
— Vorstellungen über die Arbeitsbedingungen, unter denen man sich wohlfühlt und arbeitszufrieden ist,
— Einflussmöglichkeiten auf die Organisation,
— Erwartungen an Fürsorge, Förderung und Unterstützung durch den Arbeitgeber, beispielsweise durch Personalentwicklung,
— Schutz vor Unter- und Überforderung,
— Berechenbarkeit des Arbeitgeberverhaltens.

Die Leistungsverringerung ist bei einer inneren Kündigung Symptom einer willentlichen Zurücknahme (Brinkmann & Stapf, 2005), während bei Burn-out die Leistungsfähigkeit sinkt, das heißt der Betroffene nicht mehr leisten kann, obwohl er es gerne würde (Lauck, 2003). Wesentliche Merkmale einer inneren Kündigung sind nach Brinkmann und Stapf (2005) deren lautloser Verlauf und das Bemühen der Betroffenen, nicht aufzufallen. Für einen detaillierten Vergleich von Burn-out und innerer Kündigung sowie deren Abgrenzung voneinander siehe Lauck (2003, 99 ff.), speziell zur inneren Kündigung siehe Brinkmann und Stapf (2005).

Chronisches Erschöpfungssyndrom (CFS)

Innerhalb der Medizin und der klinischen Psychologie klassifiziert man chronische Erschöpfungszustände unter dem Namen »Chronisches Erschöpfungssyndrom« (engl.: chronic fatigue syndrom = CFS). Patienten mit CFS sind chronisch, stark und beeinträchtigend erschöpft und beschreiben ihren eigenen Zustand ähnlich wie den bei einer starken Grippe. Häufige Symptome sind neben der Erschöpfung Muskelschmerzen, Magen-Darm-Probleme, Kopfschmerzen und Schwindel. Von einem CFS spricht man bei einer unerklärlichen chronischen Erschöpfung mit den Merkmalen (Gaab & Ehlert, 2005; Fukuda, Straus, Hickie, Sharp, Dobbins & Komaroff, 1994):

- Mindestdauer von sechs Monaten,
- nicht eindeutig festzulegender Beginn / nicht lebenslang vorhanden,
- nicht Ergebnis aktueller Belastungen,
- substanzielle Beeinträchtigung in verschiedenen Lebensbereichen.

Ferner müssen mindestens vier der folgenden Symptome gleichzeitig vorliegen (Fukuda et al., 1994):

- Gedächtnis- und Konzentrationsprobleme,
- Halsschmerzen,
- empfindliche / schmerzhafte Lymphknoten im Hals- und Nackenbereich oder im Achselbereich,
- Muskelschmerzen,
- Gelenkschmerzen,
- Kopfschmerzen,
- nicht erholsamer Schlaf,
- überproportionale Erschöpfung nach Anstrengungen.

Das CFS ist unspezifisch, das heißt die Erschöpfung ist kein Hinweis auf eine bestimmte Krankheit. In solchen Fällen würde die entsprechende Krankheit diagnostiziert, nicht ein CFS. Mögliche Ursachen von CFS sind Überlastungen, psychische Störungen, organische Krankheiten. Eine eindeutige Eingrenzung der vermuteten Ursachen fehlt jedoch. Als mögliche Auslöser werden akute Belastungen wie Infektionen, Unfälle, Operationen, erhöhte Arbeitsbelastung, die Trennung vom Partner oder der Tod von Angehörigen angenommen (Gaab & Ehlert, 2005).

Die Aufzählung zeigt, dass ein CFS nicht zwingend mit dem Arbeitsleben verbunden ist. Während das CFS ein verhärtetes klinisches Bild von Erschöpfung darstellt, ist Burn-out einerseits spezifischer, weil es auf den Arbeitsbereich begrenzt ist und biologische oder physiologische Symptome weniger im Vordergrund stehen als bei einem CFS. Andererseits ist es unspezifischer, weil die Anforderungen an die Diagnose eines Burn-out geringer sind als an die eines CFS. Gemeinsamkeiten bestehen in den genannten psychologischen Faktoren. So wird für CFS beispielsweise vermutet, dass hohe Leistungsmotivation, rigide Zielsetzungen und die Tendenz zur Selbstüberforderung eine Rolle spielen könnten (Gaab & Ehlert, 2005). Problematisch für die Abgrenzung von Burn-out von anderen Krankheiten bleibt die starke Überlappung des zentralen Merkmals Erschöpfung mit verschiedenen Störungsbildern, neben dem CFS beispielsweise auch mit einer Depression (Enzmann, 1996).

nicht zwingend mit dem Arbeitsleben verbunden

Depression

In Abgrenzung zu Depressionen ist Burn-out stärker arbeitsplatzbezogen und situationsspezifischer (Maslach, Schaufeli & Leiter, 2001), ferner weist Burn-out soziale Symptome und Einstellungsänderungen auf, die nicht mit Depressionen einhergehen müssen. Besonders die Subdimension Erschöpfung überschneidet sich in Teilen mit Depressionen. Mit den Subdimensionen Depersonalisierung und geringe Leistungsfähigkeit bestehen hingegen weniger Überschneidungen (Schaufeli & Enzmann, 1998).

6.3 Was sind die Folgen von Burn-out?

Häufige Burn-out-Symptome sind (Wolpin, Burke & Greenglass, 1991; Schaufeli & Enzmann, 1998; Demerouti, 1999; Shirom, Melamed, Toker, Berliner & Shapira, 2005):

- Erschöpfung,
- Hilflosigkeit,
- Hoffnungslosigkeit,
- reduzierte Leistung und Kreativität,
- negative bis hin zu zynischer Einstellung gegenüber sich selbst und der Arbeit,
- Verlust von Arbeitszufriedenheit, Motivation und Verpflichtung (commitment) gegenüber der Beschäftigungsorganisation,
- der Wunsch, die Organisation zu verlassen,
- Absentismus,
- schlechter Gesundheitszustand,
- psychosomatische Beschwerden,
- Depressionen und
- Ängste

Die Folgen von Burn-out können erheblich sein. Wie van der Linden, Keijsers, Eling und Schaijk (2005) zeigen, beeinflusst Burn-out sogar einen solch elementaren kognitiven Prozess wie die Aufmerksamkeitssteuerung. Das zeigt die Bedeutung von Burn-out sowohl für die Betroffenen als auch für Unternehmen und Organisationen und für die Gesellschaft insgesamt, nicht zuletzt wegen der durch Burn-out entstehenden volkswirtschaftlichen Kosten.

6.4 Wie entsteht Burn-out?

Balancestörung

Oft nehmen die Betroffenen erste Warnsymptome nicht wahr oder deuten sie falsch. Nach der Arbeit nicht mehr abschalten zu können, ist ein solches Warnsignal. Viele Burn-out-Prozesse beginnen bei Wechselpunkten im Leben wie dem Studienanfang, dem Berufseintritt, einem Wechsel in einen anderen Beruf oder einer mit einem Tätigkeitswechsel verbundenen Beförderung. Besonders schädigend, weil Hilflosigkeit auslösend, ist das Erleben, unter Stress zu stehen und keinen Ausweg zu sehen. Burisch (2006) spricht hier von Stress zweiter Ordnung. Spätestens wenn Hilflosigkeit nicht auf das konkrete Ereignis beschränkt bleibt, sondern auf viele, im Extremfall auf alle Situationen übertragen wird, liegt Burn-out vor.

Hardiness (▶ Kapitel 4.3.2) kann vor Burn-out schützen (Rösing, 2003). Intensiver erforscht wurden jedoch in der Person liegende Risikofaktoren wie:

Personenfaktoren

- Neurotizismus oder emotionale Instabilität (Schaufeli & Enzmann, 1998; Maslach, Schaufeli & Leiter, 2001; Burisch, 2002). Emotionale Instabilität senkt im Allgemeinen die Leistungsfähigkeit.
- Labiles Selbstbild und geringe Selbstachtung bei starkem Bedürfnis nach und Abhängigkeit von äußerer Belohnung (Burisch, 2006). Dabei leidet die Selbstwirksamkeitserwartung, das heißt die subjektive Sicherheit, neue oder schwierige Situationen aufgrund eigener Fähigkeiten bewältigen zu können. Burn-out kann durch eine geringe Selbstwirksamkeitserwartung teilweise vorhergesagt werden (Schwarzer & Schmitz, 1999; speziell zur fehlenden Überzeugung, Negativstimmungen überwinden zu können, siehe Mearns & Cain, 2003).
- Geringe Leistungsfähigkeit oder schlechte Ausbildung mit dem Risiko, auch bei einfachen Aufgaben zu scheitern (Burisch, 2006).
- Die Unfähigkeit, Erwartungen und Ansprüche den tatsächlichen Möglichkeiten anzupassen (Schmitz, Hillert, Lehr, Pecho & Deibl, 2002). Dazu gehört auch das Ignorieren der eigenen Belastbarkeitsgrenzen (Burisch, 2006). Häufig führen unrealistische Erwartungen und Ansprüche zu herben Enttäuschungen. Schmitz et al. (2002) zeigen dies am Beispiel dienstunfähiger Lehrer. Diese hatten bei Berufsbeginn eher unrealistische Ansprüche und stellten überhöhte Leistungsanforderungen an sich selbst im Vergleich zu Lehrern, die mit Erreichen des Pensionsalters in den Ruhestand gingen.
- Das Zurückstellen persönlicher Bedürfnisse und Interessen für das (vermeintliche) Hauptziel, welches häufig die berufliche Karriere ist (Burisch, 2006). Wenig überraschend ist daher, dass auch zwischen Typ-A-Verhalten (▶ Kapitel 2.3) und Burn-out ein Zusammenhang besteht.
- Selbstüberforderungs- und Verausgabungstendenz sowie Perfektionsstreben und mangelnde Distanzierungsfähigkeit gegenüber beruflichen Problemen (Heyse, Krampen, Schui & Vedder, 2004).

Situative Risikofaktoren sind (Cherniss, 1980b; Enzmann, 1996; Schaufeli & Enzmann, 1998; Demerouti, 1999; Fengler, 2001; Maslach & Leiter, 2001; Maslach, Schaufeli & Leiter, 2001; Burisch, 2002; Mittlinger & Jimenez, 2001; Venus, 2005; Burisch, 2006):

Situationsfaktoren

- Aufgabenmerkmale: dauerhafte Arbeitsüberlastung, mangelnde Autonomie, mangelnde (positive) Rückmeldung, starker Zeitdruck.
- Organisationsmerkmale: Rollenkonflikte und Rollenunklarheiten, fehlende Beteiligungschancen, zu viele bürokratische Tätigkeiten, Arbeitsplatzunsicherheit, fehlende Gerechtigkeit.
- Sozialmerkmale: Kollegialität geht verloren oder fehlt, fehlende Unterstützung durch Vorgesetzte, fehlende soziale Unterstützung durch Partnerschaft oder Freunde.
- Kontrollmangel, Informationsmangel, Machtlosigkeit, unnötige bürokratische Kontrollen.
- Hilflosigkeit beim Vermeiden, Verändern oder Verlassen einer kritischen Situation.
- Kritische Ereignisse: Krankheit, schwere Demütigung oder Blamage, Zerwürfnis mit einer wichtigen Person, Berufseintritt, Wechsel des Vorgesetzten, Arbeitslosigkeit, endgültiges Nichterreichen eines zentralen Lebensziels etc.

Auch wenn es Personen gibt, die für Burn-out sehr anfällig sind, und auch Situationen, die bei vielen Menschen zu Burn-out führen, ist ein Zusammentreffen ungünstiger Personenfaktoren mit ungünstigen Situationsfaktoren besonders gefährlich. Mit zunehmender Berufserfahrung beeinflussen Personenmerkmale Burn-out stärker und Situationsmerkmale weniger stark (Enzmann, 1996). Das kann daran liegen, dass die Anpassung an berufliche Situationen mit der Zeit besser gelingt. Die Bedeutung auch objektiver Arbeitsbelastungen für Burn-out hat Demerouti (1999) nachgewiesen. Der Nutzen von Checklisten zu Burn-out ist umstritten, deshalb wird hier auf eine solche Liste verzichtet. Wenn Sie auf einen solchen Selbstcheck dennoch durchführen wollen, finden Sie der Internetseite http://www.burnoutnet.at einen Fragebogen zur Einschätzung Ihres Burn-out-Zustands.

Burn-out-Phasen

Um die Vielzahl von Burn-out-Verläufen zu erfassen, wurden mehrfach Phasenmodelle vorgeschlagen, wie beispielsweise von Freudenberger (Freudenberger & North, 2002), Cherniss (1980a) sowie von Golembiewski, Munzenrieder und Carter (1993). Grundsätzlich problematisch an allen Typisierungen, so auch an den Phasenmodellen für Burnout, ist die im Kern willkürliche Zuordnung von Symptomen zu Phasen, ebenso die Festlegung von Reihenfolge und Phasenzahl. Die meisten Phasenmodelle von Burn-out basieren auf einer Strukturierung nach augenscheinlicher Plausibilität. Von Vorteil ist die so erreichte Gliederung des ansonsten sehr unübersichtlichen Feldes, von Nachteil ist, dass eine andere Gliederung ebenso gut oder sogar besser sein könnte. Daher sollte man sich von Phasenmodellen nicht mehr als einen ersten Einstieg in die Thematik versprechen. Auf keinen Fall sollte man als Betroffener versuchen, sich in einem solchen Phasenmodell einzuordnen, und entsprechend erleichtert oder entsetzt sein.

6.4 · Wie entsteht Burn-out?

Exemplarisch wird hier das Phasenmodell nach Freudenberger und North (2002) vorgestellt, das einen Eindruck von der möglichen Dynamik bei Burn-out vermittelt:

Phasen von Burn-out

Stadium 1: Zwang, sich zu beweisen. Aus Leistungswunsch und Tatendrang wird überhöhter Leistungszwang. Die Bereitschaft, eigene Grenzen zu akzeptieren, sinkt. Entscheidend ist es, den Punkt, an dem Leistungsstreben zu Leistungszwang wird, nicht zu überschreiten.

Stadium 2: Verstärkter Einsatz. Das Gefühl, alles selbst machen zu müssen, um sich zu beweisen, wird stärker. Delegieren wird als zu umständlich und zeitaufwendig, aber auch als Bedrohung der eigenen Unentbehrlichkeit erlebt.

Stadium 3: Vernachlässigung eigener Bedürfnisse. Der Wunsch nach Entspannung, angenehmen Sozialkontakten, Hobbys etc. tritt mehr und mehr in den Hintergrund. Das Gefühl, diese Bedürfnisse gar nicht mehr zu haben, auch sexuelle, wird stärker. Nicht selten kommt es zu vermehrtem Alkohol-, Nikotin-, Kaffee-, aber auch Schlafmittelgenuss.

Stadium 4: Das Missverhältnis von inneren Bedürfnissen und äußeren Erfordernissen, so genannten Sachzwängen, führt zu Energiemangel. Fehlleistungen wie Unpünktlichkeit, Verwechslung von Terminen und Ähnliches häufen sich.

Stadium 5: Umdeutung von Werten. Prioritäten verschieben sich, soziale Kontakte werden als belastend erlebt, früher wichtige Ziele werden entwertet. Die Reaktivierung alter Freunde kann helfen, solche Veränderungen festzustellen und die Werteverschiebung rückgängig zu machen.

Stadium 6: Um weiter zu funktionieren, verdrängt man auftretende Probleme. Abkapseln von der Umwelt, Zynismus, aggressive Abwertung, Ungeduld und Intoleranz sind Kennzeichen für diese Phase. Deutliche Leistungseinbußen und körperliche Beschwerden treten auf. Ratlosigkeit, mangelnde Hilfsbereitschaft und fehlendes Einfühlungsvermögen charakterisieren den Umgang mit anderen Menschen. Spätestens jetzt bedarf es professioneller Hilfe.

Stadium 7: Das soziale Netz, das stützt, wird als feindlich, fordernd und überfordernd erlebt. Orientierungs- und Hoffnungslosigkeit sowie Entfremdung prägen das Bild.

Stadium 8: Der Rückzug nimmt zu. Jede Zuwendung der Umwelt wird als Angriff verstanden. Es kann zu paranoiden Reaktionen kommen.

Stadium 9: Verlust des Gefühls für die eigene Persönlichkeit. Es entsteht das Gefühl, nicht mehr autonom zu sein, sondern nur noch automatisch zu funktionieren.

Stadium 10: Innere Leere. Man fühlt sich ausgehöhlt, mutlos und leer, erlebt gelegentlich Panikattacken und Angstzustände, fürchtet sich vor anderen Menschen und Menschenansammlungen. Exzessive Ersatzbefriedigungen werden bisweilen beobachtet.

Stadium 11: Verzweiflung und Erschöpfung werden übermächtig. Innere schmerzhafte Gefühle wechseln sich mit dem Gefühl des Abgestorbenseins ab, Suizidgedanken.

Stadium 12: Völlige Burn-out-Erschöpfung. Geistige, körperliche und emotionale Erschöpfung.

6.5 Wer sind die Betroffenen von Burn-out?

Perfektionisten

Manche halten Burn-out für ein mentales Problem. Verstärkend wirkt, wenn man sein eigener Antreiber ist, ein grenzenloser Perfektionist. Es reicht nicht, eine Sache nur gut zu machen. Man muss Aufgaben magnetisch an sich ziehen, muss funktionieren. Man hat schließlich seinen Platz in der Leistungsgesellschaft und hat die Lektion gelernt, dass es nur aufgrund von Leistung Anerkennung und Liebe gibt (Heibutzki, 1995). Ein positives Selbstkonzept bietet einen gewissen Schutz vor Burn-out (Schmieta, 2001), da Personen mit positivem Selbstkonzept weniger abhängig von äußerer Bestätigung sind und sich deshalb weniger vereinnahmen lassen.

Beispiel

Matthias G., Sohn eines Medizinprofessors, absolvierte sein Medizinstudium in kürzestmöglicher Zeit, ebenso seine Facharztausbildung. Mit 30 Jahren war er Facharzt, mit 34 habilitiert, mit 35 Chefarzt und mit 36 schließlich Professor. Dann war er das, was er immer sein wollte: er musste eine Klinik verwalten und für deren Funktionieren sorgen. Damit wäre er ausgelastet gewesen. Aber er hatte auch den Ehrgeiz, wissenschaftlich in Erscheinung zu treten, zu forschen und zu publizieren. Doch dafür gab es keinen Raum. Die alltäglichen Anforderungen waren zu hoch. So arbeitete er bis zur Erschöpfung an Dingen, die ihn eigentlich nicht befriedigten. Es trat das ein, was typisch auch für viele andere ist: Er geriet in eine scheinbar ausweglose Lage, die ihn erschöpfte.

Zerrieben zwischen seinem Anspruch, eine wissenschaftliche Karriere machen zu wollen, und den alltäglichen Anforderungen der Chefarztposition versuchte er, sein Burn-out immer häufiger mit Alkohol zu bekämpfen, bis er abhängig war. Zehn Jahre ging das gut, dann wurde er entlassen. »Der Wendepunkt bestand in dieser Zwangspensionierung«, sagt Matthias G. heute. Bis dahin hatte er zwar etliche therapeutische Versuche gemacht, aber immer wieder abgebrochen. »Weil ich der Meinung war, ich habe ja eigentlich eine Verpflichtung, nämlich diese Klinik zu leiten, und muss wieder zurück.« Als er zwangspensioniert war, musste er nirgends mehr hin. Seine Frau hatte ihn inzwischen verlassen und seine Tochter sich abgewandt. Das Haus musste verkauft werden. Matthias G.: »Da war so ziemlich alles zusammengebrochen. Dann bin ich in eine Therapie gegangen, und da habe ich mir damals gesagt: Da bleibst du jetzt so lange wie nötig. [...] Denn wenn ich dieses Grundproblem Abhängigkeit nicht in den Griff kriege, ist es vollkommen egal, was ich in meinem Leben je anfasse. Es wird alles schief gehen. Das gilt für berufliche wie auch private Unternehmungen, Beziehungen, Partnerschaften und so weiter.« (Heibutzki, 1995)

Matthias G. musste die Grenze zwischen gesundem Leistungsstreben und krankhaftem Leistungszwang erkennen und lernen, eigene Bedürfnisse wahrzunehmen und zu verwirklichen. Burn-out kann erheblich in das Privatleben hinein wirken (Bakker, Demerouti & Schaufeli, 2005), wie auch das Beispiel von Matthias G. zeigt.

Burn-out ist unter Jüngeren verbreiteter als unter Älteren (Maslach & Jackson, 1984; Schaufeli & Enzmann, 1998; Maslach, Schaufeli & Leiter, 2001). Möglicherweise handelt es sich dabei aber nur um einen Selektionseffekt, weil es nur gegen Burn-out resistente Mitarbeiter aushalten bis ins hohe Alter zu arbeiten. Ledige weisen höhere Burn-out-Werte auf als Verheiratete. Bezüglich des Bildungsstandes fanden Maslach und Jackson (1984) keine Unterschiede. Insgesamt sind die Effekte demographischer Variablen gering und uneindeutig (Burisch, 2006). Das gilt auch für die häufig unterstellten Unterschiede zwischen Männern und Frauen (Bekker, Croon & Bressers, 2005).

6.6 Burn-out in bürokratischen Organisationen

Es gibt kaum einen Beruf, in dem nicht auf irgendeine Weise die Gefahr des Ausbrennens besteht. Auffallend ist Burn-out in bürokratischen Organisationen (Aronson et al., 1983), wo er vor allem durch drei Faktoren verursacht wird:

keine Insel der Seeligen

- Überlastung
- Mangel an Autonomie
- Mangel an Belohnung und Anerkennung.

Überlastung

zu viele Aufgaben

Zeitdruck und Aufgabenüberlastung sind für viele Menschen die Hauptstressoren. Relativ übereinstimmend wird »Hetze« in Beruf und so genannter Freizeit beklagt. Immer mehr Menschen haben den Eindruck, zu viel gleichzeitig erledigen zu müssen, sich zwischen zu vielen Möglichkeiten entscheiden zu müssen und zumeist nicht genau zu wissen, ob das, was sie erledigt haben, oder das, wofür sie sich entschieden haben, auch das Richtige oder Beste war. Insofern wandelt sich situatives Stressempfinden in ein Gefühl des permanenten Gestresstseins, der permanenten Überbeanspruchung und Überforderung.

Mangel an Autonomie

keine Autonomie

Große Organisationen sind oft mit starrer Hierarchie ausgestattet und neigen dazu, von oben nach unten anzuordnen, wenig Verantwortung zu delegieren und möglichst viel zu kontrollieren. Mitarbeiter fühlen sich in solchen Systemen ausgeliefert und entmündigt. Die Folgen sind nicht nur nachlassende Motivation und Effizienz, sondern auch die Heranbildung von »Misserfolgserwartern«, die Erfolge nicht für Ergebnisse eigener Leistungen, Misserfolge hingegen für selbstverschuldet halten. Die Selbstachtung der Mitarbeiter sinkt, und sie verfallen in eine passive und niedergeschlagene Haltung. Aronson et al. (1983) verdeutlichen dies mit der folgenden Schilderung: Viele Menschen in Bürokratien glauben, an ihrer Umgebung nichts ändern zu können, und verhalten sich entsprechend als Bürokraten im negativen Wortsinn. Gelangen solche Personen in eine Leitungsfunktion, werden sie zu einem Teil des Stillstands und tragen zum Burn-out neuer Mitarbeiter bei, weil sie durch ihren Habitus und ihre Einstellungen entmutigen und selbst als Teil der Unveränderbarkeit erlebt werden. Aus Opfern werden Täter.

Cherniss (1999) beschreibt eine Verhaltensweise, die Personen, die sich von einem früheren Burn-out erholten, und solchen, die nie Burn-out erlitten, gemein ist: Sie gehen demoralisierenden bürokratischen Widerständen aus dem Weg. Eine durch solches Verhalten erlangte Autonomie bedeutet die Befreiung von (Cherniss, 1999):

- bürokratischen Strukturen und zähen Entscheidungsprozessen
- Aktennotizen, um sich selbst zu schützen
- (mikro)politischen Querelen zwischen konkurrierenden Fraktionen
- Widerspruch durch inkompetente, aber formal mächtige Personen
- Konflikten zwischen Leitung und Mitarbeitern.

Mangel an Belohnung und Anerkennung

keine Anerkennung

Bürokratischen Organisationen fehlt häufig eine Kultur der Wertschätzung von Mitarbeitern und damit auch ein System von angemessenen Belohnungen und von Anerkennung. Beurteilungen und Beförderungen sind nach Vorschriften reglementiert, wirken undurchschaubar und auf die Mitarbeiter oft willkürlich und leistungsungerecht.

Sicherheitsfalle

Die Anerkennung des persönlichen Beitrags zum Organisationserfolg ist wesentlich für die Zufriedenheit von Mitarbeitern am Arbeitsplatz und ihre Bereitschaft, sich mit der Organisation zu identifizieren. Gerade im öffentlichen Dienst sowie in den als sicher wahrgenommenen Großunternehmen verbleiben zu viele Personen, selbst wenn die äußeren Rahmenbedingungen sich verschlechtern. Die Sicherheit des Arbeitsplatzes verleitet dazu, Burn-out begünstigende Faktoren zu lange auszuhalten und zu spät oder gar nicht nach Alternativen außerhalb des vertrauten und sicheren, aber ungesunden Systems zu suchen.

6.7 Gegenmaßnahmen – Wer kann was tun?

Das Interesse an Burn-out ist groß, weil viele sich Ansatzpunkte für eigenes Handeln versprechen, sei es kurativ zur Behebung einer bereits vorhandenen Beeinträchtigung oder präventiv zur Vermeidung von Burnout. Trotz der nicht immer klaren Befundlage lassen sich Maßnahmen herausstellen, die Burn-out verhindern können.

Eine Organisation kann zum Beispiel durch Verkürzung von Schichten, mehr oder längeren Arbeitspausen, Gewähren von Sonderurlaub, Jobrotation und Teilzeitarbeit, durch Rückmeldungen über Leistungen, durch mehr Selbstbestimmung bei der Arbeitsausführung, Partizipation an Entscheidungen, das Garantieren von Arbeitsplatzsicherheit und das Angebot von Supervision und Coaching zur Verringerung des Burn-out-Risikos beitragen. Organisationen sollten in ihren Strukturen den Bedürfnissen und Interessen ihrer Mitarbeiter entgegenkommen und ihnen Autonomie in Arbeitsstil und Arbeitseinteilung einräumen. Dazu gehört auch, dass man Mitarbeitern die Möglichkeit gibt, ihre Arbeitsumgebung – zum Beispiel bei der Innenarchitektur und durch störungsfreie und kommunikationsfreundliche Arbeitsplätze – mitzugestalten. Durch das Delegieren von Verantwortung und projektorientiertes Arbeiten sowie die daraus resultierenden Wahl- und Selbstkontrollmöglichkeiten können das Leistungspotenzial von Mitarbeitern und zugleich ihre Motivation gefördert werden.

Organisation

Immer wieder fällt das hohe Burn-out-Risiko bei Berufseinsteigern auf. Dem kann man entgegenwirken, indem man eine Orientierungsphase zu Beginn des Berufslebens einrichtet, in der Beratung und Erfahrungsaustausch stattfinden. Die Möglichkeiten reichen von einem Traineeprogramm über Einsteigerseminare etwa drei bis vier Monate nach Beginn der Tätigkeit bis hin zu einer systematischen Personal- und Organisationsentwicklung.

Nach Cherniss (1980b) beeinflusst ein schlechter Führungsstil Burnout stärker als eine hohe Arbeitsbelastung. Daher muss dem Faktor »Verhalten von Führungskräften« besondere Beachtung geschenkt werden (Cherniss, 1999). Führungskräfte setzen durch ihr persönliches Vorbild die Organisationsphilosophie in die Tat um oder eben nicht. Sie beeinflussen erheblich, ob Mitarbeiter Sinnhaftigkeit und Wert eigenen Handelns in der Organisation erleben. Tüchtigen Mitarbeitern ist nicht noch mehr aufzubürden, nur weil sie nicht »Nein« sagen können. Viel zu fordern, dies als selbstverständlich zu betrachten und ohne Lob und Anerkennung entgegenzunehmen, führt mit hoher Wahrscheinlichkeit zu Burn-out. Ein häufig auftretender Konfliktpunkt zwischen Führungskräften und Mitarbeitern sind die Qualitätskriterien für gute Arbeit. Während Führungskräfte oft quantitative Kriterien heranziehen und dies wegen der Einbindung in Controllingsysteme auch müssen, orientieren sich viele Mitarbeiter, nicht nur in psychosozialen Berufen,

Führungskräfte

an qualitativen Kriterien (Lauck, 2003). Damit ist die Grundlage für einen nicht lösbaren Konflikt vorgegeben. Je stärker Mitarbeiter die quantitativen Kriterien erfüllen, desto mehr vernachlässigen sie eigene Qualitätskriterien. Entweder ist man selbst mit sich unzufrieden oder die Vorgesetzten sind es, keine wirklich erfreuliche Alternative.

Mitarbeiter

Jeder Mitarbeiter ist aufgerufen, Prioritäten innerhalb der eigenen Aufgaben zu setzen und zwischen den Anforderungen seitens der Institution und selbst auferlegten Pflichten zu unterscheiden zu lernen. Solche Autonomie kann geübt werden, indem man sich die Unabhängigkeit des Denkens bewahrt, sich Handlungsfreiheit durch Zielvereinbarungen oder durch nicht zu engstirniges Auslegen von Vorgaben verschafft. Verbesserungsvorschläge – mit Aussicht auf Realisierung – sind ein weiteres Mittel, initiativ zu werden und sich Erfolgserlebnisse zu verschaffen. Das ist ein Akt der Selbstbelohnung und macht unabhängiger vom Lob durch Vorgesetzte. Engagement und Leistung im Team bewirken Wertschätzung durch Kollegen. Besonders stimulierend wirken gleichgesinnte Kollegen (Cherniss, 1999), die am gleichen Strang ziehen.

fünf Schritte aus der Falle

Allen, die sich in der Beschreibung des Burn-out-Syndroms wieder erkennen, offeriert Kerber (2002) erste Schritte aus der Erschöpfungsfalle:

Schritt 1

Problem erkennen

Man muss sich erst einmal eingestehen, dass man tatsächlich zu viel arbeitet. Daran knüpft die Frage an: Was passiert, wenn ich weniger arbeite? Als Antworten sind denkbar:

- Chaos und Unordnung brechen aus (Kontrollverlust),
- das Gefühl, wichtig zu sein, kommt abhanden,
- Verlust von Anerkennung,
- Ärger mit (neidischen) Kollegen,
- Arbeitsplatzverlust.

Ursachenanalyse

Mit der eigenen Antwort legt man offen: Welche Motivation steckt hinter der Bereitschaft, bis zum Umfallen zu arbeiten? Nur wer ehrlich zu sich selbst ist, kann die Bremse ziehen und Besserung erzielen. Zugestanden, wer für eine Aufgabe brennt, wird kaum innehalten und das Feuer klein halten. Das muss auch nicht sein. Wenn aber einer Aufgabe gleich die nächste folgt oder mehrere Feuer gleichzeitig brennen und Anzeichen von Mühsal und Belastung sich häufen, dann spätestens sollten Raum und Zeit für eine Problembeschreibung und -erkennung bleiben. Den meisten Menschen fällt das Innehalten in Zeiten höchster Belastung jedoch schwer. Nur noch eine Woche, nur noch ein paar Monate, ein Jahr noch, dann ist es geschafft. Die Fähigkeit des Menschen, in Zeiten höchster Belastung alle Reserven zur Bewältigung zu mobilisieren, macht ihn zugleich verwundbar. Wer immer hochtourig arbeitet, übersieht die Warnlämpchen, ist nicht mehr achtsam gegenüber den ei-

6.7 · Gegenmaßnahmen – Wer kann was tun?

genen Grenzen. Das ist der Grund, warum viele Menschen den schleichenden Verlauf von Burn-out zunächst nicht wahrnehmen. Hier hilft nur ein Eintrag im Kalender, der für Körper und Geist ein- oder zweimal jährlich – beim Auto selbstverständlich – eine persönliche Inspektion einplant. Alleine oder zusammen mit einem guten Freund oder einer guten Freundin kann eine solche Auszeit eine wichtige Zäsur sein. Zudem verweisen die Ergebnisse der Auszeit gleich auf einen etwaigen Handlungsbedarf. In solchen Phasen kann man besser entscheiden, ob man sich selbst oder seine Umwelt verändern muss. Beide Optionen bieten Möglichkeiten, einem Burn-out vorzubeugen.

Prioritäten setzen
Schritt 2

Eine der größten Schwierigkeiten bereitet die Frage, welche Dinge zuerst erledigt werden müssen. Es genügt nicht, sich nur zu notieren, was alles am Tag X getan werden muss. Vielmehr müssen anstehende Aufgaben nach Wichtigkeit und Dringlichkeit geordnet werden, damit nicht ausgerechnet das Wichtigste liegen bleibt. Details hierzu finden Sie in ▶ Kapitel 4.3.5 (Zeitmanagement).

Kontrolle zurückgewinnen
Schritt 3

Kontrolle kann man zurückgewinnen, indem man sich Filter schafft, die eine permanente Überforderung verhindern. Das kann bei Führungskräften eine Sekretärin sein oder ein technischer Filter wie ein Anrufbeantworter. Wichtig sind aber auch zeitliche Filter – das heißt, nicht immer, sondern nur zu bestimmten Zeiten erreichbar zu sein. Nur so vermeidet man, permanent aus der Arbeit herausgerissen zu werden und immer wieder von neuem beginnen zu müssen.

Kontrolle zurückgewinnen setzt aber zunächst voraus, sich über eigene Bedürfnisse und Wünsche bewusst zu werden. Was braucht man, um ein glückliches und zufriedenes Leben zu führen? Was braucht man, um wieder mit Interesse und Leichtigkeit der beruflichen Aufgabe nachzukommen? Nur derjenige, der sich die Zeit nimmt, die kleinen und großen Arbeits- und Lebensziele zu überdenken und nachzusteuern, bleibt Herr der eigenen Lebensgestaltung und erhält sich so seine Lebendigkeit. Aufmerksamkeit und Achtsamkeit sich selbst gegenüber steigern zudem die Fähigkeit, frühzeitig das »Genug« zu erkennen und Veränderungen an sich und seiner Umgebung vorzunehmen. Wer glaubt, Vorgesetzte oder Kollegen durch dauerhafte Hochleistung vom eigenen Wert überzeugen zu müssen, gibt die Kontrolle über seine Arbeitsleistung und über seine Lebenszufriedenheit ab. Anerkennung, Zuneigung und Liebe lassen sich nicht erkaufen, auch nicht durch Selbstausbeutung.

Nein sagen
Schritt 4

Man muss sich gegen ein Zuviel an Anforderungen und Ansprüchen wehren, denn nur so gelingt es, den Kollaps zu vermeiden. Um bei diesem Vorhaben nicht wieder umzufallen, helfen Formulierungen, die Begründungen und/oder Alternativlösungen anbieten. Beispiele für Erfolg versprechendes Neinsagen sind:

- »Das schaffe ich nicht in der Zeit, die wir dafür zur Verfügung haben. Möglich ist das nur, wenn ich im Gegenzug eine weniger wichtige Aufgabe abgeben kann.«
- »Wir könnten es schaffen, aber nur mit mehr Personal und mehr Zeit.«
- »Ich weiß nicht, wie wir diesen Termin erfüllen können. Was würde denn passieren, wenn wir erst eine Woche später fertig wären?«

Schritt 5

Pause machen

Pausen setzen Anfangs- und Endmarken und verhindern, dass man den Überblick darüber verliert, an wie vielen Dingen man gleichzeitig arbeitet. Pausen sind sowohl die Minipausen bei einem Kaffee oder dem Blick aus dem Fenster als auch die abendlichen Arbeitspausen, die nicht mit der am Tage liegen gebliebenen Arbeit oder dem Abhängen vor dem Fernseher gefüllt sind, sondern Raum lassen für die Befriedigung persönlicher Bedürfnisse und die Pflege einer eigenständigen Lebensgestaltung. Pausen sind auch die Sonn- und Feiertage, die nicht mit schonungslosem Freizeitstress angefüllt sind. Die Bedeutung von Jahresurlaub für den Abbau von Burn-out und Stress belegt die Untersuchung von Etzion (2005). Gerade Personen, die strukturell zu Burn-out neigen, werden den Unterschied zwischen Pause und Arbeit ansonsten durch irgendwelche Aktivitäten zunichte machen. Nach Cherniss (1999) ist ein wichtiger Faktor zur Erholung von Burn-out die Balance zwischen Arbeit, Familie und Freizeit. Auch im deutschen Sprachraum setzt sich hierfür der Begriff »Work-Life-Balance« durch.

Pausen helfen,

- sich in einem hektischen Umfeld zu stabilisieren,
- Strukturen im Arbeitsalltag zurückzuerobern,
- Zeit zur Reflexion und damit für gute Ideen zu gewinnen.

Achtsamkeit

Die kognitiven Leistungsanforderungen an die Menschen sind gestiegen. Die Komplexität der Probleme und das Unvermögen des Einzelnen, bestimmte Entwicklungen zu beeinflussen, erfordern die Fähigkeit, das Unveränderbare und bestehende Diskrepanzen auszuhalten. Der ständige Kampf um Spitzenpositionen und dauerhafte persönliche Leistungssteigerung führen bei vielen zum Burn-out. Auch die stärksten Ressourcen sind einmal verbraucht. So schleichend und langsam wie der Verlauf von Burn-out ist, so langwierig ist auch die Regenerationsphase. Deswegen ist es notwendig, frühzeitig Bilanz zu ziehen und alle Möglichkeiten auszuschöpfen, die eigenen Kräfte zu erhalten, aufzubauen und angemessen einzusetzen. Das beste Vorbeugen bei aller Methodenviel-

6.7 · Gegenmaßnahmen – Wer kann was tun?

falt des Stressmanagements und der Burn-out-Prophylaxe ist ein achtsamer Umgang mit sich selbst. Dann funktioniert das persönliche Frühwarnsystem, und Warnsignale werden erkannt und ernst genommen.

Ausklang

7

Sie haben eine Lesereise durch Stressursachen und -folgen, Mobbing und Burn-out, durch Veränderungsansätze und Checklisten hinter sich. Sind Sie weniger gestresst? Hat sich Ihr Burn-out in Luft aufgelöst? Nein, vermutlich nicht. Sie müssen sich noch entscheiden, welche der Anregungen Sie umsetzen und wann Sie das tun. Zur Orientierung über den tagesaktuellen Stress hinaus ist all das wichtig, was langfristig Ihr Wohlbefinden steigert oder, unbescheiden ausgedrückt, was Sie glücklich macht. Als Anregung und Ausklang sei in Kürze aufgeführt, was die psychologische Forschung zu diesem Thema beisteuert.

was glücklich macht

Nach Diener (1984), Myers und Diener (1995), Stollreiter et al. (2000), Diener, Oishi und Lucas (2003) sowie Diener und Oishi (2005) fördern folgende Punkte das Wohlbefinden:

- Hohes Selbstwertgefühl und damit eine hohe Selbstwirksamkeit besitzen. Bei hoher Selbstwirksamkeit traut man sich Dinge zu und nimmt sie in Angriff, weil man erwartet, erfolgreich zu sein. Salanova, Bakker und Llorens (2006) unterstreichen die Bedeutung von Selbstwirksamkeit, Sheldon und Lyubomirsky (2006) die von aktivem Handeln.
- Harmonisches Familienleben und eine gute Beziehung führen.
- Soziale Kontakte und gute Freunde haben, auf die man sich verlassen kann.
- Zeit für eigene Interessen haben, das heißt über einen selbstbestimmten Freiraum verfügen.
- Die eigene Neugier befriedigen, herausfordernde Aufgaben und damit Ziele haben. Damit verbunden ist die Fähigkeit, Vorfreude zu empfinden.
- Erholsamer Schlaf und Berücksichtigung anderer elementarer körperlicher Bedürfnisse.

Glückliche Menschen verwenden wenig Zeit auf negative Selbstreflexionen. Auch glückliche Menschen kennen schlechte Stimmungen und unerfreuliche Lebensereignisse, aber sie bewerten diese Ereignisse weniger negativ. Glückliche Menschen widmen ihren negativen Emotionen weniger Aufmerksamkeit. Mit getroffenen Entscheidungen zeigen sie sich zufriedener, und sie sind weniger anfällig für einen neidorientierten sozialen Vergleich mit anderen. Glückliche Menschen reagieren auf Umwelteinflüsse so, dass positive Emotionen und das Selbstwertgefühl gesteigert werden (Abbe, Tkach, Lyubomirsky, 2003). Damit hängt Glück weniger von objektiven äußeren Faktoren ab als von Eigenschaften und Fähigkeiten (Diener & Oishi, 2005). Nach Cummins und Nistico (2002) ist der Kern, zumindest der von Lebenszufriedenheit, eine positive Selbstwahrnehmung hinsichtlich Selbstvertrauen, Kontrolle und Optimismus. Lebenszufriedene Menschen nehmen die Welt positiver wahr als ihre weniger zufriedenen Artgenossen und sind deshalb möglicherweise handlungsfähiger. Und wie die umfassende Analyse von

Lyubomirsky, King und Diener (2005) zeigt, sind glückliche Menschen auch erfolgreicher, was aber nicht heißt, dass man glücklich sein muss, um Erfolg zu haben. Erfolgsrelevant sind selbstverständlich auch Intelligenz, Beziehungen und noch einiges mehr.

Auf Dauer machen nicht glücklich: Attraktivität, Bildung, Intelligenz und Geld, zumindest unter der Voraussetzung, dass ein Basiseinkommen gesichert ist. Glücklich sein ist kein Besitz. Dies gilt aber nur dann, wenn akzeptable Rahmenbedingungen zur Befriedigung von Grundbedürfnissen vorhanden sind (Sheldon & Lyubomirsky, 2006). Denn bis zum Erreichen einer materiellen Sättigungsgrenze steigert Geld das Wohlbefinden durchaus (Cummins, 2000).

was nicht glücklich macht

Entdecken Sie den Willen zum Wohlbefinden und ändern Sie in kleinen, konkreten Schritten Ihre Einstellungen und Ihr Verhalten; nicht morgen, in einem Monat, nächstes Jahr oder irgendwann, sondern sofort.

wie es gelingt

Literatur

Abbe, A., Tkach, C. & Lyubomirsky, S. (2003). The Art of Living by Dispositionally Happy People. *Journal of Happiness Studies*, 4 (4), 385–404.

Allensbach Archiv (2002a). *IfD-Umfragen*, Nr. 7020, März/April 2002.

Allensbach Archiv (2002b). *IfD-Umfragen*, Nr. 7021, April/Mai 2002.

Allenspach, M. & Brechbühler, A. (2005). *Stress am Arbeitsplatz. Theoretische Grundlagen, Ursachen, Folgen und Prävention.* Bern: Huber.

Allman, W.F. (1999). *Mammutjäger in der Metro. Wie das Erbe der Evolution unser Denken und Verhalten prägt.* Heidelberg: Spektrum Akademischer Verlag.

Amelang, M., Hasselbach, P. & Stürmer, T. (2004). Persönlichkeit, Herzerkrankungen und Krebs: Erste Ergebnisse der Heidelberger Kohorten Studie bei älteren Menschen. *Zeitschrift für Gesundheitspsychologie*, 12 (3), 102–115.

Aronson, E., Pines, A.M. & Kafry, D. (1983). *Ausgebrannt: vom Überdruß zur Selbstentfaltung.* Stuttgart: Klett-Cotta.

Atkinson, R.L., Atkinson, R.C., Smith, E.E., Bem, D.J. & Nolen-Hoeksema, S. (2001). *Hilgards Einführung in die Psychologie.* Herausgegeben von J. Grabowski und E. van der Meer. Heidelberg: Spektrum Akademischer Verlag.

Bakker, A.B., Demerouti, E. & Schaufeli, W.B. (2005). The crossover of burnout and work engagement among working couples. *Human Relations*, 58 (5), 661–689.

Bakker, A.B., Demerouti, E. & Verbeke, W. (2004). Using the Job Demands-Resources Model to Predict Burnout and Performance. *Human Resource Management*, 43 (1), 83–104.

Bamberg, E. (2005). Bewertungs- und Bewältigungsprozesse im Umgang mit Belastungen am Arbeitsplatz. *Supervision*, Heft 3, 6–9.

Bastian, T. (2000). Eigensinn hält gesund. *Psychologie heute*, 27 (5), 20–25.

Bekker, M.H.J., Croon, M.A. & Bresser, B. (2005). Childcare involvement, job characteristics, gender and work attitudes as predictors of emotional exhaustion and sickness absence. *Work & Stress*, 19 (3), 221–237.

Bengel, J. & Riedl, T. (2004). Stressbewältigung und Belastungsverarbeitung (S. 89–99). In J. Bengel (Hrsg.), *Psychologie in Notfallmedizin und Rettungsdienst.* Heidelberg: Springer.

Blankenstein, U., Gassner, M., Hilken, B. & Milz, H.-R. (ohne Jahr). Streß verstehen und bewältigen. *Hefte zur Fortbildung*, Nr. 9. Köln: Rheinbraun Eigendruck.

Brengelmann, J.C. (1988). Stress und Stressbewältigung im Überblick (S. 4–34). In J.C. Brengelmann (Hrsg.), *Stressbewältigungstraining 1: Entwicklung.* Frankfurt/Main: Lang.

Brinkmann, R.D. (2002). *Mobbing, Bullying, Bossing* (2. Auflage). Heidelberg: Sauer.

Brinkmann, R.D. & Stapf, K.H. (2005). *Innere Kündigung. Wenn der Job zur Fassade wird.* München: C.H. Beck.

Buchka, M. & Hackenberg, J. (1987). *Das Burn-out-Syndrom bei Mitarbeitern in der Behindertenhilfe. Ursachen – Formen – Hilfen.* Dortmund: Verlag Modernes Lernen.

Burisch, M. (2002). A longitudinal study of burnout: the relative importance of dispositions and experience. *Work & Stress*, 16 (1), 1–17.

Burisch, M. (2006). *Das Burn-out-Syndrom* (3. Auflage). Heidelberg: Springer.

BZgA – Bundeszentrale für gesundheitliche Aufklärung (1999). Naturheilverfahren. *Ein Leitfaden durch die natürlichen Methoden der Medizin.* Köln: BZgA.

Cherniss, C. (1980a). *Staff burnout – job Stress in the Human Services.* Beverly Hills: Sage.

Cherniss, C. (1980b). *Professional burnout in human service organizations.* New York: Praeger.

Cherniss, C. (1999). *Jenseits von Burnout und Praxisschock. Hilfen für Menschen in lehrenden, helfenden und beratenden Berufen.* Weinheim: Beltz.

Csikszentmihalyi, M. (1997). *Finding Flow. The Psychology of Engagement with Everyday Life.* New York: Basic Books.

Cummins, R. A. (2000). Personal Income and Subjective Well-Being: A Review. *Journal of Happiness Studies*, 1 (2) 133–158.

Cummins, R.A. & Nistico, H. (2002). Maintaining Life Satisfaction: The Role of Positive Cognitive Bias. *Journal of Happiness Studies*, 3 (1), 37–69.

De Bono, E. (1992). Zeiteinteilung neu durchdacht. *Capital*, Nr. 6, 229.

Decker, F. (1999). *Den Streß im Griff. Neue, sofort umsetzbare Methoden aus Kinesiologie, NLP und Mindfitness.* Würzburg: Lexika.

Demerouti, E. (1999). *Burnout. Eine Folge konkreter Arbeitsbedingungen bei Dienstleistungs- und Produktionstätigkeiten.* Frankfurt / Main: Lang.

Destatis (2004). *Erwerbszahlen 2003.* [Elektronische Ressource]. Statistisches Bundesamt: Wiesbaden. URL: http://www.destatis.de/basis/d/vgr/vgrtab10.htm, 25.04.2004.

Diener, E. (1984). Subjective well-being. *Psychological Bulletin*, 95 (3), 542–575.

Diener, E. & Oishi, S. (2005). The nonobvious Social Psychology of Happiness. *Psychological Inquiry*, 16 (4), 162–167.

Diener, E., Oishi, S. & Lucas, R.E. (2003). Personality, culture, and subjective well-being. *Annual Review of Psychology*, 54, 403–425.

Ehlers, A. (1999). *Posttraumatische Belastungsstörung. Fortschritte der Psychotherapie (Band 8)*. Göttingen: Hogrefe.

Enzmann, D. (1996). *Gestreßt, erschöpft oder ausgebrannt? Einflüsse von Arbeitssituation, Empathie und Coping auf den Burnoutprozeß*. München: Profil.

Esser, A. (2003). Mobbing. In A.E. Auhagen & H.-W. Bierhoff (Hrsg.), *Angewandte Sozialpsychologie. Das Praxishandbuch*. Weinheim. BeltzPVU.

Esser, A. & Wolmerath, M. (2005). *Mobbing. Der Ratgeber für Betroffene und ihre Interessenvertretung* (6. Auflage). Frankfurt/Main: Bund-Verlag.

Etzion, D. (2005). Annual Vacation: Duration of Relief from Job Stressors and Burnout. *Anxiety, Stress & Coping*, 16 (2), 213–226.

Fengler, J. (2001). *Helfen macht müde. Zur Analyse und Bewältigung von Burnout und beruflicher Deformation* (6. Auflage). München: Pfeiffer.

Fischer, G. & Riedesser, P. (1999). *Lehrbuch der Psychotraumatologie*, (2. Auflage). München: Reinhardt.

Fischer, J.E. (2003). Arbeit, Stress und kardiovaskuläre Erkrankungen. *Therapeutische Umschau*, 60 (11), 689–696.

Folkman, S. & Moskowitz, J.T. (2003). Coping : Pitfalls and Promise. *Annual Review of Psychology*, 55, 775–801.

Fontana, D. (1991). *Mit dem Stress leben*. Bern: Huber.

Frese, M. (1985). Stress at Work and Psychosomatic Complaints: A Causal Interpretation. *Journal of Applied Psychology*, 70 (2), 314–328.

Frese, M. (1991). *Die Führung der eigenen Person. Streßmanagement*. Besser führen (Band 3). München: Institut Mensch und Arbeit.

Freudenberger, H.J. (1974). Staff burnout. *Journal of Social Issues*, 30 (1), 159–165.

Freudenberger, H.J. & North, G. (2002). *Burn-out bei Frauen. Über das Gefühl des Ausgebranntseins* (9. Auflage). Frankfurt/M.: Fischer.

Friedman, M. & Rosenman, R.H. (1974). *Typ A behavior and your heart*. New York: Knopf.

Fukuda, K., Straus, S.E., Hickie, I., Sharp, M.C., Dobbins, J.G. & Komaroff, A. (1994). The chronic fatigue syndrome: a comprehensive approach to its definition and study. International Chronic Fatigue Syndrome Study Group. *Annals of International Medicine*, 64 (6), 952–959.

Gaab, J. & Ehlert, U. (2005). *Chronische Erschöpfung und Chronisches Erschöpfungssyndrom*. Göttingen: Hogrefe.

Gehring, J. & Klein, G. (2002). *Leben mit der koronaren Herzkrankheit*. München: Urban und Vogel.

Geißler, K.A. (1997). *Zeit leben. Vom Hasten und Rasten, Arbeiten und Lernen, Leben und Sterben*. (6. Auflage). Weinheim: Beltz.

Gerin, W., Davidson, K.W., Christenfeld, N.J.S., Goyal, T. & Schwartz, J.E. (2006). The Role of Angry Rumination and Distraction in Blood Pressure Recovery From Emotional Arousal. *Psychosomatic Medicine*, 68 (1), 64–72.

Gerlach, U. & Gerlach, G. (1995). *Moderne Mentaltechniken. Neue Wege zu Tiefenentspannung und Wohlbefinden*. Renningen-Malmsheim: Expert.

Golembiewski, R.T., Munzenrieder, R. & Carter, D. (1983). Phases of progressive burnout and work site covariants: critical issues in OD reserach and praxis. *Journal of Applied Behavioral Science*, 19 (4), 461–481.

Gröpel, P. & Kuhl, J. (2006). Zeitverteilung im Alltag: Lebensbalance und Selbststeuerung. *Zeitschrift für Gesundheitspsychologie*, 14 (2), 54–63.

Gschwend, G. (2002). *Notfallpsychologie und Trauma-Akuttherapie*. Bern: Huber.

Hamm, A. (2004). Progressive Muskelentspannung (S. 189–210). In D. Vaitl & F. Petermann (Hrsg.), *Entspannungsverfahren. Das Praxishandbuch* (3. Auflage). Weinheim: BeltzPVU.

Hannich, H.J. (2004). Psychologie der Notfallsituation (S. 1–11). In J. Bengel (Hrsg.), *Psychologie in Notfallmedizin und Rettungsdienst*. Heidelberg: Springer.

Hansch, D. (2003). *Erste Hilfe für die Psyche*. Heidelberg: Springer.

Hartmann, C. (1995). *Angst, Kosten und Controlling – Eine Analyse des Angstphänomens als betriebswirtschaftlicher Kostenfaktor und als Herausforderung für ein ganzheitlich orientiertes Controlling*. Diplomarbeit. Köln: FH Köln.

Heibutzki, H. (1995). Die hässliche Fratze des Erfolgs. *Manager Seminare*, Nr. 7, 30–36.

Hermanutz, M., Spöker, W., Geiger, S. & Schweitzer, S. (2000). Schießen mit kühlem Kopf unter Stressbedingungen. Ergebnisse von zwei experimentellen Studien. *Polizei & Wissenschaft*, 1 (1), 45–57.

Heyse, H., Krampen, G., Schui, G. & Vedder. M. (2004). Berufliche Belastungen und Belastungsreaktionen früh- versus alterspensionierter Lehrkräfte in der Retrospektive. *Report Psychologie*, 29 (6), 372–379.

Hoberg, G. & Vollmer, G. (1988). *Top-Training. Streß unter Kontrolle*. Stuttgart: Klett.

Höhn, R. (1983). *Die innere Kündigung im Unternehmen. Ursache, Folgen, Gegenmaßnahmen*. Buchreihe Men-

Literatur

schenführung und Betriebsorganisation (Band 29). Bad Harzburg: Verlag für Wissenschaft, Wirtschaft und Technik.

Holmes, T.H. & Rahe, R.H. (1967). The Social Readjustment Scale, *Journal of Psychosomatic Research*, 11 (2), 213–218.

House, J.S. (1981). *Work stress and social support*. Reading: Addison-Wesley.

Jacobshagen, N., Amstand, F.T., Semmer, N.K. & Kuster, M. (2005). Work-Family-Balance im Topmanagement. Konflikt zwischen Arbeit und Familie als Meditor der Beziehung zwischen Stressoren und Befinden. *Zeitschrift für Arbeits- und Organisationspsychologie*, 49 (4), 208–219.

Jacobson, E. (1924). The Technique of Progressive Relaxation. *Journal of Nervous and Mental Disease*, 60, 568–578.

Janke, W., Erdmann, G. & Kallus, K. (1985). *Streßverarbeitungsfragebogen (SVF): Handanweisung*. Göttingen: Hogrefe.

Kerber, B. (2002). *Die »Arbeitsfalle« – und wie man sein Leben zurückgewinnt. Strategien gegen die Selbstausbeutung und für ein wertvolles Leben*. Düsseldorf: Metropolitan.

Kernen, H. (1999). *Burnout-Prophylaxe im Management. Erfolgreiches individuelles und institutionelles Ressourcenmanagement*. Bern: Haupt.

Klink, J.J.L., Blonk, R.W.B., Schene, A.H. & Dijk, F.J.H. (2001). The Benefits of Interventions for Work-Related Stress. *American Journal of Public Health*, 91 (2), 270–276.

Knorz, C. & Zapf, D. (1996). Mobbing – eine extreme Form sozialer Stressoren am Arbeitsplatz. *Zeitschrift für Arbeits- und Organisationspsychologie*, 40 (1), 12–21.

Kobasa, S.C. (1979). Stressful life events, personality, and health: An inquiry into hardiness. *Journal of Personality and Social Psychology*, 37 (1), 1–11.

Kobasa, S.C. (1982). The hardy personality: Toward a social psychology of stress and health (S. 3–32). In G.S. Sanders & J. Suls (Hrsg.), *Social psychology of health and illness*. Hillsdale, New York: L. Erlbaum.

Kobasa, S.C. & Puccetti, M. C. (1983). Personality and social resources in stress resistance. *Journal of Personality and Social Psychology*, 45 (4), 839–850.

Krampen, G. (1996). *Übungsheft zum autogenen Training* (2. Auflage). Göttingen: Verlag für Angewandte Psychologie.

Krampen, G. (1998). *Einführungskurse zum autogenen Training. Ein Lehr- und Arbeitsbuch für die psychosoziale Praxis* (2. Auflage). Göttingen: Verlag für Angewandte Psychologie.

Krumpholz-Reichel, A. (2002). Die große Müdigkeit. *Psychologie heute*, 29 (10), 20–29.

Kudielka, B.M. & Kern, S. (2004). Cortisol day profiles in victims of mobbing (bullying at the work place): preliminary results of a first psychobiological field study. *Journal of Psychosomatic Research*, 56 (1), 149–150.

Langen, D. (2002). *Autogenes Training. 3x täglich zwei Minuten abschalten, loslassen, erholen* (7. Auflage). München: Gräfe und Unzer.

Lasogga, F. & Frommberger, U. (2004). Psychische Situation und Reaktion von Notfallpatienten (S. 13–23). In J. Bengel (Hrsg.), *Psychologie in Notfallmedizin und Rettungsdienst*. Heidelberg: Springer.

Lauck, G. (2003). *Burnout oder Innere Kündigung? Theoretische Konzeptualisierung und empirische Prüfung am Beispiel des Lehrerberufs*. München: Rainer Hampp Verlag.

Lazarus, R.S. (1966). *Psychological stress and the coping process*. New York: McGraw-Hill.

Lazarus, R.S. & Launier, R. (1981). Streßbezogene Transaktionen zwischen Person und Umwelt (S. 213–260). In J.R. Nitsch (Hrsg.), *Stress, Theorien, Untersuchungen, Maßnahmen*. Bern: Huber.

Lee, R.T. & Ashforth, B.E. (1993). A Longitudinal Study of Burnout among Supervisors and Managers: Comparison between the Leiter and Maslach (1988) und Golembiewski et al. (1986) Model. *Organizational Behavior and Human Decision Processes*, 54 (3), 369–398.

Leiter, M. (1989). Conceptual implications of two models of burnout. A response to Golembiewski. *Group & Organization Studies*, 14 (1), 15–22.

Leymann, H. (1993). *Mobbing. Psychoterror am Arbeitsplatz und wie man sich dagegen wehren kann*. Reinbek: Rowohlt.

Leymann, H. (1995). Einführung: Mobbing. Das Konzept und seine Resonanz in Deutschland (S. 13–26). In H. Leymann (Hrsg.), *Der neue Mobbing-Bericht. Erfahrungen und Initiativen, Auswege und Hilfsangebote*. Reinbek: Rowohlt.

Leymann, H. (1996). *Handanleitung zum LIPT-Fragebogen*. Tübingen: DGVT-Verlag.

Linden, van der D., Keijsers, G.P.J., Eling, P. & Schaijk van, R. (2005). Work stress and attentional difficulties: An initial study on burnout and cognitive failures. *Work & Stress*, 19 (1), 23–36.

Löhnert, W. (1990). *Innere Kündigung: eine Analyse aus wirtschaftspsychologischer Perspektive*. Frankfurt/Main: Lang.

Lückert, H.-R. & Lückert I. (2004). *Der Faktor Verwundbarkeit*. [Elektronische Ressource]. Institut für Aktivationstherapie: München. URL: http://www.lueckert-seminar.de/verwund.htm, [Stand: 2004-04-25].

Luszczynska, A. & Cieslak, R. (2005). Protective, promotive, and buffering effects of perceived social support in managerial stress: The moderating role of personality. *Anxiety, Stress & Coping*, 18 (3), 227–244.

Lyubomirsky, S., King, L. & Diener, D. (2005). The Benefits of Frequent Positive Affect: Does Happiness Lead to Success? *Psychological Bulletin*, 131 (6), 803–855.

Maddi, S.R. (1990). Issues and interventions in stress mastery (S. 121–154). In H.S. Friedman (Hrsg.), *Personality and disease*. New York: Wiley.

Maercker, A. & Barth, J. (2004). Psychotherapie bei Belastungsstörungen (S. 69–88). In J. Bengel (Hrsg.) , *Psychologie in Notfallmedizin und Rettungsdienst*. Heidelberg: Springer.

Maslach, C. (1985). Das Problem des Ausbrennens bei professionellen Helfern. In E. Wacker & J. Neumann (Hrsg.), *Geistige Behinderung und soziales Leben*. Frankfurt/Main: Campus.

Maslach, C. & Jackson, S.E. (1979). Burned-Out cops and their families. *Psychology today*, 12 (12), 59–62.

Maslach, C. & Jackson, S.E. (1981). The measurement of experienced burnout. *Journal of occupational behaviour*, 2 (2), 99–113.

Maslach, C. & Jackson, S.E. (1984). Patterns of Burnout among a national sample of public contact workers. *Journal of Health and Human Resources Administration*, 7 (2), 189–212.

Maslach, C., Jackson, S.E. & Leiter, M.P. (1996). *Maslach Burnout Inventory* (3. Auflage). Palo Alto: Consulting Psychologists Press.

Maslach, C. & Leiter, M.P. (2001). *Die Wahrheit über Burnout. Stress am Arbeitsplatz und was Sie dagegen tun können*. Wien: Springer.

Maslach, C., Schaufeli, W.B. & Leiter, M.P. (2001). Job Burnout. *Annual Review of Psychology*, 52, 397–422.

Matthews, G., Yousfi, S., Schmidt-Rathjens, C. & Amelang, M (2003). Personality Variable Differences Between Disease Cluster. *European Journal of Personality*, 17 (2), 157–177.

Mearns, J. & Cain, J.E. (2003). Relationships between Teachers' Occupational Stress and their Burnout and Distress: Roles of Coping and Negative Mood Regulation Expectancies. *Anxiety, Stress & Coping*, 16 (1), 71–82.

Meichenbaum, D. (1991). *Intervention bei Streß. Anwendung und Wirkung des Streßimpfungstrainings*. Bern: Huber.

Meschkutat, B., Stackelbeck, M., Langenhoff, G. (2002). *Der Mobbing-Report. Repräsentativstudie für die Bundesrepublik Deutschland*. Schriftenreihe der Bundesanstalt für Arbeitsschutz und Arbeitsmedizin – Forschung, Fb 951 (2. Auflage). Bremerhaven: Wirtschaftsverlag NM.

Mittelstaedt, I. (1998). *Mobbing und Emotionen. Aspekte einer Organisationssoziologie*. München: Hampp.

Mittlinger, E. & Jimenez, P. (2001). Effects of social support, social strain and personal aspiration level on burnout in foster-mothers (S. 253–256). In W. Kallus, N. Posthumus & P. Jimenez (Hrsg.), *Current psychological research in Austria*. Graz: Akademische Buch- und Verlagsanstalt.

Mohr, G. (1986). *Die Erfassung psychischer Befindlichkeitsbeeinträchtigungen bei Industriearbeitern*. Frankfurt/Main: Lang.

Monat, A. & Lazarus, R.S. (1991). *Stress and coping: an anthology* (3. Auflage). New York: Columbia University Press.

Myers, D.G. & Diener, E. (1995). Who is happy? *Psychological Science*, 6 (1), 10–19.

Nachreiner, F. & Schultetus, W. (2002). Normung im Bereich der psychischen Belastung – die Normen der Reihe DIN EN ISO 10075. *DIN-Mitteilung+elektronorm*, 81 (7), 519–424.

Neuberger, O. (1999). *Mobbing. Übel mitspielen in Organisationen*. (3. Auflage). München: Hampp.

Nitsch, J.R. (1981). Streßtheoretische Modellvorstellungen (S. 52–141). In J.R. Nitsch (Hrsg.), *Stress, Theorien, Untersuchungen, Maßnahmen*. Bern: Huber.

Nolen-Hoeksema, S. (2004). *Warum Frauen zu viel denken. Wege aus der Grübelfalle*. Frankfurt / Main: Eichborn.

Nuber, U. (2002). »Das schaffe ich schon!« Wie Sie gelassener durchs Leben kommen. *Psychologie heute*, 29 (2), 20–25.

Olschewski, A. (1995a). *Streß bewältigen. Ein ganzheitliches Kursprogramm*. Heidelberg: Karl F. Haug.

Olschewski, A. (1995b). *Atementspannung: Abbau emotionaler und körperlicher Anspannung durch Atemtherapie*. Heidelberg: Karl F. Haug.

Perez, M., Laireiter, A.-R. & Baumann, U. (1998). Streß und Coping als Einflussfaktoren (S. 277–305). In U. Baumann & M. Perrez (Hrsg.), *Lehrbuch Klinische Psychologie – Psychotherapie* (2. Auflage). Bern: Huber.

Perrez, M. & Reicherts, M. (1992). *Stress, coping, and health. A situation-behavior approach – theory, methods, applications*. Seattle: Hogrefe and Huber.

Petermann, F. & Vaitl, D. (2004). Entspannungsverfahren – eine Einführung (S. 1–17). In D. Vaitl & F. Petermann (Hrsg.), *Entspannungsverfahren. Das Praxishandbuch* (3. Auflage). Weinheim: BeltzPVU.

Pieper, A. (2004). Gelassenheit: Die eigene Mitte finden. *Psychologie Heute*, 31 (8), 20–25.

Pines, A. (1993). An existential perspective (S. 33–52). In W.B. Schaufeli, C. Maslach & T. Marek (Hrsg.), *Professional Burnout. Recent developments in theory and research*. London: Taylor & Francis.

Pines, A. & Aronson, E. (1988). *Career Burnout: Causes und Cures*. New York: Free Press.

Literatur

Premper, V. (2002). Mobbing am Arbeitsplatz – eine Folge ungeklärter Konflikte. *Report Psychologie*, 27 (3), 182–190.

Rammsayer, T., Stahl, J. & Schmiga, K. (2006). Grundlegende Persönlichkeitsmerkmale und individuelle Stressverarbeitungsstrategien als Determinanten der Mobbing-Betroffenheit. *Zeitschrift für Personalpsychologie*, 5 (2), 41–52.

Resch, M. (1997). Mobbing und Konflikte am Arbeitsplatz. In Deutscher Gewerkschaftsbund Bundesvorstand (Hrsg.), *Informationen zur Angestelltenpolitik*, Heft 3/97.

Roming, A. (1998). Zeit kann man nicht haben – aber wir können sie genießen. *Psychologie heute*, 25 (6), 20–31.

Rösing, I. (2003). *Ist die Burnout-Forschung ausgebrannt? Analyse und Kritik der internationalen Burnout-Forschung*. Heidelberg: Asanger.

Salanova, M., Bakker, A.B. & Llorens, S. (2006). Flow at Work: Evidence for an Upward Spiral of Personal and Organizational Resources. *Journal of Happiness Studies*, 7 (1), 1–22.

Saß, H., Wittchen, H.-U. & Zaudig, M. (2003). *Diagnostisches und Statistisches Manual Psychischer Störungen-Textrevision (DSM-IV-TR)*, 3. Auflage. Göttingen: Hogrefe.

Schaufeli, W. B. & Enzmann, D. (1998). *The burnout companion to study & practice*. London: Taylor & Francis.

Schild, I. & Heeren, A. (2001). *Mobbing: Konflikteskalation am Arbeitsplatz. Möglichkeiten der Prävention und Intervention*. München: Hampp.

Schmieta, M. (2001). *Die Relevanz von Persönlichkeitsmerkmalen und beruflichen Einstellungen bei der Entwicklung von Burnout: ein Vergleich zwischen Beratungslehrern und Lehrern ohne Zusatzausbildung*. Hamburg: Kovac.

Schmitt, R. (2001). *Rational-Emotive Therapie (RET). Eine Einführung*. Kirchberg/Jagst: Books on Demand.

Schmitz, E., Hillert, A., Lehr, D., Pecho, L. & Deibl, C. (2002). Risikofaktoren späterer Dienstunfähigkeit: Zur möglichen prognostischen Bedeutung unrealistischer Ansprüche an den Lehrerberuf. *Zeitschrift für Personalforschung*, 16 (3), 415–432.

Schneider, W. (1999). *Die hundert (100) Wörter des Jahrhunderts*. Frankfurt / Main: Suhrkamp.

Schröter, B. (2000). Keine Chance den Büroterroristen. Mobbing-Opfer auf allen Hierarchieebenen – Neid, Stress und schlechter Führungsstil begünstigen das fiese Spiel. *Die Welt*, 6. Mai 2000.

Schuh, H. & Ambrosy, I. (2001). Wohin die Reise geht – Folgen des Wertewandels für die Führungskräfteentwicklung (S. 35–58). In S. Litzke & H. Schuh (Hrsg.), *Lernende Organisationen – Die Nachrichtendienste*. Brühl/Rheinland: FH Bund.

Schuh, H. & Watzke, W. (1994). *Erfolgreich Reden und Argumentieren. Grundkurs Rhetorik* (2. Auflage). Ismaning: Hueber-Holzmann.

Schultz, J. (1932). Autogenes Training. *Archiv für Psychiatrie und Nervenkrankheit*, 96, 288–294.

Schwarzer, R. (2000). *Streß, Angst und Handlungsregulation* (4. Auflage). Stuttgart: Kohlhammer.

Schwarzer, R. (2002). Die Heilkraft des sozialen Netzes. *Psychologie heute*, 29 (10), 62–69.

Schwarzer, R. & Schmitz, G.S. (1999). Kollektive Selbstwirksamkeitserwartung von Lehrern: Eine Längsschnittstudie in zehn Bundesländern. *Zeitschrift für Sozialpsychologie*, 30 (4), 262–274.

Seco – Staatssekretariat für Wirtschaft, *Die Kosten von Stress in der Schweiz*, URL: http://www.seco-admin.ch/seco/pm.nsf/Atts/GGAB_171002/$file/BGF_PM_d.pdf [Stand: 2003-03-01]

Segerstrom, S.C. & Miller, G.E. (2004). Psychological Stress and the Human Immune System: A Meta-Analytic Study of 30 Yearss of Inquiry. *Psychological Bulletin*, 130 (4), 601–630.

Seiwert, L.J. (1986). *Das 1x1 des Zeitmanagements*. München: Droemer Knaur.

Seiwert, L.J. (1988). *Mehr Zeit für das Wesentliche* (7. Auflage). Landsberg: Verlag Moderne Industrie.

Selye, H. (1974). *Streß: Bewältigung und Lebensgewinn*. München: Piper.

Sheldon, K.M. & Lyubomirsky, S. (2006). Achieving Sustainable Gains in Happiness: Change your Actions, not your Circumstances. *Journal of Happiness Studies*, 7 (1), 55–86.

Shirom, A. (2003). Job-related Burnout (S. 245–265). In J.C. Quick & L.E. Tetrick (Hrsg.), *Handbook of occupational health psychology*. Washington, D.C.: American Psychological Association.

Shirom, A., Melamed, S., Toker, S., Berliner, S. & Shapira, I. (2005). Burnout, mental and physical health: A review of the evidence and a proposed explanatory model. *International Review of Industrial and Organizational Psychology*, 20, 269–309.

Stollreiter, M., Völgyfy, J. & Jencius, T. (2000). *Stress-Management. Das Waage-Programm: Mehr Erfolg mit weniger Stress*. Weinheim: Beltz.

Stucke, T.S. (2002). Persönlichkeitskorrelate von Mobbing. Narzissmus und Selbstkonzeptklarheit als Persönlichkeitskorrelate bei Mobbingtätern. *Zeitschrift für Arbeits- und Organisationspsychologie*, 46 (4), 216–221.

Stucke, T.S. & Sporer, S. (2002). When a Grandiose Self-Image is Threatened: Narcissism and Self-Concept Clarity as Predictors of Negative Emotions and Aggressions Following Ego-Threat. *Journal of Personality*, 70 (4), 509–532.

Teegen, F. (2000). Psychotherapie der Posttraumatischen Belastungsstörung. *Psychotherapeut*, 45 (6), 341–349.

Udris, I. (1989). Soziale Unterstützung (S. 421–425). In S. Greif, H. Holling & N. Nicholson (Hrsg.), *Arbeits- und Organisationspsychologie. Internationales Handbuch in Schlüsselbegriffen.* München: Psychologie-Verlags-Union.

Vaitl, D. (2004a). Psychophysiologie der Entspannungs-verfahren (S. 21–33). In D. Vaitl & F. Petermann (Hrsg.), *Entspannungsverfahren. Das Praxishandbuch* (3. Auflage). Weinheim: BeltzPVU.

Vaitl, D. (2004b). Autogenes Training (S. 87–106). In D. Vaitl & F. Petermann (Hrsg.), *Entspannungsverfahren. Das Praxishandbuch* (3. Auflage). Weinheim: BeltzPVU.

Venus, M. (2005). Burnout für alle – Risiko für den Wirt-schaftsstandort? *Sichere Arbeit*, Nr. 3, 24–31.

Vester, F. (2003). *Phänomen Streß. Wo liegt sein Ursprung, warum ist lebenswichtig, wodurch ist er entartet?* (18. Auflage). München: dtv.

Videka-Sherman, L. & Lieberman, M.A. (1985). The effects of self-help and psychotherapy intervention on child loss: The limits of recovery. *American Journal of Ortho-psychiatry*, 55 (1), 70–81.

Wagner-Link, A. (1996). *Aktive Entspannung und Streßbe-wältigung. Wirksame Methoden für Vielbeschäftigte* (4. Auflage). Renningen-Malmsheim: Expert.

Walter, H. (1993). *Mobbing: Kleinkrieg am Arbeitsplatz. Kon-flikte erkennen, offenlegen und lösen.* Frankfurt/Main: Campus.

Watzlawick, P. (1992). *Münchhausens Zopf oder Psychothe-rapie und »Wirklichkeit«.* München: Piper.

Weber, A. & Jaekel-Reinhard, A. (2000). Burnout syn-drome: a disease of modern societies? *Ocupational Medicine*, 50 (7), 512–517.

Wegner, J. (2000). Der UHR-Knall. Netbeats statt 24-Stun-den-Tag und Sinnsuche statt Minutenschinden. *Focus* 1/2000, 95–102.

Wenderlein, F.U. (2003). Arbeitszufriedenheit und Fehl-zeiten in der Krankenpflege – Untersuchung an 1021 Examinierten und Schülern. *Das Gesundheitswesen*, 65 (11), 620–628.

Wiegand, A. (2002). *Arbeitsstress und Krankheitsverhalten.* Lengerich: Pabst.

Wiendieck, G., Kattenbach, R. & Wiendieck, J. (2002). *Polis – Polizei im Spiegel*, URL: http://www.polizei.nrw.de/koeln/presse/juli/25072002.html (pdf-Datei) [Stand: 2003-03-01] und URL: http://www.dpolg-rlp.de/On-lineExpress/140802_10htm [Stand: 2003-03-01]

Willingstorfer, B., Schaper, N. & Sonntag, K. (2002). Mob-bingmaße und -faktoren sowie bestehende Zusam-menhänge mit sozialen Arbeitsplatzbedingungen. *Zeitschrift für Arbeits- und Organisationspsychologie*, 46 (3), 111–125.

Wolpin, J., Burke, R.J. & Greenglass, E.R. (1991). Is job satisfaction an antecedent or a consequence of psy-chological burnout? *Human Relations*, 44 (2), 193–209.

Yerkes, R.M. & Dodson, J.D. (1908). The Relation of Strength of Stimulus to Rapidity of Habit-Formation. *Journal of Comparative Neurology and Psychology*, 18 (Nov), 459–482.

Zapf, D. (1999). Mobbing in Organisationen. Überblick zum Stand der Forschung. *Zeitschrift für Arbeits- und Organisationspsychologie*, 43 (1), 1–25.

Zapf, D. (2002). Emotion work and psychological well-being. A review of the literature and some conceptu-al considerations. *Human Resource Management Re-view*, 12 (2), 237–268.

Zentrum Innere Führung (ohne Jahr). *Menschenführung unter Belastung. Ausbildungshilfe für die Ausbildung in den Streitkräften.* Koblenz: Zentrum Innere Führung Eigendruck.

Zielke M. & Leidig S. (2003). Termindruck, mangelnde Ho-norierung, Angst vor Arbeitslosigkeit. Wenn Arbeit krank macht. *Fortschritte der Medizin*, 145 (18), 28–32.

Zimbardo, P.G. & Gerrig, R.S. (1999). *Psychologie* (7. Aufla-ge). Berlin: Springer.

Zuschlag, B. (2001). *Mobbing. Schikane am Arbeitsplatz* (3. Auflage). Göttingen: Verlag für Angewandte Psycho-logie.

Adressen

Im Internet finden Sie eine Vielzahl von Informationen höchst unterschiedlicher Qualität zu den Themen Psychotherapie, Selbsthilfegruppen, Stress, Mobbing und Burn-out. Da laufend neue Seiten angeboten werden und mitunter Seiten entfernt werden, lohnt es sich von Zeit zu Zeit mit Hilfe einer Suchmaschine eine eigene Suche zu starten. Derzeit ist Google (http://www.google.de) eine empfehlenswerte Suchmaschine. Aufgrund der Schnelllebigkeit des Internetangebots werden nachfolgend nur einige ausgesuchte Seiten von voraussichtlich dauerhafter Relevanz vorgestellt. Von diesen Seiten aus können Sie sich weiter informieren. Empfehlenswert ist auch das kostenlose Onlinelexikon Wikipedia (http://www.wikipedia.de), in dem man beispielsweise Verzeichnisse von Mobbingberatungsstellen findet.

PID – Psychotherapie Informations Dienst

Der PID ist ein kostenloser Service des Berufsverbandes Deutscher Psychologinnen und Psychologen e.V. (BDP) und hilft bei folgenden Fragen: Wie finde ich eine geeignete Therapeutin oder einen geeigneten Therapeuten? Welche psychologischen Praxen gibt es in der Nähe meines Wohnorts? Wer ist auf meinen Problemkreis spezialisiert? Über die »Therapeutensuche« der Online-Datenbank kann man selbst suchen oder eine telefonische Beratung in Anspruch nehmen.

Der PID vermittelt ausschließlich Diplom-Psychologinnen und Diplom-Psychologen, die die berufsethischen Grundwerte des Berufsstandes, wie sie in der Berufsordnung für Psychologen niedergelegt sind, anerkennen und die gesetzlichen Grundlagen zur Ausübung der Heilkunde erfüllen. Alle am PID Teilnehmenden haben ihre fachliche Qualifikation für die von ihnen angebotenen speziellen Therapien anhand eines ausführlichen Fragebogens dokumentiert und zugesichert.

PID – Psychotherapie Informations Dienst
Oberer Lindweg 2
53129 Bonn
Telefon: (02 28) 74 66 99
Telefax: (02 28) 64 10 23
E-Mail: wd-pid@t-online.de
Internet: www.psychotherapiesuche.de
Leitung: Dipl.-Psych. Uschi Grob, Psychotherapeutin

Deutsche PsychotherapeutenVereinigung

Auch hier können Sie selbst im Internet nach geeigneten Therapeuten suchen. Suchkriterien sind der Ort, die Postleitzahl, der Name sowie das Therapieverfahren. Separat könnten Angaben zu rollstuhlgerechten Praxen ausgewiesen werden.

Deutsche PsychotherapeutenVereinigung
Am Karlsbad 15
10785 Berlin
Telefon: 030/235 00 90
Telefax: 030/235 00 944
E-Mail: bgst@deutschepsychotherapeutenvereinigung.de
Internet: http://www.psychtherapeutenliste.de
Internet: http://www.deutschepsychotherapeutenvereinigung.de

Psychotherapeutenkammern Hamburg, Bremen, Schleswig-Holstein und Niedersachsen

Suchkriterien sind der Ort, die Postleitzahl, der Name, die Patientgruppe (Erwachsene oder Kinder / Jugendliche), das Therapieverfahren, das Geschlecht, Behandlungsmöglichkeiten in Fremdsprachen, die Erreichbarkeit mit öffentlichen Verkehrsmitteln sowie die Zugänglichkeit für rollstuhlgebundene Personen.

Federführung: Psychotherapeutenkammer Hamburg
Curschmannstraße 9
20251 Hamburg
Telefon: 040 / 4210 1234
Telefax: 040 / 4128 5124
E-Mail: info@ptk-hamburg.de
Internet: http://www.psych-info.de

Schweizer Psychotherapeuten Verband (SPV)

Hier können Sie selbst im Internet nach geeigneten Therapeuten in der Schweiz suchen. Suchkriterien sind die Region, das Geschlecht, die Sprache, die Methode und das Hauptsymptom. Eine kostenlose Vermittlung von Therapie-Plätzen wird über die Telefonnummer 043 / 268 93 75 angeboten.

SPV Sekretariat
Riedtlistr. 8
8006 Zürich
Telefon: 043 / 268 93 00
Telefax: 043 / 268 93 76
E-Mail: spv@psychotherapie.ch
Internet: http://www.psychotherapie.ch

Österreichischer Bundesverband für Psychotherapie (ÖBVP)

Hier können Sie selbst im Internet nach geeigneten Therapeuten in Österreich suchen. Suchkriterien sind der Ort, die Postleitzahl, der Name, das Bundesgebiet sowie das Fachgebiet.

Büro des ÖBVP
Löwengasse 3/4/5
1030 Wien
Telefon: 01 / 512 70 90
Telefax: 01 / 512 70 91
E-Mail: oebvp@psychotherapie.at
Internet: http://www.psychotherapie.at

NAKOS – Nationale Kontakt- und Informationsstelle zur Anregung und Unterstützung von Selbsthilfegruppen

Hier finden Sie in verschiedenen Datenbanken Adressen von Selbsthilfegruppen zu einer Vielzahl von Themen.

NAKOS
Wilmersdorfer Straße 39
10627 Berlin
Telefon: (0 30) 31 01 89 60
Telefax: (0 30) 31 01 89 70
E-Mail: selbsthilfe@nakos.de
Internet: http://www.nakos.de

Sekis - Selbsthilfe-Kontakt- und Informationsstelle

Regional orientierte Informationen zu Selbsthilfegruppen.

Sekis Bonn
Lotharstr. 95
53115 Bonn
Telefon: (02 28) 9 14 59 17
Internet: http://www.sekis-bonn.de
Sekis-Einrichtungen gibt es auch in anderen Städten, häufig in der Notation http://www.sekis-<Stadt>.de

Das Westfälische Zentrum Bochum für Psychiatrie, Psychotherapie und Psychosomatik (Klinik der Ruhr-Universität Bochum)

Die Spezialsprechstunde für stress- und arbeitsplatzbezogene Probleme bietet Hilfe bei Mobbing, Burnout und Stress im Beruf.

Westfälisches Zentrum Bochum
Alexandrinenstr. 1
44791 Bochum
Telefon: (02 34) 50 77 – 0
E-Mail: WZPP-Bochum@wkp-lwl.org

Anhang

Mustervereinbarung gegen Mobbing (nach Resch, 1997)

In dem Willen, das Betriebsklima in unserer Organisation zu verbessern, Konflikte produktiv zu nutzen und zu bearbeiten und negative Auswirkungen sozialer Konflikte auf Einzelne zu verhindern, schließen Betriebs-/Personalrat und Geschäfts-/Behördenleitung folgende Vereinbarung:

§ 1 Geltungsbereich

Diese Betriebs-/Dienstvereinbarung gilt für alle Organisationsangehörigen.

§ 2 Belästigungsverbot

Geschäfts-/Behördenleitung und Betriebs-/Personalrat sind sich einig darüber, dass in dem Betrieb/in der Dienststelle … keiner Person wegen ihrer Abstammung, Religion, Nationalität, Herkunft, Alter, Geschlecht, sexuellen Orientierung, persönlicher Eigenheiten, politischer oder gewerkschaftlicher Betätigung oder Einstellung Nachteile entstehen dürfen. Geschäfts-/Behördenleitung und Betriebs-/Personalrat sehen eine wichtige Aufgabe darin, die freie Entfaltung der Persönlichkeit der im Betrieb/in der Dienststelle beschäftigten Arbeitnehmer zu schützen und zu fördern. Deshalb werden alle Betriebs-/Dienststellenangehörigen aufgefordert, Maßnahmen zu unterlassen, die die Entfaltung der Persönlichkeit einzelner beeinträchtigen können oder als Belästigung und Beleidigung empfunden werden können. Insbesondere ist darauf zu achten,

- dass niemand in seinen Möglichkeiten, sich zu äußern oder mit seinem Kollegen und Vorgesetzten zu sprechen, eingeschränkt wird,
- niemand in seinen Möglichkeiten, soziale Beziehungen aufrechtzuerhalten, beschnitten wird,
- niemand in seinem sozialen Ansehen beschädigt wird,
- niemand durch Wort, Gesten oder Handlungen sexuell belästigt wird,
- niemand durch die ihm zugewiesenen Arbeitsaufgaben diskriminiert oder gedemütigt wird,
- niemand physischer Gewalt oder gesundheitsschädigenden Arbeitsbedingungen ausgesetzt wird.

§ 3 Sanktionen

Unabhängig von den im Folgenden genannten Vorgehensweisen zur Verhinderung von Belästigungen und Beeinträchtigungen kommen Geschäfts-/Behördenleitung und Betriebs-/Personalrat überein, dass sie be-

lästigende Handlungen nach § 2 als ernstliche Verletzung des Betriebs-
friedens bzw. als Dienstvergehen betrachten. Personen, die trotz Ermah-
nung solche Verhaltensweisen ausüben, müssen mit Versetzung oder
Entlassung rechnen.

§ 4 Maßnahmen zur Verbesserung des Betriebsklimas

Zur Verbesserung des Betriebsklimas und zur Verhinderung von Belästigungen werden regelmäßig Vorgesetztenschulungen durchgeführt,
und zwar mindestens alle drei Jahre. Der Betriebs-/Personalrat ist an
der Konzeption der Schulung beteiligt und hat das Recht, an den Schulungen teilzunehmen. In den Schulungen sind dem Thema: »Maßnahmen zur Verbesserung des Betriebsklimas und zur Verhinderung von
Mobbing« besonderer Raum zu geben.

§ 5 Betriebliches/behördliches Beschwerderecht

Jeder Betriebs-/Dienststellenangehörige, der sich vom Arbeitgeber oder
von Mitarbeitern des Betriebes/der Dienststelle benachteiligt oder ungerecht behandelt oder in sonstiger Weise beeinträchtigt fühlt, hat das
Recht zur Beschwerde. Nachteile dürfen ihm nicht daraus entstehen.

§ 6 Stufen der Beschwerdebehandlung

Ein Organisationsangehöriger, der eine Beschwerde nach § 5 vorbringt,
kann zunächst ein Gespräch mit dem Konfliktgegner unter neutraler
Leitung (Moderator) verlangen. Auf seinen Wunsch wird der Betriebs-/
Personalrat hinzugezogen. Der Beschwerdeführer hat das Recht, dass
dieses Gespräch innerhalb von zwei Wochen nach seiner Beschwerde
stattfindet. Ergibt sich bei diesem Gespräch keine freiwillige Einigung,
so muss innerhalb von weiteren zwei Wochen ein Vermittlungsgespräch
stattfinden. Als Vermittler wird der nächsthöhere Vorgesetzte eingesetzt.
Auf Wunsch des Beschwerdeführers kann der Betriebs-/Personalrat hinzugezogen werden. Kommen beide Konfliktgegner in diesem Gespräch
nicht zu einer Einigung oder besteht der ursprüngliche Missstand, der
Anlass zur Beschwerde gab, fort, so kommt die Angelegenheit innerhalb
von weiteren zwei Wochen vor die betriebliche/behördliche Beschwerdestelle. Sie entscheidet nach Anhörung beider Seiten verbindlich.

§ 7 Zusammensetzung der betrieblichen/behördlichen Beschwerdestelle

Die betriebliche/behördliche Beschwerdestelle ist eine ständige Einrichtung. Sie setzt sich aus je drei Mitgliedern, die von der Geschäfts-/Behör-
denleitung und vom Betriebs-/Personalrat einvernehmlich benannt werden, zusammen. Den Vorsitz übernimmt eine neutrale Person (eventuell
eine externe Person). Die Beschwerdestelle entscheidet einstimmig.

Die Beschwerdestelle hat das Recht, Maßnahmen zur Beilegung des
Konfliktes zu beschließen. Die Geschäfts-/Behördenleitung und der Be-

triebs-/Personalrat sind zur Umsetzung der Entscheidung der Beschwerdestelle verpflichtet.

Kommt keine Einigung zustande, wird ein externer Vermittler hinzugezogen, dessen Vermittlungsvorschlag angenommen werden muss.

§ 8 Betriebliche/behördliche Ansprechpartner

Um eine Eskalation von Konflikten zu verhindern, werden Ansprechpartner benannt, die von den Beschwerdeführern angerufen werden können, wenn sie sich belästigt oder benachteiligt fühlen. Die Ansprechpartner werden von Geschäfts-/Behördenleitung und Betriebs-/Personalrat im Einvernehmen benannt. Diese Ansprechpartner werden besonders geschult und haben folgende Rechte:

- Gespräche zwischen zwei Konfliktgegnern einzuberufen und zu leiten, sofern noch keine Beschwerde nach § 6 geführt wurde,
- im Auftrag eines Beschwerdeführers Verhandlungen mit Vorgesetzten und Personalabteilung zu führen, um einen Missstand zu beseitigen oder eine einvernehmliche Lösung zu finden,
- in der Beschwerdestelle als Sachverständiger aufzutreten und Lösungen vorzuschlagen,
- gegen Entscheidungen der Beschwerdestelle ein Veto einzulegen, wenn sie den begründeten Verdacht haben, dass es sich um einen Fall von Mobbing handelt.

Wenn der Ansprechpartner ein Veto gegen die Entscheidung der betrieblichen/behördlichen Beschwerdestelle einlegt, muss diese einen externen Experten zum Thema Mobbing hören und dessen Vermittlungsvorschlag annehmen.

Neben diesem Muster gibt es eine Reihe weiterer Vorlagen. Die VW-Betriebsratsvereinbarung von 1996 benennt mögliche Mobbinghandlungen noch konkreter, erwähnt als verantwortliche Stellen neben Vorgesetzten und Betriebsrat auch Frauenbeauftragte, das Personal- und das Gesundheitswesen. Ebenfalls aus dem Jahr 1996 stammt die Dienstvereinbarung zum Schutz der Mitarbeiter gegen Mobbing am Arbeitsplatz der Stadt Friedrichshafen. Wichtig ist weniger die gewählte Form der Vereinbarung als deren konsequente Umsetzung in die Unternehmens- oder Behördenpraxis. Zu weiteren Details siehe auch Esser und Wollmerath (2005).

Sachverzeichnis

Sachverzeichnis

A

Ablenkbarkeit 23
Ablenkung 56
Abreaktion 55
Achtsamkeit 174
Adaptationssyndrom 43, 156
Alarmreaktion 6, 43
Alkohol 45, 110, 121
Alkoholabhängigkeit 14, 121
Angina pectoris 46
Anpassungsprobleme 138
Anspruchsniveau 65
Antreiber, innerer 66
Arbeitsorganisation 140, 150
Arbeitsplatzverlust 143
Ärger 26
Asthma bronchiale 48
Atemtechnik 104–107
Austauschtheorie 80
autogenes Training 103–104
Autonomiemangel 170

B

Belastung, traumatische s. Stress, traumatischer
Belastungsstörung
– akute 113
– posttraumatische 113–116
Beschwerden, psychosomatische 27, 41
Bewältigungsstrategien s. Stressbewältigung
Bewegungsmangel 107–108
Bluthochdruck 45–46
Body Mass Index (BMI) 110
Burn-out
– Personenfaktoren 165
– Phasenmodell 167–168
– Risikoberuf 155
– Situationsfaktoren 165–166
Bürokratie 170

C

Chronisches Erschöpfungssyndrom (CFS) 162–163
Coping 8

D

Dauerstress 3, 35–36, 45
Delegieren 88, 92
Demotivation 141
Depressionen 49, 164
Diabetes mellitus 49

E

Eheschließung 15
Ehestreit 16
Einstellungsänderung 64ff
Eisenhower-Prinzip 91
emotionale Labilität 19
Emotionen 25–26
Endorphine 26
Entschleunigung 62–63
Entspannung
– Musik 107
– spontane 61
– systematische 92ff
Erfolgserwarter 20–21
Erlauber, bedingte 67–68
Ernährung 109–110
Erschöpfung 43, 160
– emotionale 157
Erwartungen, unbedingte 66–67, 69
Eu-Stress 3
Externalität 20
Extremstress 112ff

F

Feindseligkeit 18
Flexibilisierung 3
Flow-Erlebnisse 12
Führungskräfte 79, 134, 171

G

Gedanken-Stopp 56
Gelassenheit 54
Gereiztheit 41
Glaubenssätze, irrationale 70–72
Globalisierung 3
Glück 178
Gratifikationskrisen 13
Grübeln 25, 57–58
Gruppe 80

H

Handeln, automatisches 22
Handlungsspielraum 40
Hardiness 65
Hauterkrankungen 48

Herzbeschwerden
– essenzielle 45
– funktionelle 47
Herzinfarkt 46
Hilflosigkeit 64, 158, 165
Hormone
– ACTH 27
– Adrenalin 26
– Hydrocortison 17
– Kortisol 26, 142
– Noradrenalin 26
Humor 18
Hypothalamus 26–27

I

Ideologien, irrationale 70–72
Immunsystem 44, 48
innere Kündigung 161–162
Instabilität, emotionale 165
Internalität 20

J

Jammern 64
Just-in-time-Produktion 3

K

Kognitionen 23–25
Komorbidität 115
Konfliktbeauftragte 150
Konflikte 120
Kontrollverlust 15
Kopfschmerz 49
Kreativität 23

L

Lean Management 3
Lebensereignisse, kritische 15–16
Lebensereignis-Skala 15
Lebensstil 107ff
Leistungsangst 26
Leistungsfähigkeit 10, 12
Leistungsniveau 24
limbisches System 27

Sachverzeichnis

M

Maslach Burnout Inventory (MBI) 158
Migräne 94
Misserfolgserwarter 20–21, 170
Mobbing
– Ansprechpartner 146
– Betriebsvereinbarung 150, 189ff
– Handlungen 124ff
– von Kollegen 136
– Kosten 144
– von oben 135
– Opfer 138–139
– Phasen 130–132
– Strategien 129
– Tagebuch 147
– Täter 134ff
– von unten 136
– Verlauf 133
Muskelentspannung, progressive 93ff
muskuläres System 28–29

N

Narzissmus 137
Nein sagen 88
Neugier 178
Neurasthenie 155
Neurotizismus s. emotionale Labilität
Nikotin 45

O

Opferrolle ablegen 63–64
Organisationsklima 151

P

Parasympathikus 28
Parkinson-Prinzip 13
Paul-Prinzip 13
Perfektionismus 70, 88, 168
Peter-Prinzip 13
PID s. Psychotherapie Informations Dienst
Priorisierung 173
Produktivitätsverlust 145
Psychotherapie 17
Psychotherapie Informations Dienst (PID) 17, 187

R

Rauchen 47
Realitätsverlust 29
Rigidität 25

S

Sandwichsituation 79
Scheidung 16
Schießleistungen 12
Schlaf 111, 178
Schwarz-Weiß-Denken 160
Schwarz-Weiß-Malerei 65
Selbst(hilfe)gruppe 188
Selbsteinschätzung
– Beschwerden 41
– erlebter Stress 36
– kritische Lebensereignisse 16
– psychosomatische Beschwerden 42
– selbsterzeugter Stress 66
– Situation am Arbeitsplatz 37
– Situation im Privatleben 38
– Stressbereiche 11
– Stresssymptome 44
– Überlastungsstress 87
– Zeitmanagement 85
Selbstinstruktion, positive 58–60
Selbstsicherheit 75
Selbstwertgefühl 19, 21, 178
Selbstwirksamkeitserwartung 8, 165
Self-fulfilling-prophecy 141
Sinngebung 40
S-O-R-Modell 9
Sozialangst 26
Spitzenleistungen 12
Sport 108–109
Stigmatisierung 132
Streess
– Eu-Stress 3
– Dauerstress 3, 35–36, 45
– Folgekosten 2
– Langzeitfolgen 43
– Persönlichkeit 17–19
Stressbewältigungsstrategien 52ff
Stressmodell, transaktionales 8, 158
Stressoren 6, 9, 10, 23
– körperliche 12
– physische 6
– psychische 6
– soziale 6
– Wirkung 14
Suggestion 103
Sympathikus 27, 28

System
– limbisches 27
– muskuläres 28–29
– vegetativ-hormonelles 26–28

T

Tagesprotokoll 76–77
transaktionaler Ansatz
– primäre Einschätzung 6
– sekundäre Einschätzung 7
Typ A 47, 58, 109
Typ-A-Verhalten 17–19
Typ-B-Verhalten 18–19

U

Überforderung 154
Überlastung 15, 169
Übung
– Ablenkung 56
– Atementspannung 106–107
– autogenes Training 104–105
– bedingte Erlauber 68
– irrationale Glaubenssätze 71–72
– positive Selbstinstruktion 59
– progressive Muskelentspannung 95–103
– Schnellentspannung 62
– soziale Unterstützung 82
– soziales Umfeld 82
– Tagesprotokoll 77
– Vertrag mit sich selbst 78
– Zeitmanagement 89ff
– Ziele formulieren 74
Umfeld, soziales 82
Unterstützung
– kollegiale 159
– soziale 40, 79ff, 82
Unvorhergesehenes 15

V

Veränderungsdruck 3, 145
Verhalten 29–31
Verhalten ändern 73ff
Vertrag, psychologischer 162

W

Wandern 109
Weltgesundheitsorganisation (WHO) 2, 46

Widerstand 43
Wiedervorlagesystem 88
Work-Life-Balance 174

Z

Zeitdiebe 84-85
Zeitmanagement 82ff
Zielformulierung 74
Zufriedenheitserlebnisse 58
Zynismus 30, 157, 158